11—034 职业技能鉴定指导书

职业标准·试题库

U0743605

2018年版

集控值班员

（第二版）

电力行业职业技能鉴定指导中心　编

电力工程　电气运行与检修专业

中国电力出版社

CHINA ELECTRIC POWER PRESS

内 容 提 要

本《指导书》是按照劳动和社会保障部制定国家职业标准的要求编写的，其内容主要由职业概况、职业技能培训、职业技能鉴定和鉴定试题库四部分组成，分别对技术等级、工作环境和职业能力特征进行了定性描述；对培训期限、教师、场地设备及培训计划大纲进行了指导性规定。本《指导书》自1999年出版后，对行业内职业技能培训和鉴定工作起到了积极的作用，本书在《指导书》的基础上进行了修编，补充了内容，修正了错误。

试题库是根据《中华人民共和国国家职业标准》和针对本职业（工种）的工作特点，选编了具有典型性、代表性的理论知识（含技能笔试）试题和技能操作试题；还编制有试卷样例和组卷方案。

《指导书》是职业技能培训和技能鉴定考核命题的依据，可供劳动人事管理人员、职业技能培训及考评人员使用，亦可供电力（水电）类职业技术学校教学和企业职工学习参考。

图书在版编目（CIP）数据

集控值班员 / 电力行业职业技能鉴定指导中心编. —2 版.
北京：中国电力出版社，2009.8（2025.1 重印）
（职业技能鉴定指导书. 职业标准试题库）
ISBN 978−7−5083−8927−1

Ⅰ. 集… Ⅱ. 电… Ⅲ. 火电厂−集中控制−职业技能鉴定−习题
Ⅳ. TM621−44

中国版本图书馆 CIP 数据核字（2009）第 091583 号

中国电力出版社出版、发行
（北京市东城区北京站西街 19 号　100005　http://www.cepp.sgcc.com.cn）
北京雁林吉兆印刷有限公司印刷
各地新华书店经售

*

2002 年 4 月第一版
2009 年 8 月第二版　　2025 年 1 月北京第四十七次印刷
850 毫米×1168 毫米　32 开本　11.5 印张　293 千字　1 插页
印数 160501—162500 册　　定价 **45.00 元**

电力职业技能鉴定题库建设工作委员会

第一版编审人员

编写人员：黄　磊　厉海斌　翁建明

　　　　　刘一志

审定人员：王立志　曹胜利　王文庆

第二版编审人员

编写人员（修订人员）：

　　　　　蒋玉利　郭　渝　董丽红

审定人员：冯海军　杨保平

说　明

为适应开展电力职业技能培训和实施技能鉴定工作的需要，按照劳动和社会保障部关于制定国家职业标准，加强职业培训教材建设和技能鉴定试题库建设的要求，电力行业职业技能鉴定指导中心统一组织编写了电力职业技能鉴定指导书（以下简称《指导书》）。

《指导书》以电力行业特有工种目录各自成册，于 1999年陆续出版发行。

《指导书》的出版是一项系统工程，对行业内开展技能培训和鉴定工作起到了积极作用。由于当时历史条件和编写力量所限，《指导书》中的内容已不能适应目前培训和鉴定工作的新要求，因此，电力行业职业技能鉴定指导中心决定对《指导书》进行全面修编，在各网省电力（电网）公司、发电集团和水电工程单位的大力支持下，补充内容，修正错误，使之体现时代特色和要求。

《指导书》主要由职业概况、职业技能培训、职业技能鉴定和鉴定试题库四部分内容组成。其中，职业概况包括职业名称、职业定义、职业道德、文化程度、职业等级、职业环境条件、职业能力特征等内容；职业技能培训包括对不同等级的培训期限要求，对培训指导教师的经历、任职条件、资格要求，对培训场地设备条件的要求和培训计划大纲、培训重点、难点以及对学习单元的设计等；职业技能鉴定的依据是《中华人民共和国国家职业标准》，其具体内容不再在本书中重复；鉴定试题库是依据《中华人民共和国国家职业标准》所规定的范围和内容，以实际技能操作为主线，按照选择题、判断题、简答题、计算题、绘图题和论述题六种题型进行选题，并以难易程度组合排列，同时汇集了大量电力生产建设过程中具有普遍代表性和典型性的实际操作试题，构成了各工种的技能鉴定试题库。试题库的深度、广度涵盖了本职业技能鉴定的全部内容。题库之后还附有试卷样例和组卷方案，为实施鉴定命题提供依据。

《指导书》力图实现以下几项功能：劳动人事管理人员可根据《指导书》进行职业介绍，就业咨询服务；培训教学人员可按照《指导书》中的培训大纲组织教学；学员和职工可根据《指导书》要求，制订自学计划，确立发展目标，走自学成才之路。《指导书》对加强职工队伍培养，提高队伍素质，保证职业技能鉴定质量将起到重要作用。

本次修编的《指导书》仍会有不足之处，敬请各使用单位和有关人员及时提出宝贵意见。

电力行业职业技能鉴定指导中心

2008 年 6 月

目　录

1 ▽ 职业概况

1.1 职业名称

集控值班员（11—034）。

1.2 职业定义

监视、控制锅炉、汽轮机、发电机及其辅助设备系统运行工况，安全、经济、连续、稳定地提供合格的电力。

1.3 职业道德

热爱本职工作，刻苦钻研技术，遵纪守法，服从上级指挥，爱护设备、工具，安全文明生产，团结协作，尊师爱徒。

1.4 文化程度

中等职业技术学校毕（结）业以上者。

1.5 职业等级

本职业国家资格等级分为中级（国家四级）、高级（国家三级）、技师（国家二级）、高级技师（国家一级）。

1.6 职业环境条件

现场室内操作，巡查时处于高温、常温、噪声、粉尘、热辐射、电磁辐射的环境条件下工作。

1.7 职业能力特征

1.7.1 中级：

1.7.1.1 具有理解、应用集控运行规程、电业安全生产规程、运行措施、岗位责任制等技术文件的能力。

1.7.1.2 具有应用正确、清晰、精练的行业特征术语进行联系、交流、汇报表达能力。

1.7.1.3 能正确应用公式计算机组常用经济指标。

1.7.1.4 能迅速准确发现、分析、判断、处理机组各种故障，并能采取正确的预防措施。

1.7.1.5 具有机组日常运行维护操作能力。

1.7.1.6 能配合其他专业工种进行有关调整、操作能力。

1.7.1.7 具有培训和指导初级工业务技术的能力。

1.7.2 高级：

1.7.2.1 具有理解、应用集控运行规程、电业安全生产规程、运行措施、岗位责任制等技术文件的能力。

1.7.2.2 具有应用正确、清晰、精练的行业特征术语进行联系、交流、汇报表达能力。

1.7.2.3 能正确应用公式计算机组的各项经济指标。

1.7.2.4 能迅速准确发现、分析、判断、指挥处理机组各种故障，并能采取正确的预防措施。

1.7.2.5 能根据外界负荷变化和机组运行变化进行指挥调整或协作操作的能力。

1.7.2.6 能配合其他专业工种进行有关调整、操作能力。

1.7.2.7 具有培训和指导中级工业务技术的能力。

1.7.2.8 具有班组管理能力。

1.7.3 技师、高级技师：

1.7.3.1 参与运行规程、运行措施的制订和修改。

1.7.3.2 能正确分析各项经济指标及提出相应优化措施。

1.7.3.3 分析判断机组运行异常情况，能指挥处理各种故障，并能制订预防措施。

1.7.3.4 具有组织协调、组织培训中传授技艺能力。

1.7.3.5 具有较强识、绘图能力。

1.7.3.6 具有机组运行管理能力。

2 职业技能培训

2.1 培训期限

2.1.1 中级：

2.1.1.1 已取得初级职业资格证书。

2.1.1.2 相关专业中职高专及以上毕业，脱产培训累积不少于 400 标准学时。

2.1.2 高级：

2.1.2.1 已取得中级职业资格证书。

2.1.2.2 相关专业中职高专及以上毕业，脱产培训累积不少于 400 标准学时。

2.1.3 技师：

2.1.3.1 已取得高级职业资格证书。

2.1.3.2 相关专业高职高专及以上毕业，经 4～5 年及以上且具有主值班员资格运行经验，累积不少于 500 标准学时。

2.1.4 高级技师：

2.1.4.1 已取得技师职业资格证书。

2.1.4.2 已具有工程系列中等专业技术职务任职资格，经 4～5 年及以上且具有主值班员资格运行经验，累积不少于 500 标准学时。

2.2 培训教师

2.2.1 任职条件：

2.2.1.1 具有良好的职业道德。

2.2.1.2 具有组织指导本工种教学的经验和较好的表达能力。

2.2.1.3 熟悉锅炉、汽轮机、电气、输煤、化水、热控等工种的专业理论和操作技能。

2.2.1.4 能正确、规范、熟练地进行操作示范。

2.2.1.5 善于启发、组织学员专注学习、独立钻研。

2.2.1.6 能指导并有效地控制学员的操作行为。

2.2.2 任职资格：

2.2.2.1 具有中级以上专业技术职称的工程技术人员和高级工、技师，并经师资培训取得资格证书，可担任初、中级工培训教师。

2.2.2.2 具有高级专业技术职称的工程技术人员和高级技师，并经师资培训取得资格证书，可以担任高级工、技师和高级技师的培训教师。

2.3 培训场地和设备

2.3.1 具备本职业（工种）基础知识培训的教室和教学设备，如投影仪、电子式黑板等。

2.3.2 具有基本技能训练的实习场所，如仿真机或计算机模拟培训系统。

2.3.3 具有实际操作训练设备，如定点培训的典型火电厂。

2.4 培训项目

2.4.1 培训目的：通过培训达到《职业技能鉴定规范》对本职业的知识和技能要求。

2.4.2 培训方式：基地培训与现场培训（在岗培训）相结合，集中培训与分散学习、远程培训相结合的方式。

基地培训：由专兼职培训师在培训基地，按照培训计划和《模块化培训手册》中规定的基地培训内容，对参加培训的人员进行脱产集中培训，包括理论培训、专题讲座等以及在离线设备或仿真设备上进行的技能训练。

现场培训（在岗培训）：培训基地按照培训计划和《模块化培训手册》中规定的现场培训内容，编制《现场培训指导书》印发给学员。学员在企业兼职培训师的指导下，通过生产实践，实现现场技能训练。

分散学习：按照《职业技能鉴定指导书》，学员利用业余时间，通过书籍资料、培训网站或多媒体课件进行自学。

远程培训：培训基地利用远程计算机网络或远程音视频系统实现互动式的远程教学，既可以是实时同步教学，也可由学员终端通过软件播放或视频点播等方式实现非实时异步教学。

2.4.3 培训重点：

2.4.3.1 汽轮机、锅炉、发电机及其辅助系统设备的结构原理及系统布置。

2.4.3.2 主机及辅助设备的电气及热工保护配置及原理。

2.4.3.3 机组冷态、热态启动操作。

2.4.3.4 机组正常方式停机、滑参数停机操作。

2.4.3.5 机组运行中的检查、操作调整。

2.4.3.6 典型事故的判断、原因分析及处理。

2.4.3.7 机组启、停及运行过程中的试验。

2.5 培训大纲

本职业技能培训大纲，以模块组合（MES）——模块（MU）——学习单元（LE）的结构模式进行编写（见表 1）；职业技能模块及学习单元对照选择表见表 2；学习单元名称表见表 3。

表 1 电厂集控值班员培训大纲

模块序号及名称	单元序号及名称	学习目标	学习内容	学习方式	参考学时
MU1 发电厂运行人员的职业道德	LE1 发电厂运行人员的职业道德	通过本单元的学习，掌握发电厂运行人员职业道德的特点、职业道德与企业发展的关系、职业态度、职业道德规范，并自觉遵守职业道德	1. 热爱祖国，热爱本职工作 2. 刻苦学习，钻研技术 3. 爱护设备、工具 4. 遵章守纪，安全文明 5. 尊师爱徒，严守岗位职责，团结协作	自学	2

模块序号及名称	单元序号及名称	学习目标	学习内容	学习方式	参考学时
MU2 发电厂安全运行	LE2 紧急救护	通过本单元的学习，掌握发电厂紧急救护方面的知识	1. 烧伤、烫伤等急救处理 2. 触电急救处理	讲课及自学	3
	LE3 消防与安全	通过本单元的学习，掌握发电厂消防、安全知识	1. 正确进行火情报警 2. 使用现场消防器材进行灭火 3. 正确判明现场火情情况，组织人员进行灭火	讲课及自学	2
	LE4 电业安全知识	通过本单元的学习，掌握发电厂电业安全知识	1. 安全用电的基本知识 2. 消防器材的种类、适用范围及使用方法 3. 煤粉、燃油、氢气等易燃、易爆品的防火防爆知识	讲课及自学	3
	LE5 规程制度	通过本单元的学习，掌握发电厂各项规程制度	1.《电力工业技术管理法规》 2.《电业生产安全工作规程》 3.《电业生产事故调查规程》 4.《电力设备典型消防规程》 5.《发电厂检修规程》 6.《调度管理规程》 7.《防止电力生产重大事故的二十五项重点要求》 8. 本岗位工作标准及运行各项管理制度	讲课及自学	4
	LE6 管理知识	通过本单元的学习，掌握管理方面的基本知识	1. 发电厂生产技术管理的基本知识 2. 班组管理的基本内容和要求 3. 运行标准化管理内容	自学	3
	LE7 安全工器具的使用	通过本单元的学习，掌握发电厂常用工器具的使用方法	1. 各类工器具的用途及定期试验周期 2. 掌握绝缘电阻表、绝缘手套、卡表、万用表、测振表、测温仪、听针、呼吸器、防毒面具等的使用方法	讲课及自学	3

模块序号及名称	单元序号及名称	学习目标	学习内容	学习方式	参考学时
MU3 汽轮机、锅炉、发电机冷态启动检查、试验和操作	LE8 主机的型号、形式、结构及原理	通过本单元的学习,掌握机组主要设备的结构及原理	1. 锅炉、汽轮机、发电机、变压器的结构特点及技术规范 2. 锅炉燃烧理论及燃烧过程的计算 3. 锅炉正、反平衡的计算方法及提高效率的途径 4. 汽轮机热效率的计算方法及提高汽轮机效率的途径 5. 运行参数的范围及其超限对设备的危害	讲课及自学	14
	LE9 主机保护配置及原理	通过本单元的学习,掌握主机保护的配置及原理	1. 主机热工测点的位置及布置原则 2. 锅炉灭火保护系统的基本原理 3. 汽轮机调节系统及远方跳闸系统、机炉协调控制系统的基本原理 4. 发电机变压器组保护的配置、原理	讲课及自学	15
	LE10 锅炉启动操作	通过本单元的学习,掌握锅炉启动操作的基本方法	1. 辅助系统启动前的检查调整及启动操作 2. 锅炉点火、升温升压的操作 3. 机组启动状态的划分及启动参数的选择依据 4. 在机组启动过程中,能按化学监督要求进行汽水品质的调整 5. 滑参数启动 6. 锅炉升负荷及制粉系统启动和停运 7. 机组启动过程中各辅助设备及自动控制装置的投运操作	仿真机或实际工作训练	16

模块序号及名称	单元序号及名称	学习目标	学习内容	学习方式	参考学时
MU3 汽轮机、锅炉、发电机冷态启动检查、试验和操作	LE11 汽轮机启动操作	通过本单元的学习，掌握汽轮机启动操作的基本方法	1. 辅助设备及系统启动前的检查调整及启动操作 2. 机组启动状态的划分及启动参数的选择依据 3. 确定汽轮机冷态、温态启动暖机时间 4. 汽轮机冲转升速及发电机带负荷操作 5. 在机组启动过程中能进行水泵等设备的并列、切换操作 6. 分析和解决启动过程中出现的异常情况，掌握热应力、热膨胀、振动、差胀的控制方法	仿真机或实际工作训练	13
	LE12 发电机启动操作	通过本单元的学习，掌握发电机并网、保护投撤、厂用电切换等操作	1. 发电机变压器组系统改热备操作 2. 发电机变压器组自动准同期并网操作 3. 发电机变压器组手动准同期并网操作 4. 厂用电切换 5. 发电机运行参数的调整	仿真机或实际工作训练	14
MU4 汽轮机、锅炉、发电机辅助系统和设备的启停操作	LE13 机组辅助设备的规范、性能、结构和原理	通过本单元的学习，掌握机组辅助设备的基本结构和原理	机组所有辅助设备的技术规范、结构、性能及工作原理	讲课及自学	12
	LE14 全厂全面性热力系统及电气一次系统的布置特点及运行方式	通过本单元的学习，掌握全厂热力系统及电气系统的接线方式	1. 电气一次系统、厂用电系统的接线方式 2. 全厂全面性热力系统和公用系统的布置特点及接线方式 3. 直流系统的接线及运行方式		18

模块序号及名称	单元序号及名称	学习目标	学习内容	学习方式	参考学时
MU4 汽轮机、锅炉、发电机辅助系统和设备的启停操作	LE15 机组辅助设备的启停操作	通过本单元的学习，掌握机组辅助设备的启停操作	1. 机组启停过程中所有辅助设备及系统的启动顺序及操作方法 2. 机组辅助设备的热工及电气保护配置 3. 机组辅助设备及系统自动调节装置的类型、作用、原理及使用方法	仿真机或实际工作训练	14
	LE16 UPS 系统	通过本单元的学习，掌握 UPS 不停电电源的原理、作用及运行注意事项	1. UPS 系统接线方式 2. UPS 系统的负荷配置 3. UPS 失电情况下的事故处理	现场与讲课结合	4
MU5 机组热态启动	LE17 机组热态启动操作	通过本单元的学习，掌握机组热态启动的方法及注意事项	1. 机组启动状态的划分以及启动参数的选择依据 2. 确定汽轮机冷态、温态、热态启动暖机时间 3. 掌握锅炉升温、升压率、汽轮机升速率的确定 4. 掌握热态启动过程中机组热应力、热膨胀、振动、差胀的影响因素及控制方法	仿真机或实际工作训练	12
MU6 机组运行调整操作	LE18 机组各主要运行参数变化的分析和调整	通过本单元的学习，掌握机组运行调整的基本方法	1. 机组主要运行参数变化的分析和调整，如汽包水位、炉膛压力、汽温、汽压、发电机负荷、发电机电压等 2. 掌握锅炉汽温和燃烧特性，熟练进行汽温和燃烧调整 3. 在变工况下机组各自动控制系统的响应过程及特性	仿真机或实际工作训练	19

模块序号及名称	单元序号及名称	学习目标	学习内容	学习方式	参考学时
MU6 机组运行调整操作	LE19 辅助设备的解、并列操作	通过本单元的学习，掌握机组主要辅助设备的解、并列操作	1. 正确进行电气、热机操作票的填写并执行 2. 进行主要辅助设备的解、并列操作如给水泵切换、锅炉风机启停等 3. 掌握防止水泵汽蚀、风机喘振的方法	仿真机或实际工作训练	19
MU7 机组正常停机操作	LE20 锅炉正常参数停炉操作	通过本单元的学习，掌握正常停炉的操作方法	1. 停炉前的准备工作 2. 机组负荷下降速率的控制 3. 锅炉汽温、汽压的调整，维持正常参数 4. 锅炉停炉冷却操作	仿真机或实际工作训练	8
	LE21 汽轮机正常参数停机操作	通过本单元的学习，掌握汽轮机正常停机的操作方法	1. 停机前的准备工作 2. 不同方式停机的目的、要求和特点 3. 进行停机全过程的各项操作，包括汽轮机真空破坏及转子停转后的工作	仿真机或实际工作训练	8
	LE22 发电机正常降负荷及解列过程中的各项操作	通过本单元的学习，掌握发电机降负荷及解列过程中的各项操作	1. 发电机停机前的准备工作 2. 停机过程中的各项操作，包括减负荷、厂用电切换、发电机解列及解列后的工作	仿真机或实际工作训练	8
	LE23 锅炉滑参数停炉操作	通过本单元的学习，掌握锅炉滑参数停炉操作	1. 机组降负荷速率的控制 2. 锅炉降温速率及汽温、汽压调整 3. 滑参数停炉过程中的注意事项	仿真机或实际工作训练	8
	LE24 汽轮机滑参数停机操作	通过本单元的学习，掌握汽轮机滑参数停机操作	1. 滑参数停机前的准备工作 2. 滑参数停机全过程的操作 3. 滑参数停机过程中的注意事项	仿真机或实际工作训练	8

模块序号及名称	单元序号及名称	学习目标	学习内容	学习方式	参考学时
MU8 机组故障停机操作	LE25 锅炉紧急停炉	通过本单元的学习，掌握锅炉紧急停炉操作，将锅炉安全的停运	1. 锅炉紧急停炉条件 2. 锅炉紧急停炉操作	仿真机或实际工作训练	6
	LE26 锅炉申请停炉	通过本单元的学习，正确掌握锅炉申请停炉操作	1. 锅炉申请停炉条件 2. 锅炉申请停炉操作	仿真机或实际工作训练	6
	LE27 汽轮机紧急停机	通过本单元的学习，掌握汽轮机紧急停运条件，将汽轮机安全停运	1. 汽轮机紧急停机条件 2. 汽轮机紧急停机操作	仿真机或实际工作训练	6
	LE28 汽轮机申请停机	通过本单元的学习，正确掌握汽轮机申请停机操作	1. 汽轮机申请停机条件 2. 汽轮机申请停机操作	仿真机或实际工作训练	6
	LE29 发电机紧急停机	通过本单元的学习，掌握发电机紧急停机操作	1. 发电机紧急停机条件 2. 发电机紧急停机操作	仿真机或实际工作训练	6
	LE30 停机过程中的异常处理	通过本单元学习，掌握停机过程中可能出现的异常的判断、处理	1. 停机全过程的各项操作 2. 判断处理停机过程中可能出现的各种异常情况（如差胀过大、盘车电机故障、汽门不严、油系统故障、断路器拒动等）	仿真机或实际工作训练	6
	LE31 设备寿命管理	通过本单元的学习，掌握设备寿命管理方面的知识	1. 电厂常用钢材种类及适应温度范围 2. 机组变负荷及启停过程速率的控制 3. 机组超温、超压对设备寿命的影响及控制 4. 汽水品质的标准及控制方法	讲课及自学	10

模块序号及名称	单元序号及名称	学习目标	学习内容	学习方式	参考学时
MU9 机组正常运行中的日常维护和试验操作	LE32 主机的维护和保养	通过本单元的学习，掌握主机维护、保养方面的知识	1. 进行机组正常运行中的日常维护工作 2. 掌握季节及气候的变化对机组运行的影响及采取的防范措施 3. 主机停役后的保养方法	实际工作中训练	10
	LE33 辅助设备及系统防冻、防腐	通过本单元的学习，掌握辅助设备及系统的防腐、防冻知识	1. 辅助设备停役后的防冻、防腐工作 2. 系统停役后的防冻、防腐工作	讲课及自学	10
MU10 机组异常分析和处理	LE34 机组正常运行中参数异常的分析和判断处理	通过本单元的学习，能根据运行参数的变化，分析设备的异常情况	1. 机组主要运行参数的正常运行范围及限额 2. 机组主要运行参数的保护定值 3. 常用机组参数异常分析的方法 4. 对参数的异常变化，有针对性地进行处理	实际工作中训练	24
MU11 机组典型事故的分析、判断和处理	LE35 "锅炉缺水、满水，锅炉一、二次汽温高，锅炉结渣、积灰，锅炉'四管'泄漏，主要辅机跳闸，加热器故障"等常见事故的分析、判断和处理	通过本单元学习，掌握机组常见事故的分析、判断和处理	1. 机组常见事故的现象、原因、危害及处理方法 2. 锅炉缺水、满水、锅炉一、二次汽温高、锅炉结渣、积灰、锅炉"四管"泄漏、主要辅机跳闸、加热器故障等事故的分析、判断和处理	仿真机或实际工作训练	30
	LE36 机组主要辅机紧急停运的条件和操作	通过本单元的学习，掌握机组主要设备的紧急停运条件及方法	1. 机组主要辅机的紧急停运条件 2. 机组主要辅机停运后对机组运行方式的影响因素 3. 机组主要辅机的紧急停运操作	讲课及自学	10

模块序号及名称	单元序号及名称	学习目标	学习内容	学习方式	参考学时
MU11 机组典型事故的分析、判断和处理	LE37 "循环水中断、系统振荡、厂用电失去、线路故障"等复杂的综合性事故判断和处理	通过本单元的学习，掌握机组复杂的综合性事故的判断和处理	1. 循环水中断、系统振荡、厂用电失去、线路故障等复杂的综合性事故的现象、原因及判断和处理的方法 2. 组织指导人员正确进行机组的事故处理	仿真机或实际工作训练	20
MU12 机组大、小修后的验收和试运行	LE38 主、辅机连锁保护	通过本单元的学习，掌握主、辅机的连锁保护	1. 机组横向连锁保护内容 2. 辅机连锁保护内容 3. 主辅设备连锁装置信号试验	讲课及自学	6
	LE39 锅炉、汽轮机及发电机保护的试验确认	通过本单元的学习，掌握主机保护的试验确认方法	1. 主机保护配置及原理 2. 主机保护的试验方法 3. 主机保护试验应具备的条件、影响因素及注意事项	讲课及自学	6
	LE40 主机启动状态的划分、参数选择、暖机时间的确定及解决启动过程中的异常	通过本单元的学习，系统掌握机组启动全过程	1. 主机启动状态的划分 2. 主机启动参数选择 3. 主机启动暖机时间的确定 4. 机组启动过程中主要参数的控制	讲课、自学及仿真机训练	6
	LE41 机组酸洗、冲管的操作	通过本单元的学习，掌握机组酸洗、冲管操作	1. 机组酸洗、冲管各应具备的条件 2. 酸洗、冲管操作 3. 酸洗、冲管后系统的恢复、启动	讲课及实际操作训练	6

模块序号及名称	单元序号及名称	学习目标	学习内容	学习方式	参考学时
MU12 机组大、小修后的验收和试运行	LE42 机组启动过程中的各项试验	通过本单元的学习，掌握机组启动过程中各项试验的操作	1. 机组启动过程中应进行的试验项目 2. 机组各项试验应具备的条件 3. 各项试验的操作方法及注意事项，如油泵自启动试验、危急保安器注油试验、汽轮机超速试验、锅炉水压试验、安全门校验、锅炉水位试验、发电机气密性试验等 4. 正确处理试验过程中出现的异常情况	实际操作训练	6
	LE43 机组大、小修后各辅助设备试运行及验收	通过本单元的学习，掌握机组大、小修后辅助设备试运行及验收工作	1. 机组大、小修后设备试运行验收标准 2. 主机检修后投产前的检查、验收、空负荷、满负荷等各项试验 3. 配合进行锅炉燃烧调整试验、汽轮机效率试验以及整个机组热效率试验，能分析处理试验数据，会编写一般性试验报告	讲课及实际操作训练	6
MU13 机组的正常试验及维护工作	LE44 机组运行中的常规试验	通过本单元的学习，掌握机组运行中常规试验的操作	1. 机组运行中常规试验的项目、条件、安全注意事项 2. 机组运行中常规试验的操作方法，如汽门活动试验、真空严密性试验，辅机的热工、电气连锁保护试验，抽汽逆止门活动试验等	讲课及实际操作训练	18
	LE45 定期工作	通过本单元的学习，掌握机组定期工作的操作方法	1. 定期工作的内容 2. 定期工作的操作方法 3. 针对定期工作中发现的问题，及时处理	实际操作训练	6

模块序号及名称	单元序号及名称	学习目标	学习内容	学习方式	参考学时
MU14 发电厂经济指标分析	LE46 发电厂经济指标分析、计算	通过本单元的学习,掌握发电厂经济指标的分析、计算方法	1. 发电厂主要经济指标 2. 汽轮机、锅炉运行小指标 3. 发电煤耗偏差分析	讲课及自学	12
MU15 发电厂可靠性管理	LE47 发电厂可靠性管理	通过本单元的学习,掌握发电厂主、辅设备可靠性管理,制订安全技术措施,降低非计划停运,提高发电设备可靠性	1. 发电厂可靠性管理一般知识 2. 主、辅机可靠性管理统计内容 3. 发电厂设备异常情况分析	讲课	4
MU16 电力行业规程、标准	LE48 汽轮机、锅炉及发电机专业行业标准	通过本单元的学习,掌握汽轮机、锅炉及发电机专业行业标准的有关内容,结合本岗位实际贯彻执行	1. DL/T 611—1996《300MW 锅炉运行导则》 2. DL 435—1991《火电厂煤粉锅炉燃烧室防爆规程》 3. DL/T 612—1996《电力工业锅炉压力容器监察规程》 4. DL/T 610—1996《300MW 汽轮机运行导则》 5. DL 441—1991《电业安全工作规程(发电厂和变电站电气部分)》 6. 有关发电厂厂用电动机运行的规程 7. DL 572—1995《电力变压器运行规程》 8.《火力发电厂高压加热器运行维护导则》 9. SD223—1987《火力发电厂停(备)用热力设备防锈蚀导则》 10. DL 438—1991《火力发电厂金属技术监督规程》	自学	26

模块序号及名称	单元序号及名称	学习目标	学习内容	学习方式	参考学时
MU16 电力行业规程、标准	LE49 化学、输煤专业行业标准	通过本单元的学习，掌握化学、输煤专业行业标准的有关内容，结合本岗位实际贯彻执行	1. DL/T 561—1995《火力发电厂水汽化学监督导则》 2. GB 12145—1989《火力发电机组及蒸汽动力设备水汽质量标准》 3. 有关燃料运行的规程 4. 有关化学运行的规程	自学	12
MU17 危险点分析及预防、典型事故分析	LE50 危险点分析及预防、典型事故分析	通过本单元的学习，熟练掌握机组运行中危险点分析及预防措施；熟练掌握200MW、300MW、600MW机组常见事故发生的原因、现象及预防办法；解析国内典型机组发生过的重大事故	1. 机组运行中危险点分析及预防措施 2. 200、300、600MW机组常见事故分析 3. 国内典型机组已发生过的重大事故分析	自学	4
MU18 专业英语及相关规程	LE51 专业英语及相关规程	能够熟知主要设备的英语词汇；看懂典型DCS的操作界面、报警的英语词汇及术语缩写；了解相关规程的有关内容	1. 电力设备专业英语词汇 2. 电力系统专业术语的缩写 3. 典型DCS的操作界面及报警的英语词汇及术语缩写 4. 除灰、燃料、化学、消防等规程	自学	4
MU19 发电新技术的应用	LE52 发电新技术应用	通过本单元的学习，积极推广和应用与本专业有关的新技术和新方法	查找、推广和应用与本专业有关的新技术和新方法	自学	4

表 2

职业技能模块及学习单元对照选择表

模块	MU1	MU2	MU3	MU4	MU5	MU6	MU7	MU8	MU9	MU10	MU11	MU12	MU13	MU14	MU15	MU16	MU17	MU18	MU19
内容	发电厂运行人员的职业道德	发电厂安全运行	汽轮机、锅炉、发电机冷态启动检查、试验和操作	汽轮机、锅炉、发电机辅机系统和设备的启停操作	机组热态启动	机组运行调整操作	机组正常停机操作	机组故障停机操作	机组正常运行中的日常维护和试验操作	机组异常分析和处理	机组典型事故的分析、判断和处理	机组大、小修后的验收和试运行	机组的正常试验及维护工作	发电厂经济指标分析	发电厂可靠性管理	电力行业规程、标准	危险点分析及预防、典型事故分析	专业英语及相关规程	发电新技术的应用
参考学时	2	18	60	48	24	38	36	36	30	32	60	36	24	12	4	36	4	4	4
适用等级	中级 高级 技师	中级 高级 技师	中级 高级	中级 高级	高级	中级 高级	中级 高级	中级 高级	高级	中级 高级	中级 高级	中级 高级 技师	中级 高级	中级 高级 技师	高级 技师	中级 高级 技师	中级 高级 技师 高技	中级 高级 技师 高技	高技

模块	MU1	MU2	MU3	MU4	MU5	MU6	MU7	MU8	MU9	MU10	MU11	MU12	MU13	MU14	MU15	MU16	MU17	MU18	MU19
中	1	2, 3, 4, 5, 7	8, 10, 11, 12	13, 14		18, 19	20, 21, 22, 23, 24	25, 26, 27, 28, 29		34	35	38	44, 45	46		48	50	51	
高	1	3, 4, 5, 6	8, 9, 10, 11, 12	16	17	18	23, 24	30	31, 32, 33	34	36, 37	39, 40, 41, 42	44, 45	46	47	48	50	51	
技师	1	3, 4, 5, 6										43		46	47	48, 49	50	51	
高级技师																	50	51	52

学习单元序号选择

表3　　　　　　　　　　学习单元名称表

单元序号	单元名称	单元序号	单元名称
LE1	发电厂运行人员的职业道德	LE21	汽轮机正常参数停机操作
LE2	紧急救护	LE22	发电机正常降负荷及解列过程中的各项操作
LE3	消防与安全	LE23	锅炉滑参数停炉操作
LE4	电业安全知识	LE24	汽轮机滑参数停机操作
LE5	规程制度	LE25	锅炉紧急停炉
LE6	管理知识	LE26	锅炉申请停炉
LE7	安全工器具的使用	LE27	汽轮机紧急停机
LE8	主机的型号、形式、结构及原理	LE28	汽轮机申请停机
LE9	主机保护配置及原理	LE29	发电机紧急停机
LE10	锅炉启动操作	LE30	停机过程中的异常处理
LE11	汽轮机启动操作	LE31	设备寿命管理
LE12	发电机启动操作	LE32	主机的维护和保养
LE13	机组辅助设备的规范、性能、结构和原理	LE33	辅助设备及系统防冻、防腐
LE14	全厂全面性热力系统及电气一次系统的布置特点及运行方式	LE34	机组正常运行中参数异常的分析和判断处理
LE15	机组辅助设备的启停操作	LE35	"锅炉缺水、满水,锅炉一、二次汽温高,锅炉结渣、积灰,锅炉'四管'泄漏,主要辅机跳闸,加热器故障"等常见事故的分析、判断和处理
LE16	UPS 系统	LE36	机组主要辅机紧急停运的条件和操作
LE17	机组热态启动操作	LE37	"循环水中断、系统振荡、厂用电失去、线路故障"等复杂的综合性事故判断和处理
LE18	机组各主要运行参数变化的分析和调整	LE38	主、辅机连锁保护
LE19	辅助设备的解、并列操作	LE39	锅炉、汽轮机及发电机保护的试验确认
LE20	锅炉正常参数停炉操作	LE40	主机启动状态的划分、参数选择、暖机时间的确定及解决启动过程中的异常

单元序号	单 元 名 称	单元序号	单 元 名 称
LE41	机组酸洗、冲管的操作	LE47	发电厂可靠性管理
LE42	机组启动过程中的各项试验	LE48	汽轮机、锅炉及发电机专业行业标准
LE43	机组大、小修后各辅助设备试运行及验收	LE49	化学、输煤专业行业标准
LE44	机组运行中的常规试验	LE50	危险点分析及预防、典型事故分析
LE45	定期工作	LE51	专业英语及相关规程
LE46	发电厂经济指标分析、计算	LE52	发电新技术应用

3 职业技能鉴定

3.1 鉴定要求

鉴定内容和考核双向细目表按照《中华人民共和国职业技能鉴定规范·电力行业》本职业（工种）执行。

3.2 考评人员

考评人员分考评员和高级考评员。考评员可承担初、中、高级技能等级鉴定；高级考评员可承担初、中、高级技能等级和技师、高级技师资格考评。其任职条件是：

3.2.1 考评员必须具有技师、高级工或者中级专业技术职务以上的资格，具有 15 年以上本工种专业工龄；高级考评员必须具有高级技师或者高级专业技术职务，取得考评员资格并具有 1 年以上实际考评工作经历。

3.2.2 掌握必要的职业技能鉴定理论、技术和方法，熟悉职业技能鉴定的有关法规和政策，有从事职业技能培训、考核的经历。

3.2.3 具有良好的职业道德，秉公办事，自觉遵守职业技能鉴定考评人员守则和有关规章制度。

鉴定试题库

4

4.1 理论知识（含技能笔试）试题

4.1.1 选择题

下列每题都有 4 个答案，其中只有 1 个正确答案，将正确答案代号填入括号内。

La4A1001 凝汽器内蒸汽的凝结过程可以看做是（**C**）。

（A）等容过程；（B）等焓过程；（C）等压过程；（D）绝热过程。

La4A1002 水在水泵内压缩升压可以看做是（**D**）。

（A）等容过程；（B）等温过程；（C）等压过程；（D）绝热过程。

La4A1003 工质的内能决定于它的（**C**），即决定于所处的状态。

（A）温度；（B）比体积；（C）温度和比体积；（D）压力。

La4A1004 提高机组的循环热效率的方法之一是（**B**）。

（A）降低新蒸汽温度；（B）提高新蒸汽温度和压力；（C）提高排汽压力；（D）增大新蒸汽流量。

La4A1005 在工质的膨胀过程中，由于压力降低，此时会出现（**A**）。

（A）工质对外界做功；（B）外界对工质做功；（C）工质与外界间不做功；（D）工质与外界间相互做功。

La4A1006 电力线路采用电容器串联补偿可以（**D**）。

（A）提高系统稳定性；（B）提高供电可靠性；（C）避免过电压；（D）改善电压质量。

La4A1007 确定电流通过导体时所产生的热量与电流的平方、导体的电阻及通过的时间成正比的定律是（**C**）。

（A）欧姆定律；（B）基尔霍夫定律；（C）焦耳—楞次定律；（D）戴维南定律。

La4A1008 发电机通过运转而产生电动势，它是一种能连续提供电流的装置，所以称它为（**A**）。

（A）电源；（B）电动势；（C）电压源；（D）发电机。

La4A1009 求解直流复杂电路中某一支路的电压、电流或功率时，采用（**D**）计算较为方便。

（A）支路电流法；（B）节点电压法；（C）回路电流法；（D）戴维南定律。

La4A1010 变压器空载合闸时励磁涌流的大小与（**B**）有关。

（A）断路器合闸快慢；（B）合闸初相角；（C）绕组型式；（D）变压器的容量。

La4A1011 发电机三相定子绕组，一般都为星形连接，这主要是为了消除（**B**）。

（A）二次谐波；（B）三次谐波；（C）五次谐波；（D）基波。

La4A2012 汽轮机凝汽器管内结垢可造成（**D**）。

（A）传热增强，管壁温度升高；（B）传热减弱，管壁温度降低；（C）传热增强，管壁温度降低；（D）传热减弱，管壁温度升高。

La4A2013 同一种流体，强迫对流换热比自由流动换热（**C**）。

（A）不强烈；（B）相等；（C）强烈；（D）小。

La4A2014 间隙激振引起的自激振荡主要特点是（**D**）。

（A）与电网频率有关；（B）与电网频率无关；（C）与机组负荷无关；（D）与机组负荷有关。

La4A2015 已知介质的压力 p 和温度 t，在该压力当 t 小于饱和温度时，介质所处的状态是（**A**）。

（A）未饱和水；（B）湿蒸汽；（C）干蒸汽；（D）过热蒸汽。

La4A2016 在工程热力学中的基本状态参数为压力、温度和（**D**）。

（A）内能；（B）焓；（C）熵；（D）比体积。

La4A2017 锅炉运行在超临界状态，中间混合联箱内的工质为（**C**）。

（A）不饱和水；（B）饱和水；（C）汽水混合物；（D）饱和汽。

La4A2018 锅炉点火前必须建立启动流量的原因是（**A**）。

（A）防止启动期间水冷壁超温；（B）防止启动期间过热器超温；（C）为强化热态冲洗效果；（D）为建立汽轮机冲转

压力。

La4A2019 直流锅炉从亚临界向超临界工况过度时，启动分离器会（**B**）。

（A）出现水位；（B）不会出现水位；（C）出口汽温度降低；（D）出口汽温升高。

La4A2020 对于直流锅炉，煤水比变大，则不正确的叙述是（**D**）。

（A）过热汽温升高；（B）水冷壁管子温度升高；（C）排烟温度升高；（D）主汽压升高。

La4A4021 电动机从电源吸收无功功率，产生的是（**C**）。
（A）机械能；（B）热能；（C）磁场；（D）动能。

La3A2022 蒸汽在汽轮机内的膨胀可以看做是（**D**）。

（A）等容过程；（B）等温过程；（C）等压过程；（D）绝热过程。

La3A2023 沸腾的液体和气体同时存在，气体和液体的温度（**A**）。

（A）相等；（B）不相等；（C）气体温度高于液体温度；（D）液体温度高于气体温度。

La3A2024 回热加热系统理论上最佳给水温度相对应的是（**B**）。

（A）回热循环热效率最高；（B）回热循环绝对内效率最高；（C）电厂煤耗率最低；（D）电厂热效率最高。

La3A2025 如对 50MW 机组进行改型设计，比较合理的

可采用方案是（D）。（原机组参数为压力 3.5MPa，温度 435℃，背压 0.5kPa）

（A）采用一次中间再热；（B）提高初温；（C）提高初压；（D）同时提高初温和初压。

La3A2026 蓄电池的电动势大小与（B）无关。
（A）内阻；（B）温度；（C）比重；（D）极板。

La3A2027 中间再热使热经济性得到提高的必要条件是（A）。
（A）再热附加循环热效率大于基本循环热效率；（B）再热附加循环热效率小于基本循环热效率；（C）基本循环热效率必须大于 40%；（D）再热附加循环热效率不能太低。

La3A2028 熔断器的额定值主要有（C）。
（A）额定电压、额定电流和额定电阻；（B）额定电压和额定电流；（C）额定电压、额定电流和熔体额定电流；（D）额定电压。

La3A2029 半导体热敏特性，是指半导体的导电性能随温度的升高而（A）。
（A）增加；（B）减弱；（C）保持不变；（D）成正比。

La3A2030 锅炉管道选用钢材，主要根据金属在使用中的（B）决定。
（A）硬度；（B）温度；（C）强度；（D）压力。

La3A2031 提高蒸汽初温度主要受到（C）的限制。
（A）锅炉传热温差；（B）热力循环；（C）金属耐高温性能；（D）汽轮机末级叶片湿度。

La3A2032 采用回热循环后与具有相同初参数及功率的纯凝汽式循环相比，它的（**B**）。

（A）汽耗量减少；（B）热耗量减少；（C）做功的总焓降增加；（D）做功不足系数增加。

La2A2033 绝对黑体的辐射力与其绝对温度的（**C**）次方成正比。

（A）二；（B）三；（C）四；（D）五。

La2A2034 （**A**）是火电厂的理论循环，是组成蒸汽动力的基本循环。

（A）卡诺循环；（B）朗肯循环；（C）再热循环；（D）回热循环。

La2A2035 同步发电机的转子绕组中（**A**）会产生磁场。

（A）通入直流电；（B）通入交流电；（C）感应产生电流；（D）感应产生电压。

La2A2036 机组正常运行中同步发电机的转速永远（**C**）同步转速。

（A）低于；（B）高于；（C）等于；（D）不一定。

La2A3037 为提高钢的耐磨性和抗磁性，需加入的合金元素是（**A**）。

（A）锰；（B）铬；（C）铝；（D）锡。

La2A4038 汽包用钢的金相组织均属（**D**）钢。

（A）贝氏体；（B）奥氏体；（C）铁素体；（D）珠光体。

La2A4039 如果汽轮机部件的热应力超过金属材料的屈

服极限，金属会产生（**A**）。

（A）塑性变形；（B）热冲击；（C）热疲劳；（D）断裂。

La2A4040　汽轮机停机后，转子弯曲值增加是由于（**A**）造成的。

（A）上下缸温差；　（B）汽缸内有剩余蒸汽；　（C）汽缸疏水不畅；　（D）转子与汽缸温差大。

La2A4041　雷诺数 *Re* 可用来判别流体的流动状态，当（**A**）时是层流状态。

（A）$Re<2300$；（B）$Re>2300$；（C）$Re>1000$；（D）$Re<1000$。

La2A4042　变压器铁芯采用叠片式的目的是（**C**）。

（A）减少漏磁通；（B）节省材料；（C）减少涡流；（D）减少磁阻。

La2A5043　蒸汽在有摩擦的绝热流动过程中，其熵是（**A**）。

（A）增加的；（B）减少的；（C）不变的；（D）均可能。

Lb4A1044　挥发分含量对燃料燃烧特性影响很大，挥发分含量高则容易燃烧，（**C**）的挥发分含量高，故很容易燃烧。

（A）无烟煤；（B）烟煤；（C）褐煤；（D）贫煤。

Lb4A1045　每千克标准煤的发热量为（**C**）。

（A）20 934kJ；（B）2 5120.8kJ；（C）29 307.6kJ；（D）12 560.4kJ。

Lb4A2046　电流互感器在运行中，为保护人身和二次设备的安全，要求互感器（**B**）。

（A）必须一点接地；（B）二次侧严禁开路；（C）严禁过

负荷；（D）二次侧严禁短路。

Lb4A2047 在锅炉负荷变化时，可调节给水量的是（**A**）。
（A）给水泵；（B）炉水泵；（C）冲灰泵；（D）凝结水泵。

Lb4A2048 在动力燃烧过程中，要强化燃烧，必须设法（**B**）。
（A）供应合适的空气量；（B）提高炉膛温度；（C）改善煤粉与空气的混合情况；（D）保证足够的燃烧时间。

Lb4A2049 有甲、乙、丙、丁四个带电体，其中甲排斥乙，甲吸引丙，丙排斥丁，如果丁带的是负电荷，则乙带的电荷是（**A**）。
（A）正电荷；（B）负电荷；（C）中性的；（D）无法确定。

Lb4A2050 高压加热器在工况变化的情况下热应力主要发生在（**C**）。
（A）管束上；（B）壳体上；（C）管板上；（D）进汽口。

Lb4A2051 导体在磁场中相对运动，则在导体中产生感应电动势，其方向用（**B**）确定。
（A）左手定则；（B）右手定则；（C）右手螺旋定则；（D）无法确定。

Lb4A2052 对于汽包炉，在下列热工信号中，其中（**B**）信号作为锅炉重要热工保护信号。
（A）汽包压力；（B）汽包水位；（C）给水流量；（D）主蒸汽流量。

Lb4A2053 为防止炉膛发生爆炸而设的主要热工保护是

（**B**）。

（A）机跳炉保护；（B）炉膛灭火保护；（C）汽包水位低保护；（D）炉膛压力高保护。

Lb4A2054 在锅炉过热蒸汽温度调节系统中，被调量是（**A**）。

（A）过热器出口温度；（B）过热器进口温度；（C）减温水量；（D）减温水阀开度。

Lb4A2055 锅炉灭火保护动作最主要的作用是（**C**）。

（A）跳一次风机；（B）跳引、送风机；（C）切断所有燃料；（D）切断所有一、二次风源。

Lb4A2056 当锅炉燃烧调节系统接到增加负荷指令时，控制装置（**D**）。

（A）增加燃料量；（B）先增加燃料量后增加风量；（C）风与燃料同时增加；（D）先增加风量后增加燃料量。

Lb4A2057 绝对压力 P_a 与表压力 P_r 的关系是（**A**）（P_n 代表标准大气压力）。

（A）$P_a=P_r+P_n$；（B）$P_r=P_a+P_n$；（C）$P_r=P_a$；（D）$P_a=P_r-P_n$。

Lb4A2058 一般油的燃点温度比闪点温度（**A**）。

（A）高 $3\sim6℃$；（B）高 $10\sim15℃$；（C）低 $3\sim5℃$；（D）低 $7\sim8℃$。

Lb4A2059 完全燃烧必须具备的条件之一是（**D**）。

（A）水分少；（B）发热量高；（C）挥发分高；（D）足够的燃烧时间。

Lb4A2060 机组运行中，给水的 pH 值应维持在（**A**）范围内。

（A）9.0～9.6；（B）8.5～9.0；（C）7.5～8.0；（D）7.0～7.5。

Lb4A2061 锅炉"MFT"后，下列（**D**）跳闸。

（A）送风机；（B）引风机；（C）空气预热器；（D）一次风机。

Lb4A3062 温度表的精度等级为 1.5，量程上限为 500℃，下限为 100℃，它的测量最大绝对误差为（**A**）。

（A）±6℃；（B）±5℃；（C）±1.5℃；（D）±7.5℃。

Lb4A3063 数字电液控制系统用作协调控制系统中的（**A**）部分。

（A）汽轮机执行器；（B）锅炉执行器；（C）发电机执行器；（D）协调指示执行器。

Lb4A3064 协调控制系统共有五种运行方式，其中最为完善、功能最强大的方式是（**B**）。

（A）机炉独自控制方式；（B）协调控制方式；（C）汽轮机跟随锅炉方式；（D）锅炉跟随汽轮机方式。

Lb4A3065 防止制粉系统爆炸的主要措施有（**A**）。

（A）解决系统积粉，消除火源，控制系统温度；（B）认真监盘，细心调整；（C）防止磨煤机堵煤；（D）防止磨煤机断煤。

Lb4A3066 低氧燃烧时，产生的（**C**）较少。

（A）硫；（B）二氧化硫；（C）三氧化硫；（D）一氧化碳。

Lb4A3067 煤粉粗可使（**C**）。

（A）磨煤电耗增加；（B）磨煤机金属磨损增加；（C）不完全燃烧损失增加；（D）排烟温度下降。

Lb4A3068 产生串联谐振的条件是（**C**）。

（A）$X_L > X_C$；（B）$X_L < X_C$；（C）$X_L = X_C$；（D）$R = X_L + X_C$。

Lb4A3069 空载高压长线路的末端电压（**B**）始端电压。

（A）低于；（B）高于；（C）等于；（D）不一定。

Lb4A3070 在外界负荷不变的情况下，汽压的稳定要取决于（**B**）。

（A）炉膛热强度的大小；（B）炉内燃烧工况的稳定；（C）锅炉的蓄热能力；（D）蒸汽温度的稳定。

Lb4A4071 加速电气设备绝缘老化的主要原因是（**C**）。

（A）电压过高；（B）电流过低；（C）温度过高；（D）电流过高。

Lb4A4072 强制循环锅炉的循环倍率比自然循环锅炉的循环倍率（**A**）。

（A）小；（B）大；（C）大一倍；（D）小一倍。

Lb3A2073 煤失去水分以后，置于与空气隔绝的容器中加热到（**B**），保持 **7min**，煤中分解出来的气态物质称为挥发分。

（A）850℃；（B）850±20℃；（C）800±10℃；（D）800℃。

Lb3A2074 机组甩负荷时，转子表面产生的热应力为（**A**）。

（A）拉应力；（B）压应力；（C）交变应力；（D）不产生

应力。

Lb3A2075 停炉过程中的降压速度每分钟不超过（**D**）。
（A）0.05MPa；（B）0.1MPa；（C）0.15MPa；（D）0.2MPa。

Lb3A3076 火力发电厂排除的烟气，会造成大气污染，主要的污染物是（**C**）。
（A）粉尘；（B）微量重金属颗粒；（C）二氧化硫；（D）氮氧化物。

Lb3A3077 在锅炉三冲量给水自动调节系统中，（**C**）是主信号。
（A）蒸汽流量；（B）给水流量；（C）汽包水位；（D）除氧器水位。

Lb3A3078 锅炉单独使用积分调节器时，能使被调量（**A**）。
（A）无静态偏差；（B）无动态偏差；（C）振荡不稳；（D）稳定。

Lb3A3079 锅炉单独使用微分调节器时，能使被调量（**C**）。
（A）无静态偏差；（B）无动态偏差；（C）振荡不稳；（D）稳定。

Lb3A3080 汽轮机每运行 **1h**，金属材料就消耗了（**A**）的蠕变寿命。
（A）1h；（B）1.5h；（C）2h；（D）3h。

Lb3A3081 汽轮发电机承受负序电流的能力，主要取决于

（**C**）。

（A）定子过载倍数；（B）机组振动；（C）转子发热条件；（D）定子发热条件。

Lb3A3082　汽轮发电机的强行顶值励磁电压与额定励磁电压之比叫强行励磁的倍数，对于汽轮发电机应不小于（**B**）倍。

（A）1.5；（B）2；（C）2.5；（D）3。

Lb3A3083　汽轮机相对内效率表示了汽轮机通流部分的完善程度，一般汽轮机相对内效率为（**B**）。

（A）25%～35%；（B）78%～90%；（C）90%～93%；（D）96%～99%。

Lb3A3084　绝缘材料中，E 级绝缘耐温（**D**）。

（A）100℃；（B）105℃；（C）110℃；（D）120℃。

Lb3A4085　发电机逆功率保护的主要作用是（**C**）。

（A）防止发电机进相运行；（B）防止发电机低负荷运行；（C）防止汽轮机末级叶片过热损坏；（D）防止汽轮机带厂用电运行。

Lb3A4086　距离保护第 I 段一般保护线路全长的（**B**）左右。

（A）40%；（B）80%；（C）20%；（D）95%。

Lb3A4087　在距离保护中，为了监视交流回路，均装设"电压断线闭锁装置"，当二次电压回路发生短路或断线时，该装置（**B**）。

（A）发出断线信号；（B）发出信号，断开保护电源；（C）断开保护正负电源；（D）保护动作。

Lb3A4088　为防止汽轮发电机组超速损坏，汽轮机装有保护装置，使发电机的转速限制在不大于额定转速的（**B**）以内。

（A）5%；（B）10%；（C）13%；（D）15%。

Lb3A4089　汽轮机变工况运行时，容易产生较大热应力的部位有（**B**）。

（A）汽轮机转子中间级处；（B）高压转子第一级出口和中压转子进汽区；（C）转子端部汽封处；（D）中压缸出口处。

Lb3A4090　汽包内蒸汽空间高度超过 **0.5m** 且继续提高时，蒸汽带水量将（**C**）。

（A）增加；（B）减小；（C）不变；（D）与汽压有关。

Lb3A4091　**300MW** 汽轮机采用顺序阀控制时，调节级最危险工况发生在（**B**）。

（A）调节阀全部开启的工况；（B）第 1、2 调节阀全开，第 3 调节阀尚未开启时；（C）当第 3 调节阀全开，第 4 调节阀尚未开启时；（D）当第 4 调节阀全开，第 5 调节阀尚未开启时。

Lb3A4092　在汽轮机的冲动级中，蒸汽的热能转变为动能是在（**A**）中完成。

（A）喷嘴；（B）动叶片；（C）静叶片；（D）汽缸。

Lb3A4093　高压汽轮机监视段压力相对增长值不超过（**C**）。

（A）10%；（B）7%；（C）5%；（D）3%。

Lb2A1094　大容量锅炉停炉备用一周以上一月以内，比较适用（**C**）保养法。

（A）蒸汽压力；（B）热炉放水余热烘干；（C）充氮（系统严密）；（D）加 NH_2、N_2H_4 湿保养。

Lb2A2095 对于一种确定的汽轮机,其转子和汽缸热应力的大小取决于（**D**）。

（A）蒸汽温度；（B）蒸汽压力；（C）机组负荷；（D）转子和汽缸内温度分布。

Lb2A3096 《电力工业技术管理法规》要求,汽轮机应有以下的保护装置：超速保护、（**B**）、低润滑油压保护和低真空保护。

（A）差胀大保护；（B）轴向位移保护；（C）振动大保护；（D）防进水保护。

Lb2A3097 汽轮机胀差保护应在（**C**）投入。

（A）带部分负荷后；（B）定速后；（C）冲转前；（D）冲转后。

Lb2A4098 670t/h 以上锅炉应配有（**B**）。

（A）灭火保护装置；（B）炉膛安全监控装置；（C）炉膛火焰监测装置；（D）火焰工业电视。

Lb2A4099 炉跟机的控制方式特点是（**C**）。

（A）主汽压力变化平稳；（B）负荷变化平稳；（C）负荷变化快,适应性好；（D）锅炉运行稳定。

Lb2A4100 锅炉一次蒸汽系统上所装的全部安全阀排汽量的总和,必须（**D**）锅炉最大连续蒸发量。

（A）小于；（B）等于；（C）大于或等于；（D）大于。

Lb2A5101　当需要接受中央调度指令参加电网调频时,机组应采用(**C**)控制方式。

(A)机跟炉;(B)炉跟机;(C)机炉协调;(D)机、炉手动。

Lb2A5102　对亚临界以上的机组在正常运行中,凝结水溶氧合格标准是(**B**)。

(A)100μg/L;(B)30μg/L;(C)20μg/L;(D)7μg/L。

Lb2A5103　汽轮机调节油系统中四个 AST 电磁阀正常运行中应(**A**)。

(A)励磁关闭;(B)励磁打开;(C)失磁关闭;(D)失磁打开。

Lb1A2104　汽轮发电机承受负序电流的能力主要决定于(**B**)。

(A)定子过载倍数;(B)转子发热条件;(C)机组振动;(D)额定功率。

Lb1A3105　提高蒸汽初压力主要受到(**D**)。

(A)汽轮机低压级湿度的限制;(B)锅炉汽包金属材料的限制;(C)工艺水平的限制;(D)材料的限制。

Lb1A3106　单位质量气体,通过风机所获得的能量用风机的(**C**)来表示。

(A)轴功率;(B)出口风压;(C)全压;(D)入口风压。

Lb1A3107　当电力系统故障时,要求继电器保护动作,将靠近故障设备的断路器跳开,用以缩小停电范围,这就是继电保护的(**A**)。

（A）选择性；（B）可靠性；（C）灵敏性；（D）速动性。

Lb1A1108 在三相交流电路中，所谓三相负载对称是指（**B**）。

（A）各相阻抗值相等；（B）电阻相等，电抗相等，电抗性质相同；（C）阻抗角相同；（D）各相电压相等。

Lb1A3109 测量值最精确的热工仪表的精确度为（**A**）。
（A）0.25；（B）0.5；（C）1.0；（D）0.75。

Lb1A3110 泵和风机的效率是指泵和风机的（**B**）与轴功率之比。
（A）原动机功率；（B）有效功率；（C）输入功率；（D）全功率。

Lb1A3111 已知工质的压力和温度，在该温度下，当压力小于饱和压力时，工质所处的状态是（**A**）。
（A）过热蒸汽；（B）湿蒸汽；（C）干蒸汽；（D）饱和蒸汽。

Lb1A5112 锅水中的硅酸和硅酸盐可以相互转化，若使硅酸转化变为难溶于蒸汽的硅酸盐时，可提高锅水的（**B**）。
（A）酸度；（B）碱度；（C）硬度；（D）饱和度。

Lb1A5113 由变压器的电抗的计算公式可知：变压器电抗 X 与频率 f 成正比。当 **50Hz** 变压器接到 **60Hz** 电源上时，其电抗为原来的（**C**）倍。
（A）1.5；（B）2.0；（C）1.2；（D）1.25。

Lc4A1114 在汽包内部的工作照明，使用灯具的电压应为

（**A**）。

（A）12V；（B）36V；（C）220V；（D）380V。

Lc4A1115 检修过程中若需更改或增设安全措施，必须（**C**）。

（A）经许可人同意；（B）经工作负责人同意；（C）填写新的工作票；（D）只要签发人同意。

Lc4A1116 生产现场禁火区内进行动火作业,应执行（**C**）。

（A）工作票制度；（B）操作票制度；（C）动火工作票制度；（D）工作票制度和动火工作票制度。

Lc4A1117 工作人员进入 SF$_6$ 配电装置室，必须先通风（**B**），并用检漏仪测量 SF$_6$ 气体含量。

（A）10min；（B）15min；（C）5min；（D）30min。

Lc4A1118 《电业安全工作规程》中规定，设备对地电压大于（**C**）属于高压。

（A）110V；（B）220V；（C）250V；（D）400V。

Lc4A1119 运行分析按组织形式可分为岗位分析、定期分析和（**C**）三种形式。

（A）不定期分析；（B）事故分析；（C）专题分析；（D）经济分析。

Lc3A1120 发电厂的一项重要技术经济指标是：发电设备"年利用小时"。它是由（**A**）计算得来的。

（A）发电设备全年发电量除以发电设备额定容量；（B）发电设备额定容量除以发电设备全年发电量；（C）发电设备全年发电量除以年供电量；（D）发电设备全年供电量除以发电设备

额定容量。

Lc3A2121　班组民主管理不包括（**D**）管理。

（A）政治民主；（B）经济民主；（C）生产技术民主；（D）奖惩民主。

Lc3A2122　高压锅炉汽包一般多用（**A**）。

（A）20 号优质碳素钢；（B）普通低合金钢；（C）高级合金钢；（D）15CrMo。

Lc2A2123　用万用表测量半导体二极管时，万用表电阻挡应调到（**B**）挡。

（A）R×1；（B）R×100；（C）R×100k；（D）R×10。

Lc2A2124　计算机硬件系统主机由（**D**）组成。

（A）中央处理器 CPU；（B）主存储器；（C）输入输出设备；（D）中央处理器和主存储器。

Lc2A3125　根据《电力工业技术管理法规》要求，新机组投入运行（**D**）应进行大修。

（A）5000h；（B）6000h；（C）7000h；（D）8000h。

Lc1A5126　蓄热式空气预热器漏风量最大的部位在（**D**）。

（A）运动、滚动部件；（B）冷端；（C）外壳；（D）热端。

Lc1A5127　对于经常性反复启动而且启动负荷较大的设备，通常采用（**C**）电动机。

（A）深槽式；（B）双鼠笼式；（C）绕线式；（D）鼠笼式。

Ld1A2128　在给水自动三冲量中，（**C**）是前馈信号，它能有效地防止由于"虚假水位"而引起调节器的误动作，改善蒸汽流量扰动下的调节流量。

（A）汽包水位；（B）给水流量；（C）蒸汽流量；（D）机组负荷。

Ld1A2129 过热器的压降通常不超过锅炉工作压力的（**B**）。
（A）15%；（B）10%；（C）1%；（D）5%。

Ld1A2130 运行中的隔离开关，刀闸口最高允许温度为（**A**）。
（A）80℃；（B）95℃；（C）100℃；（D）85℃。

Le4A3131 锅炉定期排污时应尽量选择在（**A**）时进行。
（A）低负荷；（B）额定负荷；（C）任意负荷；（D）较高负荷。

Jd4A2132 对于电阻 1Ω 以下的小电阻，一般使用（**A**）测量。
（A）双臂电桥；（B）单臂电桥；（C）欧姆表；（D）绝缘电阻表。

Jd4A3133 造成火力发电厂效率低的主要原因是（**B**）。
（A）锅炉效率低；（B）汽轮机排汽热损失；（C）发电机损失；（D）汽轮机机械损失。

Jd3A2134 凝汽式汽轮机组的综合经济指标是（**C**）。
（A）热耗率；（B）汽耗率；（C）热效率；（D）循环效率。

Je4A1135 需要运行值班人员在运行方式、操作调整上采取保障人身、设备运行安全措施的检修工作，必须采用（**B**）。

（A）操作票；（B）工作票；（C）安全措施；（D）有人监护。

Je4A2136 汽轮机热态启动时，若出现负差胀，主要原因是（**A**）。

（A）冲转时蒸汽温度偏低；（B）冲转时蒸汽温度偏高；（C）冲转时升速率偏大；（D）冲转时升速率偏小。

Je4A2137 在汽轮机启动过程中，发生（**B**）现象，汽轮机部件可能受到的热冲击最大。

（A）对流换热；（B）珠状凝结换热；（C）膜状凝结换热；（D）辐射换热。

Je4A2138 300MW 凝汽式汽轮机启动，选择蒸汽参数时要求蒸汽的过热度不小于（**B**）。

（A）50℃；（B）56℃；（C）60℃；（D）70℃。

Je4A2139 自耦变压器的经济性与其变比有关，变比增加其经济效益（**A**）。

（A）差；（B）好；（C）不明显；（D）无关。

Je4A2140 燃煤炉炉膛吹扫和烟道吹扫时间应不少于（**B**）。

（A）2min；（B）5min；（C）20min；（D）30min。

Je4A2141 汽轮机冷态启动时，蒸汽与汽缸内壁的换热形式主要是（**C**）。

（A）传导换热；（B）对流换热；（C）凝结换热；（D）辐射换热。

Je4A2142 汽轮机冷态启动时，在升速过程中，高压缸各级的轴向动静间隙（**B**）。

（A）增大；（B）减小；（C）不变；（D）与汽温有关。

Je4A2143 停炉时间超过（**A**）天，应将原煤斗中的煤烧空。

（A）7；（B）10；（C）14；（D）40。

Je4A2144 汽轮机打闸后，随着转速的下降差胀将（**A**）。

（A）增大；（B）减小；（C）不变；（D）不一定。

Je4A2145 汽轮机停机后，转子弯曲值增加是由于（**A**）造成的。

（A）上下缸温差；（B）汽缸内有剩余蒸汽；（C）汽缸疏水不畅；（D）转子与汽缸温差大。

Je4A2146 当回转式空气预热器的入口烟汽温度降到（**B**）以下时，方可以停止空气预热器的运行。

（A）200℃；（B）150℃；（C）120℃；（D）100℃。

Je4A2147 锅炉正常运行时，运行人员可根据（**C**）指示来调节送风量。

（A）送风机动叶开度；（B）风量表；（C）氧量表；（D）风压表。

Je4A2148 离心泵启动正常后，开出口门时，出口压力和电流分别（**B**）。

（A）升高，增加；（B）下降，增加；（C）下降，减小；（D）升高，减小。

Je4A2149 汽轮机主蒸汽温度在 **10min** 内下降（**B**）时，

应打闸停机。

（A）40℃；（B）50℃；（C）60℃；（D）66℃。

Je4A2150 汽包锅炉运行中，当（**C**）时，锅炉应紧急停运。

（A）再热器爆管；（B）过热器爆管；（C）汽包所有水位计损坏；（D）省煤器泄漏。

Je4A2151 汽轮机停机后未能及时投入盘车或盘车在运行中停止时，应查明原因，盘车修复后（**C**），再投入连续盘车。

（A）先盘 90°；（B）先盘 180°；（C）先盘 180°直轴；（D）先盘 90°直轴。

Je4A2152 水泵发生倒转时应（**B**）。

（A）关闭入口门；（B）关闭出口门；（C）立即合闸启动；（D）无影响。

Je4A2153 发电机冷却水中断超过（**B**）保护拒动时，应手动停机。

（A）60s；（B）30s；（C）90s；（D）120s。

Je4A2154 故障停炉是指在（**B**）的情况下的停炉。

（A）无论由于锅炉的内部还是外部的原因发生事故，必须立即停止锅炉运行；（B）故障不甚严重，为保证设备安全又不允许继续长时间运行下去，必须在一定的时间内停止其运行；（C）在节日期间，为消除锅炉设备缺陷，调度批准的节日检修停炉；（D）其他原因。

Je4A2155 真空严密性试验合格标准是（**B**）。

（A）2kPa/min；（B）0.4kPa/min；（C）0.8kPa/min；（D）1.1kPa/min。

Je4A2156 锅炉安全门校验顺序为（**A**）。

（A）先高压后低压；（B）先低压后高压；（C）先简后难；（D）无所谓。

Je4A2157 机械超速保护试验，两次动作转速差值应≤（**B**），才能算合格。

（A）16r/min；（B）18r/min；（C）30r/min；（D）9r/min。

Je4A2158 在氢冷发电机停机后，测试定子绕组的绝缘电阻或做高压试验时，应保持机内氢气纯度（**C**）。

（A）>93%；（B）>95%；（C）>96%；（D）>101%。

Je4A2159 如果两台直流电动机要长期稳定并列运行，需要满足的一个条件是（**B**）。

（A）转速相同；（B）向下倾斜的外特性；（C）励磁方式相同；（D）向上倾斜的外特性。

Je4A2160 超速试验时，汽轮机转子应力比额定转速下约增加（**B**）。

（A）20%；（B）25%；（C）30%；（D）35%。

Je4A3161 汽轮机停机惰走降速时，由于鼓风作用和泊桑效应，高中压转子会出现（**A**）突增。

（A）正胀差；（B）负胀差；（C）不会出现；（D）胀差突变。

Je4A3162 异步电动机在运行中发生一相断线，此时电动机的（**B**）。

（A）转速不变；（B）转速下降；（C）停止转动；（D）转速上升。

Je4A3163 当炉膛发出强烈响声,燃烧不稳,炉膛呈正压,汽温、汽压下降,汽包水位低,给水流量非正常大于蒸汽流量,烟温降低时,该现象表明(**B**)。

(A)省煤器管损坏;(B)水冷壁管损坏;(C)过热器管损坏;(D)再热器管损坏。

Je4A3164 凝结水泵出口压力和电流摆动,进口真空不稳,凝结水流量摆动的原因是(**B**)。

(A)凝结水泵电源中断;(B)凝结水泵汽蚀;(C)凝结水泵故障;(D)凝结水泵出口阀未开足。

Je4A3165 机组正常运行中,汽包水位、给水流量、凝结水量、凝结水泵电流均不变的情况下,除氧器水位异常下降,原因是(**C**)。

(A)锅炉受热面泄漏;(B)给水泵再循环阀误开;(C)高压加热器事故疏水阀动作;(D)除氧器水位调节阀故障关闭。

Je4A3166 汽轮发电机运行中出现励磁电流增大,功率因数增高,定子电流随之增大,电压降低,机组产生振动现象,这是由于(**A**)。

(A)转子绕组发生两点接地;(B)转子绕组发生一点接地;(C)转子不平衡;(D)系统发生故障。

Je4A3167 汽轮机发生水冲击时,导致轴向推力急剧增大的原因是(**D**)。

(A)蒸汽中携带的大量水分撞击叶轮;(B)蒸汽中携带的大量水分引起动叶的反动度增大;(C)蒸汽中携带的大量水分使蒸汽流量增大;(D)蒸汽中携带的大量水分形成水塞叶片汽道现象。

Je4A3168 加热器满水会使被加热的给水（或凝结水）出口温度（**A**）。

（A）降低；（B）升高；（C）不变；（D）均可能。

Je4A3169 泵在运行中发现供水压力低，流量下降，管道振动，泵窜轴，则为（**D**）。

（A）打空泵；（B）打闷泵；（C）出水量不足；（D）水泵汽蚀。

Je4A3170 在外界负荷不变时，强化燃烧时汽包水位将会（**C**）。

（A）上升；（B）下降；（C）先上升后下降；（D）先下降后上升。

Je4A3171 汽轮机热态启动冲转前要连续盘车不少于（**B**）。

（A）6h；（B）4h；（C）2h；（D）8h。

Je4A3172 为了防止油系统失火，油系统管道、阀门、接头、法兰等附件承压等级应按耐压试验压力选用，一般为工作压力的（**C**）倍。

（A）1.5；（B）1.8；（C）2；（D）2.2。

Je4A3173 当凝汽器真空下降，机组负荷不变时，轴向推力（**A**）。

（A）增加；（B）减小；（C）不变；（D）不确定。

Je4A3174 国产 **300MW**、**600MW** 汽轮机参加负荷调节时，对于机组的热耗，（**C**）。

（A）纯变压运行比定压运行节流调节高；（B）三阀全开

复合变压运行比纯变压运行高；（C）定压运行喷嘴调节比定压运行节流调节低；（D）变压运行最低。

Je4A3175 发电机在手动并列操作中，要求离同期点提前一个角度合上发电机断路器,此角度所确定的时间,应等于（**C**）时间。

（A）断路器固有合闸；（B）继电保护动作；（C）发合闸脉冲到断路器合闸；（D）继电保护动作和断路器合闸。

Je4A4176 滑参数停机过程与额定参数停机过程相比（**B**）。

（A）容易出现正差胀；（B）容易出现负差胀；（C）差胀不会变化；（D）差胀变化不大。

Je3A1177 机组正常启动过程中,最先启动的设备是（**C**）。

（A）引风机；（B）送风机；（C）空气预热器；（D）一次风机。

Je3A1178 机组正常启动过程中,应先恢复（**C**）运行。

（A）给水系统；（B）凝结水系统；（C）闭式水系统；（D）风烟系统。

Je3A1179 不论分接开关在任何位置,变压器电源电压不超过其相应电压的（**A**）,则变压器的二次侧可带额定电流运行。

（A）105%；（B）110%；（C）115%；（D）120%。

Je3A1180 考验变压器绝缘水平的一个决定性试验项目是（**C**）。

（A）绝缘电阻试验；（B）变比试验；（C）工频耐压试验；（D）空载试验。

Je3A1181　当汽轮机膨胀受阻时，（**D**）。

（A）振幅随转速的增大而增大；（B）振幅与负荷无关；（C）振幅随着负荷的增加而减小；（D）振幅随着负荷的增加而增大。

Je3A2182　接受倒闸操作命令时，（**A**）。

（A）监护人和操作人在场，由监护人接受；（B）由监护人接受；（C）由操作人接受；（D）监护人在场，由操作人接受。

Je3A2183　汽轮机热态启动时，若出现负胀差，主要原因是（**C**）。

（A）暖机不充分；（B）冲转时蒸汽温度偏高；（C）冲转时蒸汽温度偏低；（D）冲转时升速太慢。

Je3A2184　正常运行的发电机，在调整有功负荷的同时，对发电机无功负荷（**B**）。

（A）没有影响；（B）有一定影响；（C）影响很大；（D）不一定有影响。

Je3A3185　在监盘时发现风机电流过大或摆动幅度大的情况下跳闸，（**C**）。

（A）可以强行启动一次；（B）可以在就地监视下启动；（C）不应再强行启动；（D）检查处理后启动。

Je3A3186　给水流量非正常地大于蒸汽流量，蒸汽导电度增大，过热蒸汽温度下降，说明（**A**）。

（A）汽包满水；（B）省煤器管损坏；（C）水冷壁管损坏；（D）过热器损坏。

Je3A3187　下列哪项参数超限时，需人为干预停机（**D**）。

（A）汽轮机超速；（B）润滑油压 极低；（C）真空极低；（D）蒸汽参数异常，达到极限值。

Je3A3188 出现（**B**）时，发电机应紧急手动停运。

（A）系统振荡；（B）发电机主要保护拒动；（C）发电机进相；（D）发电机异常运行。

Je3A3189 高压加热器在工况变化时，热应力主要发生在（**C**）。

（A）管束上；（B）壳体上；（C）管板上；（D）进汽口。

Je3A3190 汽轮机的负荷摆动值与调速系统的迟缓率（**A**）。

（A）成正比；（B）成反比；（C）成非线性关系；（D）无关。

Je3A3191 炉管爆破，经加强进水仍不能维持汽包水位时，应（**A**）。

（A）紧急停炉；（B）申请停炉；（C）加强进水；（D）其他。

Je3A3192 锅炉在正常运行中，在吹灰器投入前，将吹灰系统中（**B**）排净，保证是过热蒸汽，方可投入。

（A）饱和蒸汽；（B）汽水混合物；（C）空气；（D）过热蒸汽。

Je3A3193 当锅炉所有安全阀均开启时，在任何情况下，锅炉的超压幅度均不得大于锅炉设计压力的（**B**）。

（A）5%；（B）6%；（C）2%；（D）3%。

Je3A3194 采用中间仓储式制粉系统时，为防止粉仓煤粉结块和自燃，任一燃烧器不能长期使用，应定期切换，同层燃烧器的给粉机转速差不超过（**D**）。

（A）1%；（B）2%；（C）3%；（D）5%。

Je3A4195 汽轮机启动过程中，在中速暖机之前，轴承振动超过（**A**），必须打闸。

（A）0.03mm；（B）0.04mm；（C）0.05mm；（D）0.08mm。

Je3A4196 炉膛负压摆动大，瞬时负压到最大，一、二次风压不正常降低，水位瞬时下降，汽压、汽温下降，该现象说明（**C**）。

（A）烟道再燃烧；（B）吸风机挡板摆动；（C）锅炉灭火；（D）送风机故障。

Je3A4197 除氧器滑压运行，当机组负荷突然降低时，将引起给水的含氧量（**B**）。

（A）增大；（B）减小；（C）波动；（D）不变。

Je3A4198 变压器的吸收比，用以考核设备的（**B**）。

（A）空载损耗；（B）绝缘干燥度；（C）阻抗电压；（D）零部件的清洁程度。

Je2A3199 机组启动前，发现任何一台主机润滑油泵或其他启动装置有故障时，应该（**D**）。

（A）边启动边抢修；（B）切换备用油泵；（C）汇报；（D）禁止启动。

Je2A3200 燃油泄漏试验不能发现的问题是（**A**）。

（A）燃油速关阀内漏；（B）油枪进油阀内漏；（C）炉前

燃油管道泄漏；（D）速关阀和油枪进油阀内漏同时存在泄漏。

Je2A4201　汽轮机低油压保护应在（**A**）投入。
（A）盘车前；（B）定速后；（C）冲转前；（D）带负荷后。

Je2A4202　在氢冷发电机停机后，测试定子绕组的绝缘电阻或做高压试验时，应保持机内氢气纯度大于（**C**）。
（A）93%；（B）95%；（C）96%；（D）100%。

Je2A4203　汽轮机大修后，甩负荷试验前必须进行（**C**）。
（A）主汽门严密性试验；（B）调速汽门严密性试验；（C）主汽门及调速汽门严密性试验；（D）主汽门及调速汽门活动试验。

Je2A4204　汽轮机负荷过低时会引起排汽温度升高的原因是（**D**）。
（A）凝汽器真空过高；（B）汽轮机的进汽温度过高；（C）汽轮机的进汽压力过高；（D）进入汽轮机蒸汽流量过低，不足以带走鼓风摩擦损失产生的量。

Je2A4205　下列参数哪个能直接反映汽轮发电机组的负荷（**B**）。
（A）主汽压力；（B）调节级压力；（C）高调门开度；（D）凝汽器真空。

Je2A4206　直流锅炉的中间点温度控制不是定值,随（**B**）。
（A）机组负荷的增大而减小；（B）机组负荷的增大而增大；（C）火焰中心位置的升高而降低；（D）减温水量的增大而减小。

Je2A4207　超临界锅炉冷态清洗水质合格指标中，铁含量应小于（**B**）。

（A）200ug/kg；（B）500ug/kg；（C）1000ug/kg；（D）1200ug/kg。

Je2A4208 在超临界状态下，水冷壁管内的阻力与过热器内的汽阻变化情况是（**B**）。

（A）水冷壁管内的阻力迅速下降，过热器内的汽阻迅速上升；（B）水冷壁管内的阻力迅速上升，过热器内的汽阻基本不变；（C）水冷壁管内的阻力迅速下降，过热器内的汽阻基本不变；（D）水冷壁管内的阻力迅速上升，过热器内的汽阻也迅速上升。

Je2A5209 滑参数停机时，不能进行超速试验的原因是（**B**）。

（A）金属温度太低，达不到预定转速；（B）蒸汽过热度太小，可能造成水冲击；（C）主汽压不够，达不到预定转速；（D）调速汽门开度太大，有可能造成超速。

Je1A2210 锅炉灭火后的吹扫时间应主要根据（**B**）来确定。

（A）环境气温和受热面温度确定；（B）风机出力和炉膛烟道体积确定；（C）预定的停炉时间长短；（D）灭火前的煤、油比例。

Je1A2211 煤粉与空气混合物的浓度在（**C**）时，最容易爆炸。

（A）0.1kg/m³；（B）0.2kg/m³；（C）0.3～0.6kg/m³；（D）0.25kg/m³。

Je1A2212 汽轮机热态启动时若出现负胀差，主要原因是（**C**）。

（A）暖机不充分；（B）冲转时蒸汽温度偏高；（C）冲转

时蒸汽温度偏低；（D）汽轮机进汽量过小。

Je1A3213 锅炉过热蒸汽调节系统中，被调量是（**D**）。

（A）过热器进口温度；（B）减温水量；（C）减温阀开度；（D）过热器出口汽温。

Je1A5214 当火焰中心位置上移时，炉内（**A**）。

（A）辐射吸热量减少，过热汽温度升高；（B）辐射吸热量增加，过热汽温度降低；（C）辐射吸热量减少，过热汽温度降低；（D）辐射吸热量增加，过热汽温度降升高。

Je1A5215 在煤粉的燃烧过程中，（**C**）所用的时间最长。

（A）着火阶段；（B）燃烧阶段；（C）燃烬阶段；（D）挥发物析出阶段。

Jf4A3216 蓄电池浮充电运行，如果直流母线电压下降超过允许范围时，则应（**C**），恢复电压。

（A）切断部分直流负载；（B）增加蓄电池投用的个数；（C）增加浮充电流；（D）减小浮充电流。

Jf4A3217 泡沫灭火器扑救（**A**）火灾的效果最好。

（A）油类；（B）化学药品；（C）可燃气体；（D）电气设备。

Jf3A3218 当脱硫装置发生事故需紧急停运时，首先必须要快速开启（**C**），以确保锅炉正常运行。

（A）吸收塔入口门；（B）吸收塔排空门；（C）旁路挡板门；（D）吸收塔出口门。

Jf3A3219 单机容量为 **200MW** 以上的新机组试生产时间

为（**D**）。

（A）72h；（B）1个月；（C）3个月；（D）6个月。

Jf3A4220　高压锅炉安全门的定值规定是（**A**）。

（A）控制安全门为额定压力的 105%，工作安全门为额定压力的 108%；（B）由总工程师确定；（C）应高于工作压力；（D）控制安全门为额定压力的 108%，工作安全门为额定压力的 110%。

Jf2A2221　（**B**）只适用于扑救 600V 以下的带电设备火灾。

（A）泡沫灭火器；（B）二氧化碳灭火器；（C）干粉灭火器；（D）1211 灭火器。

Jf2A4222　汽轮发电机振动水平是用（**D**）来表示的。

（A）基础振动值；（B）汽缸的振动值；（C）地对轴承座的振动值；（D）轴承和轴颈的振动值。

Jf1A2223　触电人心脏停跳时，应采用（**D**）方法抢救。

（A）人工呼吸；（B）摇臂压胸；（C）保持仰卧，速送医院；（D）胸外心脏按压。

4.1.2　判断题

判断下列描述是否正确，正确的在括号内打"√"，错误的在括号内打"×"。

La4B1001　温度升高1℃，定容加热比定压加热需要的热量多。（×）

La4B1002　按传热方式分，回热加热器可分为混合式和表面式两种。（√）

La4B2003　流体在管道内的流动阻力分沿程阻力和局部阻力两种。（√）

La4B2004　温度、压力和比体积为基本状态参数。（√）

La3B2005　焓熵图中湿蒸汽区等压线就是等温线。（√）

La3B3006　为提高钢的耐磨性和抗磁性，需加入适量的合金元素锰。（√）

La3B3007　采用中间再热循环的目的是降低末几级蒸汽湿度和提高循环的热效率。（√）

La3B3008　热力循环中，同时提高初温和初压，循环热效率增加为最大。（√）

La2B3009　金属在蠕变过程中，弹性变形不断增加，最终断裂。（×）

La2B3010　水泵的 Q—H 曲线在上升段时，才能保证水泵运行的稳定。（×）

La2B3011　水泵的汽蚀余量小，则泵运行的抗汽蚀性能就好。（×）

La2B3012　水泵进口处液体所具有的能量与液体发生汽蚀时所具有的能量之差值称为汽蚀余量。（√）

La2B3013　水泵的吸上高度越大，其入口的真空度越高。（√）

La2B5014　在超临界压力下，水的比热随温度的升高而增

大，蒸汽的比热随温度的升高而减小。（√）

La1B2015 泵的有效汽蚀余量与泵本身的汽蚀性有关。（×）

La1B2016 机械密封的特点是摩擦力小、寿命长、不易泄漏，在圆周速度较大的场所也能可靠地工作。（√）

Lb4B1017 凝结水泵水封环的作用是防止泵内的水漏出。（×）

Lb4B1018 主蒸汽压力、温度随负荷变化而变化的运行方式称滑压运行。（×）

Lb4B1019 发电机的补氢管道必须直接从储氢罐引出，不得与电解槽引出的管路连接。（√）

Lb4B1020 电压变化率是变压器的主要性能指标之一，对于电力变压器，由于一、二次绕组的电阻和漏抗都很小，因此额定负载时，电压变化率约为 4%～6%。（√）

Lb4B1021 水内冷发电机水质不合格时会引起导电率增加，管道结垢。（√）

Lb4B1022 隔离开关是对电力系统起安全隔离作用的开关。（√）

Lb4B1023 高压隔离开关上带的接地开关，主要是为了设备检修时保证人身安全。（√）

Lb4B1024 强制循环锅炉比自然循环锅炉水循环更安全。（√）

Lb4B1025 水冷壁采用内螺纹管后，不会发生传热恶化。（×）

Lb4B1026 在机组带基本负荷，运行调整主要是保持燃料量稳定，减温水量跟随微调，使过热汽温稳定。（×）

Lb4B1027 对于回转式空气预热器，为了防止厂用电中断后发生转子不均匀变形，必须设置保安电源。（√）

Lb4B1028 凝汽器的作用是建立并保持真空。（×）

Lb4B1029 变压器内的油起灭弧及冷却作用。（×）

Lb4B1030 凝汽器冷却水管在管板上的排列方法有顺列、错列和轴向排列三种。（√）

Lb4B2031 电动阀门在空载调试时，开、关位置不应留有余量。（×）

Lb4B2032 汽轮机在稳定工况下运行时，汽缸和转子的热应力趋近于零。（√）

Lb4B2033 汽轮机润滑油温过高，可能造成油膜破坏，严重时可能造成烧瓦事故，所以一定要保持润滑油温在规定范围内。（√）

Lb4B2034 低负荷运行时，汽轮机采用节流调节比采用喷嘴调节时效率高。（×）

Lb4B2035 在热力系统中，降低蒸汽的排汽压力是提高热效率的方法之一。（√）

Lb4B2036 自然循环的自补偿能力对水循环的安全有利，这也是自然水循环的一大优点。（√）

Lb4B2037 CCS 在以锅炉为基础方式下运行时，锅炉调负荷，汽轮机调压力。（√）

Lb4B2038 为了保证水循环安全可靠，循环倍率的数值不应太小。（√）

Lb4B2039 汽水膨胀是直流锅炉不可避免的现象。（√）

Lb4B3040 六氟化硫灭弧性能是空气的 100 倍。（√）

Lb4B3041 同步发电机的稳态短路电流主要受暂态电抗的限制。（×）

Lb4B3042 转动设备试转前，手盘转子检查时，设备内应无摩擦、卡涩等异常现象。（√）

Lb4B3043 提高初压对汽轮机的安全和循环效率均有利。（×）

Lb4B3044 汽轮机启停或变工况过程中，轴封供汽温度是影响相对胀差的一个原因。（√）

Lb4B3045 发电机并列后负荷不应增加太快，主要是为了

防止定子绕组温度升高。（×）

Lb4B3046　汽轮机进汽方式有节流调节、喷嘴调节等。（√）

Lb4B3047　汽轮机汽缸与转子以同一死点膨胀或收缩时，其出现的差值称相对膨胀差。（×）

Lb4B3048　凝汽器的端差是指凝汽器排汽温度与凝汽器循环水进口温度之差。（×）

Lb4B3049　凝汽器中含有氧等气体是造成凝结水过冷却的一个原因。（√）

Lb4B3050　电触点水位计可以作为就地水位计。（×）

Lb4B3051　油枪油喷嘴将燃油雾化成的微滴越小，越有利于着火燃烧。（√）

Lb4B3052　尽可能地减少散热、排烟等一类的外部能量损失，可以提高蒸汽动力循环的热效率。（√）

Lb4B4053　汽轮机正常运行中转子以推力盘为死点，沿轴向膨胀或收缩。（√）

Lb4B4054　汽轮机滑销系统的合理布置和应用，只能保证汽缸横向和纵向的自由膨胀和收缩。（×）

Lb4B4055　除尘器漏风对锅炉运行没有影响。（×）

Lb4B4056　再热蒸汽的特点是：密度较小、放热系数较低、比热较小。（√）

Lb4B4057　汽水混合物进入汽包内旋风分离器的流速越高，汽水分离的效果越好。（√）

Lb4B4058　如果烟气露点很低，则不易发生低温腐蚀。（√）

Lb4B4059　单级离心泵平衡轴向推力的方法主要是采用平衡盘。（×）

Lb3B2060　自动励磁调节装置在系统发生短路时能自动使短路电流减小，从而提高保护的灵敏度。（×）

Lb3B2061　目前，火力发电厂防止大气污染的主要措施是

安装脱硫装置。（×）

Lb3B2062 对于停机时间少于一周的热力设备,必须采取充氮保养措施。（×）

Lb3B2263 锅炉在不同的稳定工况下,参数之间的变化关系称为锅炉的动态特性。（×）

Lb3B3064 在锅炉燃烧过程自动调节系统中,燃料量、送风量和引风量是被调节量。（×）

Lb3B3065 协调控制方式运行时,主控系统中的功率指令处理回路不接受任何指令信号。（×）

Lb3B3066 蒸汽流经喷管时,蒸汽不断地把热能转换为机械能。（×）

Lb3B3067 大容量汽轮机组"OPC"快关保护动作时,将同时关闭高中压主汽门和高中压调速汽门。（×）

Lb3B3068 电气设备可以在保留主保护条件下运行,允许停用后备保护。（√）

Lb3B3069 汽轮机正常运行,当出现甩负荷时,易造成相对膨胀出现负值增大。（√）

Lb3B3070 汽轮机冷态启动和加负荷过程一般相对膨胀出现负值增大。（×）

Lb3B3071 汽轮机运行中当凝汽器管板脏污时,真空下降,排汽温度升高,循环水出入口温差则减小。（√）

Lb3B4072 主蒸汽管的管壁温度测点设在汽轮机的主汽门前的主汽管道上。（√）

Lb3B4073 当汽包压力突然下降时,由于炉水饱和温度下降到压力较低的饱和温度,炉水大量放出热量来进行蒸发,使汽水混合物体积膨胀,水位上升,形成"虚假水位"。（√）

Lb3B4074 因为煤粉细有利于燃烧,所以为降低供电煤耗,煤粉越细越经济。（×）

Lb3B4075 汽包水位高超限会造成锅炉水循环不安全。（×）

Lb3B4076 汽轮机轴向推力的主要平衡手段是推力轴承。（×）

Lb3B4077 煤中灰分的熔点越低，越容易结焦。（√）

Lb3B4078 当转子在第一临界转速以下发生动静摩擦时，对机组的安全威胁最大，往往会造成大轴永久弯曲。（√）

Lb3B4079 影响排烟热损失的主要因素是排烟温度和排烟量。（√）

Lb3B4080 实际空气量与理论空气量之比称为过量空气系数。（√）

Lb3B4081 燃料中对锅炉工况影响较大的成分有：发热量、水分、灰分、挥发分。（√）

Lb3B4082 汽轮机相对膨胀差为零时，说明汽缸和转子的膨胀为零。（×）

Lb3B4083 主油泵供给调节及润滑油系统用油，要求其扬程—流量特性较陡。（×）

Lb3B4084 锅炉的腐蚀分为均匀腐蚀和局部腐蚀两种。（√）

Lb3B4085 我国燃用烟煤的直流燃烧器配风方式采用一、二次风间隔布置。（√）

Lb3B4086 凝结水泵安装在热井下面0.5～0.8m处的目的是防止凝结水泵汽化。（√）

Lb3B4087 提高蒸汽品质应从提高凝结水、补给水的品质着手。（√）

Lb3B4088 发电机冷却方式效果最好的是水内冷。（√）

Lb3B4089 水泵汽化可能导致管道冲击和振动、轴窜动，动静部分发生摩擦，使供水中断。（√）

Lb2B2090 转子的临界转速低于1/2工作转速时，才有可能发生油膜振荡现象。（√）

Lb2B2091 在其他条件不变的情况下，风箱与炉膛差压越低，进入炉膛内的风量就越小。（√）

Lb2B2092 锅炉给水温度降低，会使煤耗增高。（√）

Lb2B2093 超临界和亚临界时情况相同，当水被加热到相应压力下的相变点温度时，全部汽化变为蒸汽。（×）

Lb2B2094 煤粉气流着火的热源主要来自炉内高温烟气的直接卷入。（√）

Lb2B2095 由于直流锅炉运行要求给水品质比汽包锅炉高得多，因此在直流锅炉启动过程中不需进行炉水洗硅。（×）

Lb2B2096 高频保护运行中两侧必须同时投入或退出运行。（√）

Lb2B2097 变压器在加油时，瓦斯保护必须投跳闸。（×）

Lb2B2098 变压器差动保护的保护范围是变压器的本身。（×）

Lb2B2099 汽轮机联跳发电机，只能通过发电机逆功率保护动作。（√）

Lb2B2100 汽轮机调速系统迟缓率过大，在汽轮发电机并网后，将引起负荷摆动。（√）

Lb2B3101 汽轮机正常运行中，当主蒸汽温度及其他条件不变时，主蒸汽压力升高则主蒸汽流量减少。（√）

Lb2B3102 强迫油循环风冷变压器的油速越快越好。（×）

Lb2B3103 水冷壁受热面无论是积灰、积渣或积垢，都会使炉膛出口烟气温度减小。（×）

Lb2B3104 锅炉燃烧设备的惯性越大，当负荷变化时，恢复汽压的速度越快。（×）

Lb2B3105 大型机组协调控制方式，既能保证良好的负荷跟踪性能，又能保证锅炉运行的稳定性。（√）

Lb2B3106 燃料在锅炉内燃烧时，实际空气量应大于理论空气量。（√）

Lb2B3107 热工信号仪表一般都由感受件、中间件及显示件等三个基本件组成。（√）

Lb2B3108 空气预热器进风温度过低，可能造成其冷端低

温腐蚀。（√）

Lb2B3109　汽轮机正常运行时，转子以推力盘为死点，沿轴向膨胀或收缩。（√）

Lb2B4110　炉膛压力低保护的作用是防止炉膛外爆。（×）

Lb2B4111　线路相差高频保护在相邻线路出现任何形式的故障时，该保护不会误动。（√）

Lb2B4112　零序保护必须带有方向。（×）

Lb2B4113　差动保护的优点是能够迅速地、有选择地切除保护范围内的故障。（√）

Lb2B4114　高频相差保护不能反应系统振荡，当发生振荡时会误动作。（×）

Lb2B4115　在反时限过流保护中，短路电流越大，保护动作时间越长。（×）

Lb2B4116　过热蒸汽的过热度等于蒸汽的温度减去100℃。（×）

Lb2B4117　汽轮机热态启动和减负荷过程中一般相对膨胀出现正值增大。（×）

Lb2B4118　汽轮机运行中，汽缸通过保温层，转子通过中心孔都有一定的散热损失，所以汽轮机各级的金属温度略低于蒸汽温度。（√）

Lb2B4119　直吹式制粉系统采用电子称重式皮带给煤机，可以实现锅炉正平衡计算。（√）

Lb2B5120　现代大容量发电厂锅炉常采用膜式省煤器。（×）

Lb2B5121　汽轮机冷态启动定速并网后加负荷阶段容易出现负差胀。（×）

Lb2B5122　当锅炉所有给煤机停运后，全炉膛灭火保护退出运行。（×）

Lb2B5123　汽轮发电机的振动水平是用轴承和轴颈的振动来表示的。（√）

Lb1B2124 发电机变成同步电动机运行时,最主要的是对电力系统造成危害。(×)

Lb1B2125 绝缘电阻表的 L、E 端子反接时,将使测得的绝缘电阻小于实际值。(√)

Lb1B2126 UP 型锅炉是亚临界和超临界参数均可采用的炉型,工质一次或二次上升,连接管多次混合,具有较高的质量流速,适用于大型超临界压力直流锅炉。(×)

Lb1B2127 本生型锅炉的最大特点是蒸发受热面的管子是多次上升垂直管屏,用中间混合联箱与不受热的下降管互相串联。由于不同管屏相邻管子间存在温差,会产生热应力,对膜式水冷壁的焊缝有破坏作用。(√)

Lb1B2128 螺旋管圈水冷壁除进出口设联箱外,中间无混合联箱,由于其布置不受炉膛尺寸的影响,受热均匀,热偏差小,不会产生汽水混合物的不均匀分配问题。(×)

Lb1B2129 超临界和亚临界时情况相同,当水被加热到相应压力下的相变点温度时,全部汽化变为蒸汽。(×)

Lb1B2130 在超临界压力下,水的比热随温度的提高而增大,蒸汽的比热随温度的提高而减小。(√)

Lb1B2131 蒸发受热面的工质流动的多值性只存在于螺旋管圈水冷壁,而垂直管圈不存在。(√)

Lb1B2132 蒸发受热面的流体脉动现象的原因是汽水两相流动所致,提高压力可以防止脉动产生。在启动时,建立和保持足够的启动压力和流量,就是这个道理。(√)

Lb1B2133 不论在亚临界或超临界压力,提高质量流速是防止传热恶化、降低管壁温度的有效措施。(√)

Lb1B3134 断路器从得到分闸命令起到电弧熄灭为止的时间,称为全分闸时间。(√)

Lb1B3135 高频闭锁方向保护的基本原理是比较被保护线路两侧的电流相位。(×)

Lb1B3136 异步电动机的定子与转子之间的间隙越大,电

动机的功率因数就越低，而同步电机的气隙大小不影响它的功率因数。（√）

Lb1B3137 提高发电机的电压将使发电机铁芯中磁密度增大，引起铜损增加，铁芯发热。（×）

Lb1B3138 超临界机组受热面沾污（结渣），沾污使受热面吸热减少，过热汽温下降。（√）

Lb1B3139 直流锅炉水冷壁中工质的温度不是恒定的，且必然出现蒸干过程，使得直流锅炉水冷壁温度的不均匀性大大增加。（√）

Lb1B5140 转动着的发电机、调相机，即使未加励磁，也应认为有电压。（√）

Lb1B5141 变压器的过负荷电流通常是不对称的，因此变压器的过负荷保护必须接入三相电流。（×）

Lb1B5142 凡是经过净化处理的水都可以作为电厂的补充水。（×）

Lb1B5143 汽轮机冷态启动，蒸汽对金属的凝结放热时间较长，一般要到汽轮机定速，凝结放热才停止。（×）

Lb1B5144 单个旋流燃烧器的燃烧都是不需要相邻燃烧器来支持。旋流燃烧器的不同旋转方向会影响到锅炉的汽温、负荷等参数。（×）

Lb1B5145 内置式启动分离器按全压设计的压力容器，安全阀的定值是工作压力的 1.25 倍，排汽量等于其额定容量，也即 30%锅炉额定蒸发量。（×）

Lc4B2146 氢冷发电机的冷却介质由氢气置换成空气，或由空气置换成为氢气操作，应按专门的置换规程进行。（√）

Lc4B2147 内冷水的导电率过大，会引起较大的泄漏电流，使绝缘引水管加速老化。（√）

Lc4B2148 对违反《电业安全工作规程》者，应认真分析，分别情况，加强教育。（×）

Lc4B2149 当锅炉进行超压试验时，应将云母水位计和安

全门隔离。（√）

Lc4B2150 油区动用明火，须经厂主管生产领导（总工程师）批准。（√）

Lc4B2151 两票三制中的三制指的是岗位责任制度、交接班制度、巡回检查制度。（×）

Lc4B2152 《电业安全工作规程》规定检修后的锅炉，允许在升温过程中热紧法兰、人孔门等处的螺栓。（√）

Lc4B2153 得到总工程师批准解除保护的机组可以长期运行。（×）

Lc4B2154 调查分析事故要做到"四不放过"原则。（√）

Lc4B2155 生产区域失火，直接经济损失超过 5000 元，则可以定为电力生产事故。（×）

Lc4B2156 运行分析工作大体上可分为：岗位分析、定期分析和专题分析三种。（√）

Lc4B2157 《电业安全工作规程》中规定，保证工作安全的组织措施是停电、验电、装设地线及悬挂标示牌。（×）

Lc3B2158 制氢站动用明火，须经厂主管生产领导（总工程师）批准。（√）

Lc3B2159 在金属容器内，应使用 36V 以下的电气工器具。（×）

Lc2B3160 水力除灰管道停用时，应从最低点放出管内灰浆。（√）

Lc2B3161 热力发电厂的主要技术经济指标是发电量、供电煤耗和厂用电率三项。（√）

Lc2B4162 热力工作许可人应对工作负责人正确说明哪些设备有压力、高温和有爆炸的危险。（√）

Lc2B4163 设备缺陷分为三类，其中二类设备缺陷是指需要停止运行才能消除的设备缺陷。（×）

Lc2B4164 在室内狭小空间使用二氧化碳灭火器时，一旦火被扑灭，操作者就应迅速离开。（√）

Le1B2165 在相变点附近区域,工质的比体积急剧上升,并存在最大定压比热区。(√)

Le1B2166 直流锅炉在亚临界工况下蒸发受热面出现多值性不稳定流动,其主要原因是蒸发受热面入口水欠焓的存在。所以在低负荷运行时必须限制入口水的欠焓。(×)

Le1B2167 直流锅炉在亚临界压力下运行,由于水冷壁内工质流动属于强迫流动,不具有自补偿特性,在热偏差的作用下,受热强的管子,流量小,会导致传热恶化。(√)

Le1B2168 螺旋管圈水冷壁入口不加装节流圈的主要原因是各管工质在炉膛内的吸热量均匀,其热偏差小。(√)

Le1B2169 在炉膛周界一定的情况下,减小螺旋管圈的倾角,就可以改变螺旋管圈的数量,在管圈直径一定的情况下,管圈数量决定了水冷壁的质量流速。(√)

Le1B2170 若最低质量流速选择过小,在高负荷时会产生较大的流动阻力。(√)

Jb1B3171 直流锅炉转直流运行的最低负荷取决于锅炉的最低稳燃能力。转直流运行后,前屏过热汽温必然出现先降低而后升高的过程。(×)

Jb1B2172 离心泵运行中盘根发热的原因是盘根太多。(×)

Jb1B2173 锅炉汽水流程划分,以内置式启动分离器为界设计成双流程。(√)

Jb1B2174 直流锅炉运行中,水变为蒸汽不存在汽水两相区。即水变为过热蒸汽经历了加热和过热两个阶段。(√)

Jb1B2175 带辅助循环泵内置式启动分离器的直流锅炉,启动压力是靠燃烧建立,而流量是靠给水泵和辅助循环泵共同建立的。(√)

Jb1B2176 启动分离器的位置决定了启动过程中汽水膨胀量和汽水膨胀强度的大小。(×)

Jb1B2177 启动分离器容量是由锅炉最大连续蒸发量的

大小决定的；而其壁厚的大小决定了锅炉的启动速度，为此大型直流锅炉都采用多个启动分离器。（√）

Jb1B3178 测量通流间隙时，应将推力盘紧靠推力瓦工作瓦块。（√）

Jb1B3179 旋流燃烧器的射流不仅具有切向速度，还具有轴向速度。切向速度的大小决定了旋转强度，轴向速度的大小决定了射程的长短。（√）

Jb1B3180 旋流燃烧器配风的基础是分级配风，因而燃烧是分段进行的。（√）

Jb1B3181 旋流燃烧器的旋流强度大，就可能产生火焰飞边现象，回流区减小，燃烧稳定性降低。（√）

Jb1B3182 分离器出口温度的修正原理是对给定负荷，其允许的喷水量应与分离器出口温度有一定的关系。当喷水量与给水量的比例增加时，说明煤水比偏大。（√）

Jb1B5183 在机组启动并网，锅炉转直流运行后，主汽温的调整以煤水比来控制中间点温度。（√）

Jd4B2184 我国常用仪表的标准等级越高，仪表测量误差越小。（√）

Jd4B2185 煤粉在锅炉中燃烧时，氧量越低，NO_x 的生成量越多。（×）

Jd3B3186 热耗率是反映汽轮机经济性的重要指标，它的大小只与汽轮机组效率有关。（×）

Jd3B4187 进行隔离开关的拉合操作时，应先将开关控制保险取下。（×）

Jd1B2188 氢冷发电机在投氢过程中或投氢以后，无论发电机是否运行，密封油系统均应正常投入运行。（√）

Je4B1189 工作结束前，如必须改变检修与运行设备的隔离方式，必须重新签发工作票。（√）

Je4B1190 在高压设备上工作需部分停电者，应填写电气第一种工作票。（√）

Je4B1191 工作票签发人、工作票许可人、工作负责人对工作的安全负有责任。（√）

Je4B1192 对汽轮机来说，滑参数启动的特点是安全性好。（√）

Je4B1193 在氢冷发电机周围明火工作时，只办理热力工作票手续。（×）

Je4B1194 变更工作班成员时，必须经过工作许可人同意。（×）

Je4B1195 汽轮机总体试运行的目的是检查、考核调速系统的动态特性及稳定性，检查危急保安器动作的可靠性及本体部分的运转情况。（√）

Je4B1196 汽轮机运行中当工况变化时，推力盘有时靠工作瓦块，有时靠非工作瓦块。（√）

Je4B2197 锅炉启动初期，蒸汽流速较低，为防止水塞，不宜投入减温水。（√）

Je4B2198 汽轮机热态启动时应先送轴封后抽真空。（√）

Je4B2199 汽轮机运行中发现轴承回油窗上有水珠，说明润滑油中含有水分。（√）

Je4B2200 汽轮机在停机和减负荷过程中，蒸汽流量不断减少，对金属部件起冷却作用。（√）

Je4B2201 锅炉停炉前应全面吹灰一次。（√）

Je4B2202 锅炉吹灰会引起汽温波动及负荷波动。（√）

Je4B2203 逆止门不严的给水泵，不得投入运行，但可以做备用。（×）

Je4B2204 发电机并列操作时，要求在并列瞬间的冲击电流不能超过允许值，并列后应能迅速转入同步运行。（√）

Je4B2205 单元制汽轮机调速系统的静态试验一定要在锅炉点火前进行。（√）

Je4B2206 运行中的变压器如果冷却装置全部失去时，应紧急停运。（×）

Je4B2207 电压互感器故障时，必须用隔离开关断开。（×）

Je4B2208 变压器大量漏油使油位迅速降低，此时应将气体保护由跳闸改信号。（×）

Je4B2209 氢冷发电机组检修后，要做密封性试验，漏氢量应符合发电机运行规程要求。（√）

Je4B2210 一般辅助设备的试运时间应连续运行 1～2h。（×）

Je4B2211 相同负载和相同条件下变压器温度比平时高出 10℃时，应考虑变压器内发生了故障。（√）

Je4B3212 发电机绕组接地的主要危害是故障点电弧灼伤铁芯。（√）

Je4B3213 锅炉烟道漏风，不影响排烟热损失。（×）

Je4B3214 蒸汽压力急剧降低会增加蒸汽带水的可能。（√）

Je4B3215 凝汽器注水检漏，因底部弹簧强度足够，凝汽器可不用复加支承物。（×）

Je4B3216 电力系统的不正常工作状态不是故障，但不正常状态可能会上升为故障。（√）

Je3B2217 汽轮机热态启动过程中进行中速暖机的目的，是为了防止转子的脆性破坏和避免产生过大的热应力。（√）

Je3B2218 汽轮机热态启动的关键是恰当选择冲转时的蒸汽参数。（√）

Je3B2219 同步发电机失磁时，功率因数表示进相。（√）

Je3B2220 变压器温度计所反映的是变压器上部油层的温度。（√）

Je3B2221 运行中发现凝结水泵电流摆动、压力摆动，即可判断为凝结水泵损坏。（×）

Je3B2222 在正常情况下，送风量过大会使过热蒸汽温度上升，送风量过小会使过热蒸汽温度下降。（√）

Je3B2223　给水温度升高，在同样的炉内负荷下，锅炉的蒸发量就会提高，在其他工况不变时，过热汽温会上升。（×）

Je3B3224　汽轮机发电机组启动过程中在通过临界转速时，机组的振动会急剧增加，所以提升转速的速率越快越好。（×）

Je3B3225　高压大容量汽轮机热态启动参数的选择原则是按高压缸调节级金属温度和中压缸第一级金属温度，选择与之相匹配的主蒸汽和再热蒸汽温度。（√）

Je3B3226　烟道内发生再燃烧时，应彻底通风，排除烟道中沉积的可燃物，然后点火。（×）

Je3B3227　汽轮机能维持空负荷运行，就能在甩负荷后维持额定转速。（×）

Je3B4228　汽轮机骤升负荷，造成汽压突然降低，汽包水位也随之突然降低。（×）

Je3B5229　火电厂间按等微增率准则分配的功率是发电厂扣除厂用电后的净功率，而不是指发电厂各机组总功率。

Je3B5230　汽轮机启动过程中通过临界转速时，轴承振动超过 0.10mm 应立即降速暖机，严禁强行通过临界转速。（×）

Je2B2231　发电机与系统并列运行时，增加发电机有功时，发电机的无功不变。（×）

Je2B2232　在锅炉已完全冷却的条件下，可以开启磨煤机将其内积粉排入炉内。（×）

Je2B2233　汽轮机润滑油温过高，可能造成油膜破坏，严重时可能造成烧瓦事故，所以一定要保持润滑油温在规定范围内。（√）

Je2B3234　汽轮机运行中发现润滑油压低，应检查冷油器前润滑油压及主油泵入口油压，分析判断并采取措施。（√）

Je2B3235　强制循环锅炉，冷态启动上水至稍低于正常水位。（×）

Je2B4236　汽轮发电机组甩负荷后，转速可能不变，可能

74

上升，也可能下降。（×）

Je2B4237　汽轮机的超速试验只允许在大修后进行。（×）

Je2B4238　工频耐压试验主要是检查电气设备绕组匝间绝缘。（×）

Je2B4239　变压器油枕的容积一般为变压器容积的 5%左右。（×）

Je2B4240　为确保汽轮机的自动保护装置在运行中动作正确可靠，机组在启动前应进行模拟试验。（√）

Je2B5241　油系统着火需紧急停机时，只允许使用润滑油泵进行停机操作。（√）

Je2B5242　做真空严密性试验时，如果真空下降过快或凝汽器真空低于 86kPa，应立即停止试验，开启真空泵。（√）

Je1B2243　炉膛过剩空气系数越大，化学未完全燃烧热损失越小。（√）

Je1B2244　汽水膨胀是直流锅炉不可避免的现象。（√）

Je1B2245　当煤水比失调时，直流锅炉汽水行程中各点的温度都会变化，并且越靠近汽水行程的入口，温度变化的惯性和滞后越小。（√）

Je1B2246　在变相点附近，蒸汽的传热系数先升高至最大值后迅速降低。（√）

Je1B2247　控制启动分离器出口蒸汽温度，也就是控制锅炉的加热段、蒸发段和过热段吸热量的分配。（×）

Je1B2248　由于直流锅炉运行要求给水品质比汽包锅炉高得多，因此在直流锅炉启动过程中不需进行炉水洗硅。（×）

Je1B2249　启动分离器从湿态转为干态运行，运行监视的重点应该从水位监视转为温度监视。（√）

Je1B3250　变压器在额定负荷运行时，强迫油循环风冷装置全部停止运行，只要上层油温不超过 75℃，变压器就可以连续运行。（×）

Je1B3251　直流锅炉转直流运行后，随着负荷的增大，煤

水比逐渐增大。（×）

Je1B3252　燃烧器根据其出口射流的形状分为直流和旋流燃烧器。（√）

Je1B3253　燃烬风的作用是补充燃烧后期的空气量，降低氧化氮生成物。（√）

Je1B3254　超临界机组给水温度降低，蒸发段后移，过热段减少，过热汽温下降。（√）

Je1B3255　超临界机组火焰中心上移，则主汽温下降。（√）

Je1B3256　直流锅炉一般把启动分离器出口汽温作为调节煤水比的基础，同样可以把水冷壁出口汽温作为调节煤水比的基础。（×）

Je1B3257　直流锅炉过热汽温调整是以控制煤水比为基本手段来控制过热器入口汽温，之后汽温控制是依靠两级减温水量。（√）

Je1B3258　直流锅炉汽压调整是调整锅炉的给水量，必然导致汽温变化，说明两者调整是相互关联的。（√）

Je1B3259　如果运行中高压加热器切除，必然导致过热汽温降低，要维持过热汽温稳定，必须增大煤水比。（√）

Je1B3260　在启动分离器从湿态转干态时要防止汽温降低，那么从干态转湿态时要防止汽温升高。（√）

Je1B5261　为了防止发电机转子绕组接地，应对发电机转子的绝缘电阻进行监视，当发现绝缘电阻下降到 $0.5M\Omega$ 时，可视作转子绕组一点接地的故障。（×）

Jf4B2262　触电人心脏停止跳动时，应采用胸外心脏按压法进行抢救。（√）

Jf4B2263　进行现场急救时，如发现伤员停止呼吸，可以放弃抢救。（×）

Jf4B3264　安全生产中"三不伤害"的内容是：不伤害自己，不伤害他人，不被他人伤害。（√）

Jf4B3265 氢冷发电机一旦引起着火和爆炸，应迅速关闭来氢阀门，并用泡沫灭火器和 1211 灭火器灭火。（×）

Jf3B3266 衡量火电厂经济运行的三大指标是：发电量、煤耗和厂用电率。（√）

Jf3B3267 造成锅炉部件寿命老化损伤的因素主要是腐蚀和磨损。（×）

Jf3B3268 燃油或煤粉和空气混合物在爆炸浓度极限范围内时，一遇火源就能发生爆炸。（√）

Jf2B3269 在制订机组寿命规划时，不应单纯追求设备长寿及机组的使用年限，应根据国家能源政策和机械加工水平综合分析。（√）

Jf2B4270 发电机组计划停运状态是指机组处于检修状态，分大修、小修两种。（×）

Jf2B4271 汽轮机热力特性试验中，回热加热器的用汽量是根据热平衡计算求得的。（√）

Jf2B4272 蓄电池室禁止点火和吸烟，但可以使用普通照明开关和插座。（×）

4.1.3　简答题

La3C3001　什么是 N 型半导体？什么是 P 型半导体？

答：（1）N 型半导体又叫电子半导体。它是由本征半导体材料中加入少量某种化合价为五价的元素制成的，因而多数载流子为自由电子，少数载流子为空穴。

（2）P 型半导体又叫空穴型半导体，它是由本征半导体加入少量的某种化合价为三价的元素制成的。其中多数载流子为空穴，少数载流子为自由电子。

La3C4002　合金元素可以使钢材获得哪些特殊的性能？

答：（1）钢材中加入元素铬（Cr）、镍（Ni）、锰（Mn）、钛（Ti）等，可以提高钢的耐腐蚀性；

（2）钢材中加入足够的铬（Cr）、硅（Si）、铝（Al）等元素，可以提高钢的抗氧化性；

（3）钢材中加入元素钨（W）、钼（Mo）、钒（V）等，可以明显提高钢在高温下的强度；

（4）另外，钢材中加入元素铬（Cr）、钼（Mo）、钒（V）、钛（Ti）等，还可以提高钢的耐磨性。

La1C2003　水蒸气的形成分哪几个过程？

答：（1）水的等压预热过程：即水从任意温度加热到饱和状态，所加入的热量叫液体热。

（2）饱和水的等压等温汽化过程：即从饱和水加热到干饱和蒸汽，所加入的热量叫汽化热。

（3）干饱和蒸汽的等压过热过程：即从干饱和蒸汽加热到任意温度的过热蒸汽，所加入的热量叫过热。

Lb4C1004　热机热工信号系统和电气信号系统的作用？

答：（1）热工信号（灯光或音响信号）的作用，是在有关热工参数偏离规定范围或出现某些异常情况时，引起运行人员注意，以便采取措施，避免事故的发生和扩大。

（2）电气信号的作用是反映电气设备工作的状况，如合闸、断开及异常情况等，它包括位置信号、故障信号和警告信号等。

Lb4C1005 什么叫磁场和磁感应强度？写出磁感应强度公式。

答：在磁铁周围的空间存在一种特殊的物质，它能表现一种力的作用，这一特殊物质叫磁场。反映磁场强弱的物理量称为磁感应强度（或磁通密度），用 B 表示，在磁场中将长度为 l、电流为 I 的直导体，放在与磁场方向垂直的某一点，当它受到的作用力为 F 时，则磁感应强度为 $B=F/Il$。磁感应强度是一个向量，其方向就是该点的磁场方向，它的单位是特斯拉，简称"特"，用符号 T 表示，工程上一般用高斯（GS）做单位。

Lb4C1006 何谓电动机的效率？它与哪些因素有关？

答：电动机输出功率 P_2 与电动机输入功率 P_1 之比的百分数，叫做电动机的效率。用字母"η"表示。即：$\eta=(P_2/P_1)\times100\%$。

电动机的效率与拖动的负载、电动机的转速、电动机的类型和电源的电压都有关系。一般异步电动机的效率为 75%～92%，负载小时效率低，负载大时效率高；电动机的转速降低时，多数情况下效率是降低的；电源电压高于或低于电动机额定电压时，其铁损和铜损增加（电动机在满载情况下），因而效率降低；大中容量的绕线式电动机和深槽式电动机效率低。

Lb4C1007 汽轮机汽封的作用是什么？

答：为了避免动、静部件之间的碰撞，必须留有适当的间隙，这些间隙的存在势必导致漏汽，为此必须加装密封装置——汽封。根据汽封在汽轮机中所处的位置，可分为轴端汽封（简称轴封）、隔板汽封和围带汽封三类。

Lb4C2008　氢冷发电机在哪些情况下，必须保证密封油的供给？

答：氢冷发电机在以下情况下，必须保证密封油的供给：

（1）发电机内有氢气时，不论是运行状态还是静止状态；

（2）发电机内充有二氧化碳和排氢时；

（3）发电机进行气密性试验时；

（4）机组在盘车时。

Lb4C2009　什么叫凝汽器端差？端差增大有哪些原因？

答：凝汽器压力下的饱和水温度与凝汽器循环冷却水出口温度之差称为端差。凝汽器的端差大小与凝汽器循环冷却水入口温度、低压缸排汽流量、凝汽器铜（钛）管的表面清洁度、凝汽器内漏入空气量以及循环冷却水在管内的流速有关。凝汽器端差增加的原因有：

（1）凝汽器铜（钛）管结垢；

（2）凝汽器汽侧漏入空气；

（3）循环冷却水量减少等。

Lb4C3010　简述自然循环锅炉与强制循环锅炉水循环原理的主要区别。

答：主要区别是水循环动力不同。自然循环锅炉水循环动力是靠锅炉点火后所产生的汽水密度差提供的；而强制循环锅炉水循环动力主要是由水泵的压力提供的，而且在锅炉点火时就已建立了水循环。

Lb4C3011　机组正常运行中如何判断锅炉汽压变化？

答：由于汽压的变化总是与蒸汽流量的变化紧密相关，如果汽压发生变化，则应通过蒸汽流量来判断是外部原因还是内部原因。如果汽压与蒸汽流量的变化方向相同时，则属于内因，即锅炉本身因素的影响；如汽压下降，蒸汽流量减小，说明燃烧的供热不足。如果汽压与蒸汽变化方向相反时，则属于外因，即外界负荷的影响；如汽压下降，同时蒸汽流量增加，说明外界要求蒸汽流量增加。

Lb4C3012　汽轮机排汽缸为什么要装喷水降温装置？

答：在汽轮机启动、空载及低负荷时，蒸汽流通量很小，不足以带走蒸汽与叶轮摩擦产生的热量，从而引起排汽温度升高，排汽缸温度也升高。排汽温度过高会引起排汽缸较大的变形，破坏汽轮机动静部分中心线的一致性，严重时会引起机组振动或其他事故。所以，大功率机组都装有排汽缸喷水降温装置。

Lb4C3013　汽轮机油油质劣化有什么危害？

答：汽轮机油质量的好坏与汽轮机能否正常运行关系密切。油质变坏使润滑油的性能和油膜发生变化，造成各润滑部分不能很好润滑，结果使轴瓦乌金熔化损坏；还会使调节系统部件被腐蚀、生锈而卡涩，导致调节系统和保护装置动作失灵的严重后果。所以必须重视对汽轮机油质量的监督。

Lb4C3014　发电机定子绕组单相接地对发电机有何危险？

答：发电机的中性点是绝缘的，如果一相接地，表面看构不成回路，但是由于带电体与处于地电位的铁芯间有电容存在，发生一相接地，接地点就会有电容电流流过。单相接地电流的大小，与接地绕组的份额α成正比。当机端发生金属性接地，接地电流最大，而接地点越靠近中性点，接地电流愈小，故障点有电流流过，就可能产生电弧；当接地电流大于 5A 时，就会有烧坏铁芯的危险。

Lb4C3015 电流互感器、电压互感器发生哪些情况必须立即停用？

答：（1）电流互感器、电压互感器内部有严重放电声和异常声；

（2）电流互感器、电压互感器发生严重振动时；

（3）电压互感器高压熔丝更换后再次熔断；

（4）电流互感器、电压互感器冒烟、着火或有异臭；

（5）引线和外壳或绕组和外壳之间有火花放电，危及设备安全运行；

（6）严重危及人身或设备安全的事故；

（7）电流互感器、电压互感器发生严重漏油或喷油现象。

Lb4C4016 汽轮机主轴承主要有哪几种结构形式？

答：汽轮机主轴承主要有四种：

（1）圆筒瓦支持轴承；

（2）椭圆瓦支持轴承；

（3）三油楔支持轴承；

（4）可倾瓦支持轴承。

Lb4C4017 为什么转子静止时严禁向轴封送汽？

答：因为在转子静止状态下向轴封送汽，不仅会使转子轴封段局部不均匀受热，产生弯曲变形；而且蒸汽从轴封段处漏入汽缸，也会造成汽缸不均匀膨胀，产生较大的热应力与热变形，从而使转子产生弯曲变形，所以转子静止时严禁向轴封送汽。

Lb3C3018 什么是等微增率准则？

答：所谓等微增率准则，是指电厂各机组间按照耗量微增率相等的原则分配负荷，从而使全厂能源消耗最小，运行最经济。

Lb3C2019　简述炉水循环泵的结构特点。

答：（1）泵与电动机为全封闭结构，省去电动机和泵体之间的高压密封；

（2）电动机、轴承等转动部件都浸在水中，用水做润滑剂；

（3）电动机转子和泵同轴连接，无联轴器；

（4）整个泵装置悬吊在下降管上，无基础。

Lb3C3020　锅炉给水为什么要进行处理？

答：如将未经处理的生水直接注入锅炉，不仅影响锅炉的炉水水质，引起炉管结垢和严重腐蚀，而且可能会造成汽轮机通流部分结垢，影响汽轮机的效率和安全运行。因此，生水补入锅炉之前，需要经过处理，以除去其中的盐类、杂质和气体，使补给水水质符合要求。

Lb3C3021　转子发生一点接地可以继续运行吗？

答：转子绕组发生一点接地，即转子绕组的某点从电的方面来看与转子铁芯相通，由于电流构不成回路，所以按理能继续运行。但这种运行不能认为是正常的，因为它有可能发展为两点接地故障，那样转子电流就会增大，其后果是部分转子绕组发热，有可能被烧毁，而且电机转子由于作用力偏移而导致强烈振动。

Lb3C3022　火力发电厂计算机监控系统输入信号有哪几类？

答：火力发电厂计算机监控系统输入信号分为模拟量输入信号、数字量输入信号和脉冲量输入信号。

Lb3C4023　简述在主蒸汽温度不变时，主蒸汽压力升高对汽轮机工作有何影响？

答：主汽压力升高，整机的焓降增大，运行的经济性提高。

但当主汽压力升得过高时，又会直接威胁汽轮机的安全，有以下几点危害：

（1）易造成汽轮机调节级叶片过负荷；

（2）蒸汽温度不变，压力过高时，易造成末几级叶片水蚀严重；

（3）易造成汽轮机高压部件变形，缩短汽轮机的寿命。

Lb3C4024　再热器为什么要进行保护？

答：因为在机组启停过程或运行中，汽轮机突然故障而使再热汽流中断时，再热器将无蒸汽通过来冷却而造成管壁超温烧坏。所以，必须装设旁路系统通入部分蒸汽，以保护再热器的安全。

Lb3C5025　发电机转子绕组发生两点接地故障有哪些危害？

答：发电机转子绕组发生两点接地后，使相当一部分绕组短路。由于电阻减小，所以另一部分绕组电流增加，破坏了发电机气隙磁场的对称性，引起发电机剧烈振动，同时无功出力降低。另外，转子电流通过转子本体，如果电流较大，可能烧坏转子和磁化汽轮机部件，以及引起局部发热，使转子缓慢变形而偏心，进一步加剧振动。

Lb2C3026　高频闭锁距离保护的基本特点是什么？

答：高频保护是实现全线路速动的保护，但不能作为母线及相邻线路的后备保护。而距离保护虽然能起到母线及相邻线路的后备保护，但只能在线路的 80% 左右范围内发生故障时实现快速切除。高频闭锁距离保护就是把高频和距离两种保护结合起来的一种保护，实现当线路内部发生故障时，既能进行全线路快速切断故障，又能对母线和相邻线路的故障起到后备作用。

Lb2C3027　什么是在线监控系统？

答：在线监控又称实时监控，即传感器将现场生产过程中任何参数的变化输入到计算机中，计算机根据现场变化立即作出应变措施，保证维持发电厂主、辅设备的安全。

Lb2C4028　汽轮机运行中，变压运行和定压运行相比有哪些优点？

答：主要优点有：

（1）机组负荷变化时可以减小高温部件的温度变化，从而减小转子和汽缸的热应力、热变形，提高机组的使用寿命。

（2）合理选择在一定负荷下变压运行，能保持机组较高的效率。因为降压不降温，进入汽轮机的容积流量基本不变，汽流在叶片通道内偏离设计工况小，另外因调节汽门全开，节流损失小。

（3）因变压运行时可采用变速给水泵，所以给水泵耗功率减小。

Lb2C4029　汽轮机盘车运行中的注意事项有哪些？

答：（1）盘车运行或停用时手柄位置正确。

（2）盘车运行时，应检查盘车电流及转子偏心正常。

（3）盘车运行时，顶轴油压正常。

（4）汽缸温度高于 150℃，因检修需要停盘车时，应按规定时间盘动转子 180°。

（5）应经常检查各轴瓦油流正常，系统无泄漏。

Lb2C5030　什么是调节汽门的重叠度？为什么必须有重叠度？

答：采用喷嘴调节的汽轮机，一般都有几个调节汽门。当前一个调节汽门尚未完全开启时，就让后一个调节汽门开启，即称调节汽门具有一定的重叠度。调节汽门的重叠度通常为

10%左右，也就是说，前一个调节汽门开启到阀后压力为阀前压力的90%左右时，后一个调节汽门随即开启。如果调节汽门没有重叠度，执行机构的特性曲线就有波折，这时调节系统的静态特性也就不是一根平滑的曲线，这样的调节系统就不能平稳地工作，所以调节汽门必须要有重叠度。

Lb2C5031　汽轮机轴向位移保护装置起什么作用？

答：汽轮机转子与定子之间的轴向间隙很小，当转子的轴向推力过大，致使推力轴承乌金熔化时，转子将产生不允许的轴向位移，造成动静部分摩擦，导致设备严重损坏事故，因此汽轮机都装有轴向位移保护装置。其作用是：当轴向位移达到一定数值时，发出报警信号；当轴向位移达到危险值时，保护装置动作，切断进汽，紧急停机。

Lb2C5032　汽轮机为什么要设胀差保护？

答：汽轮机启动、停机及异常工况下，常因转子加热（或冷却）比汽缸快，产生膨胀差值（简称胀差）。无论是正胀差还是负胀差，达到某一数值时，汽轮机轴向动静部分就要相碰发生摩擦。为了避免因胀差过大引起动静摩擦，大机组一般都设有胀差保护，当正胀差或负胀差达到某一数值时，立即破坏真空紧急停机，防止汽轮机损坏。

Lb1C2033　汽轮机主蒸汽温度不变，主蒸汽压力过高有哪些危害？

答：主要有以下几点：

（1）使机组末几级蒸汽的湿度增大，末级动叶片的工作条件恶化，水冲刷加重。

（2）使调节级焓降增加，造成调节级动叶片过负荷。

（3）使主蒸汽承压部件的应力增加，将会缩短部件的使用寿命，并可造成这些部件的变形以致损坏。

Lb1C2034　锅炉良好燃烧应具备的条件有哪些？

答：（1）煤种与炉型及燃烧器应相匹配。

（2）供给燃料完全燃烧所必需的空气量。

（3）维持适当高的炉膛温度。

（4）合理的一、二、三次风配比及良好的炉内空气动力工况。

（5）合格的煤粉细度。

（6）合理的燃烧器组合。

Lb1C2035　直流锅炉提高水动力稳定性的方法有哪些？

答：（1）提高质量流速；

（2）提高启动压力；

（3）采用节流圈；

（4）减少进口工质欠焓。

Lb1C2036　结焦对锅炉安全运行的危害是什么？

答：其危害如下：

（1）结焦会引起汽体温度偏高：在炉膛大面积结焦时会使炉膛吸热大大减少，炉膛出口烟温过高，使过热器传热强化，造成过热汽体温度偏高，导致过热器管超温。

（2）破坏水循环：炉膛局部结焦以后，使结焦部分水冷壁吸热量减少，循环流速下降，严重时会使循环停滞而造成水冷壁管爆破事故。

（3）增加排烟损失：由于结焦使炉膛出口温度升高，造成排烟温度升高，从而增加排烟热损失，降低锅炉效率。

（4）降低锅炉出力。

Lb1C2037　调节中间点温度的方法有哪些？

答：在不同负荷时，中间点的汽温不是固定不变的，而是负荷的函数。调节中间点汽温的方法有两种：一种是使给水量基本不变而调节燃料量；另一种是保持燃料量不变而调节给水量。一般燃煤的直流锅炉，由于煤量不易准确控制，常采用以水为主的调节方法。

Lb1C3038　燃烧调整的基本要求有哪些？

答：基本要求：① 着火、燃烧稳定，蒸汽参数满足机组运行要求；② 减少不完全燃烧损失和排烟热损失，提高燃烧经济性；③ 保护水冷壁、过热器、再热器等受热面的安全，不超温超压，不高温腐蚀；④ 减少 SO_x、NO_x 的排放量。

Lb1C3039　为什么变压器铁芯必须接地，并只允许一点接地？

答：为了防止变压器在运行或试验时，由于静电感应作用在铁芯或其他金属结构上产生悬浮电位造成对地放电，铁芯及其所有金属构件（除穿心螺杆外）都必须可靠接地。

如果铁芯有两点或两点以上接地，两接地点之间可能形成闭合回路，当主磁通穿过此闭合回路时，就会产生循环电流，造成局部过热事故。

Lb1C3040　什么是直吹式制粉系统？有什么特点？

答：燃料由磨煤机制成煤粉，使用制粉系统的干燥介质输送，经由分离器分离出合格的煤粉，而直接吹入燃烧室的制粉系统叫直吹式制粉系统。

直吹式制粉系统的特点是系统简单，设备部件少，输粉管道阻力小，系统电耗小。可根据锅炉负荷直接调整制粉系统的出力。在直吹系统中，当任一台磨煤机解列或故障，瞬间就会影响锅炉负荷，降低了锅炉机组运行的可靠性。为了提高其可靠性，直吹系统在设计选择上要有较大的备用余量。

Lb1C5041　说明冲动式汽轮机的基本工作原理。

答：具有一定压力和温度的蒸汽进入喷嘴后，由于喷嘴截面形状沿汽流方向变化，使蒸汽的压力、温度降低，比体积增大，流速增加。即蒸汽在喷嘴中膨胀加速，热能转变成动能。具有较高速度的蒸汽由喷嘴流出，进入动叶片流道，在弯曲的动叶片流道内改变汽流方向，蒸汽给动叶片以冲动力，产生了使叶片旋转的力矩，带动轴旋转，输出机械功，将动能转变成机械能。

Lc4C3042　《电业安全工作规程》中规定电气工作人员应具备哪些条件？

答：（1）无妨碍工作的病症。

（2）具备必要的电气知识，《电业安全工作规程》考试合格。

（3）学会紧急急救法，学会触电急救法和人工呼吸法。

Lc3C2043　火力发电厂常用的脱硫工艺主要有哪几种？

答：火力发电厂应用的烟气脱硫工艺主要有：

（1）石灰石（石灰）—石膏湿法烟气脱硫；

（2）烟气循环流化床脱硫；

（3）喷雾干燥法脱硫；

（4）炉内喷钙尾部烟气增湿活化脱硫；

（5）海水脱硫；

（6）电子束脱硫等。

以上各种工艺都有各自的应用条件。

Lc2C3044　简述发生煤粉爆炸的条件。

答：① 有煤粉积存；② 有一定的助燃空气，且助燃空气与煤粉量的比例位于爆炸极限之内；③ 有足够的点火能量。

Lc2C3045　有时过热器管壁温度并没有发现超温，但仍发生爆管，是何原因？

答：（1）因为管壁温度安装测点的数量有限，测点的代表性差，不能反映所有管壁温度的真实值，因此没有装测点的管壁实际运行中可能已发生超温，但壁温显示不出其超温情况；

（2）所装的管壁温度测点是炉外壁温，与炉内壁存在温度差，部分管子炉内壁温可能大大超过其控制的壁温差值而发生超温爆管；

（3）所装管壁温度一次元件误差大或二次仪表不准，壁温指示错误，误导操作人员。

Lc1C3046　电力系统如何才能做到经济运行？

答：最经济的分配方法是用"等微增率法则"。它适用于电力系统中各电厂间负荷经济分配，也适用于电厂中各设备及机组间负荷经济分配。

Lc1C3047　给水泵的轴封装置有哪几种？

答：（1）填料轴封装置。

（2）机械密封装置。

（3）迷宫式轴封装置。

（4）流体动力型轴封。

（5）浮动环轴封。

Jb1C2048　调整发电机有功负荷时应注意什么？

答：（1）使功率因数保持在规定的范围内，一般不大于迟相0.95。因为功率因数高，说明此时有功功率相对应的励磁电流小，即发电机定子、转子磁极间用以拉住的磁力小，易失去稳定性。从功角特性来看，送出去的有功功率增大，功角就会接近90°角，这样易引起失步。

（2）调整有功负荷时要缓慢进行，与机炉运行人员配合好。

Jb1C2049　厂用电接线应满足哪些要求？

答：其要求是：（1）正常运行时的安全性、可靠性、灵活性、经济性。

（2）发生了故障，能尽量缩小对厂用电系统的影响，避免引起全厂停电事故，即各机组厂用电系统具有高的独立性。

（3）保证启动电源有足够的容量和合格的电压质量。

（4）有可靠的备用电源，并且在工作电源发生故障时能自动投入，保证供电的连续性。

（5）厂用电系统发生事故时，处理方便。

Jb1C5050　强化煤粉气流燃烧的措施有哪些？

答：（1）合理配风，组织好炉内空气动力工况。

（2）提高热风温度。

（3）着火区保持高温。

（4）选择适当的煤粉细度。

（5）保持一次风中适当的煤粉浓度。

Jd3C4051　什么是耗差分析法？

答：耗差分析也称为偏差分析，即根据运行参数的优化目标值，确定参数的偏差大小，通过计算，将偏差量化成影响煤耗与热耗的数值，以反映运行工况变化对经济性的影响。

Jd3C3052　与定压运行相比，机组采用变压运行主要有何优点？

答：与定压运行相比，采用变压运行主要有以下优点：

（1）机组负荷变动时，可以减少高温部件的温度变化，从而减小汽缸和转子的热应力、热变形，提高部件的使用寿命。

（2）低负荷能保持较高的热效率，由于变压运行时调速汽门全开，在低负荷时节流损失很小，所以与同一条件的定压运行相比热耗较小。

（3）给水泵功耗减小，当机组负荷减少时，给水流量和压力也随之减少，因此，给水泵的消耗功率也随之减少。

Je4C1053　汽轮机启动操作，可分为哪三个性质不同的阶段？

答：（1）启动准备阶段；

（2）冲转、升速至额定转速阶段；

（3）发电机并网和汽轮机带负荷阶段。

Je4C1054　如何判断燃烧过程的风量调节为最佳状态？

答：一般通过如下几方面进行判断：

（1）烟气的含氧量在规定的范围内；

（2）炉膛燃烧正常稳定，具有金黄色的光亮火焰，并均匀地充满炉膛；

（3）烟囱烟色呈淡灰色；

（4）蒸汽参数稳定，两侧烟温差小；

（5）有较高的燃烧效率。

Je4C1055　为何在入口挡板开度相同的情况下，引风机在冷态下比热态下电机电流大？

答：入口挡板开度相同，可以认为通过风机的风量大致相同，引风机所需要的功率与介质的密度成正比，热态时烟气温度高，密度小，所以引风机所需要的功率小；冷态空气温度低，密度大，所需功率大。所以冷态运行，入口挡板还未全开，电机电流已经超过额定电流了。

Je4C2056　滑参数停炉有何优点？

答：滑参数停炉是和汽轮机滑参数停机同时进行的，采用滑参数停炉有以下优点：

（1）可以充分利用锅炉的部分余热多发电，节约能源。

（2）可利用温度逐渐降低的蒸汽，使汽轮机部件得到比较均匀和较快的冷却。

（3）对于待检修的汽轮机，采用滑参数法停机可缩短停机到开缸的时间，使检修时间提前。

Je4C2057　锅炉启动过程中如何调整燃烧？

答：锅炉启动过程中应注意对火焰的监视，并做好如下燃烧调整工作：

（1）正确点火。点火前炉膛充分通风，点火时先投入点火装置，然后投入油枪。

（2）对角投用油枪，注意及时切换，观察油枪的着火点适宜，力求火焰在炉内分布均匀。

（3）注意调整引、送风量，炉膛负压不宜过大。

（4）燃烧不稳定时特别要监视排烟温度值，防止发生尾部烟道的二次燃烧。

（5）尽量提高一次风温，根据不同燃料合理送入二次风，调整两侧烟温差。

（6）操作中做到制粉系统启停稳定。给煤机下煤量稳定；给粉机转速稳定；风煤配合稳定及氧量稳定；汽温、汽压稳定及负荷稳定。

Je4C2058　锅炉严重缺水时，为什么要紧急停炉？

答：因为锅炉水位计的零位一般都在汽包中心线下 150～200mm 处，从零位到极限水位的高度约为 200～250mm，汽包内径是定值。故当水位至极限水位时，汽包内储水量少，易在下降管口形成漩涡漏斗，大量汽水混合物会进入下降管，造成下降管内汽水密度减小，运动压力减小，破坏正常的水循环，造成个别水冷壁管发生循环停滞；若不紧急停炉会使水冷壁过热，严重时会引起水冷壁大面积爆破，造成被迫停炉的严重后果。

规程规定：锅炉严重缺水时，应紧急停炉。

Je4C3059 热态启动时，为什么要求新蒸汽温度高于汽缸温度 50～80℃？

答：机组进行热态启动时，要求新蒸汽温度高于汽缸温度 50～80℃。这样可以保证新蒸汽经调节汽门节流、导汽管散热、调节级喷嘴膨胀后，蒸汽温度仍不低于汽缸的金属温度。因为机组的启动是一个加热过程，不允许汽缸金属温度下降。如在热态启动过程中新蒸汽温度太低，会使汽缸、法兰金属产生过大的热应力，并使转子由于突然受冷而产生急剧收缩，高压胀差出现负值，使通流部分轴向动静间隙消失而产生摩擦，造成设备损坏。

Je4C3060 水泵的汽蚀是怎样产生的？对泵有何影响？

答：水泵在运行中，当叶轮入口处局部地方流道的压力低于工作水温的饱和压力，有一部分液体就会蒸发产生气泡。气泡进入压力较高的区域时，受压突然凝结，四周的液体就以极大的能量冲向气泡破灭的地方，造成水冲击，对流道壁面和叶轮等部件产生水锤作用。这个连续的局部冲击负荷，将使材料的表面逐渐疲劳损坏，造成金属表面剥蚀，出现蜂窝状蚀洞，形成汽蚀。当水泵产生汽蚀时，将会引起水泵发生振动和噪声，同时由于汽蚀时气泡会堵塞叶轮槽道，使液体流动的连续性遭到破坏，使泵的流量和扬程降低，效率下降。

Je4C3061 何谓机组的惰走时间、惰走曲线？惰走时间过长或过短说明什么问题？

答：惰走时间，是指从主汽门和调速汽门关闭时起，到转子完全停止的这一段时间。惰走曲线，是指转子的惰走阶段转速和时间的变化关系曲线。

根据惰走时间，可以确定轴承、进汽阀门的状态及其他有关情况。如惰走时间延长，表明机组进汽阀门有漏汽现象或不严，或有其他蒸汽倒流入汽缸内；如惰走时间缩短，则表明动静之间有碰磨或轴承损坏，或其他有关设备、操作引起的。

Je4C3062　汽压变化对汽温有何影响？为什么？

答：当汽压升高时，过热蒸汽温度升高；汽压降低时，过热汽温降低。

这是因为当汽压升高时，饱和温度随之升高，则从水变为蒸汽需消耗更多的热量；在燃料量未改变的情况下，由于压力升高，锅炉的蒸发量瞬间降低，导致通过过热器的蒸汽量减少，相对的蒸汽吸热量增大，导致过热汽温升高。反之亦然。

Je4C3063　机组并网初期为什么要规定最低负荷？

答：机组并网初期要规定最低负荷，主要是考虑负荷越低，蒸汽流量越小，暖机效果越差。此外，负荷太低往往容易造成排汽温度升高，所以一般要规定并网初期的最低负荷。但负荷也不能太高，负荷越大，汽轮机的进汽量增加较多，金属又要进行一个剧烈的加热过程，会产生过大的热应力，甚至胀差超限，造成严重后果。

Je4C3064　为什么停机时必须等真空到零，方可停止轴封供汽？

答：如果真空未到零就停止轴封供汽，则冷空气将自轴端进入汽缸，使转子和汽缸局部冷却；严重时会造成轴封摩擦或汽缸变形，所以规定要真空到零，方可停止轴封供汽。

Je4C3065　胀差大小与哪些因素有关？

答：（1）启动机组时，汽缸与法兰加热装置投用不当，加热蒸汽量过大或过小；

（2）暖机过程中，升速率太快或暖机时间过短；

（3）正常停机或滑参数停机时，汽温下降太快；

（4）增负荷速度太快；

（5）甩负荷后，空负荷或低负荷运行时间过长；

（6）汽轮机发生水冲击；

（7）正常运行过程中，蒸汽参数变化速度过快。

Je4C3066　给水泵运行中发生振动的原因有哪些？

答：（1）流量过大超负荷运行；

（2）流量小时，管路中流体出现周期性湍流现象，使泵运行不稳定；

（3）给水汽化；

（4）轴承松动或损坏；

（5）叶轮松动；

（6）轴弯曲；

（7）转动部分不平衡；

（8）联轴器中心不正；

（9）泵体基础螺丝松动；

（10）平衡盘严重磨损；

（11）异物进入叶轮。

Je4C3067　锅炉热态启动有何特点？如何控制热态启动参数？

答：热态启动时，在锅炉点火前就具有一定的压力和温度，故锅炉点火后升温、升压速度可适当快些。对于大型单元机组，启动参数应根据当时汽轮机热态启动的要求而定。热态启动因升温升压变化幅度较小，故允许变化率较大，升温升压都可较冷态启动快些。

Je4C3068　在什么情况下容易产生操作过电压？

答：在下列情况下易产生操作过电压：

（1）切、合电容器组或空载长线路；

（2）断开空载变压器、电抗器、消弧线圈及同步电动机等；

（3）在中性点不接地系统中，一相接地后，产生间歇性电弧等。

Je4C4069　发生电气故障时，哪些情况可以自行处理？

答：（1）将直接对人身有生命威胁的设备停电。

（2）将已损坏的设备隔离。

（3）母线发生停电故障时，将该母线上的断路器拉闸。

（4）当发电厂的厂用电系统部分或全部停电时，恢复其电源。

（5）发生低频率、低电压时倒换厂用电，紧急拉开线路等。

Je4C4070　变压器的运行电压超过或低于额定电压值时，对变压器有何影响？

答：当变压器运行电压超过额定电压值时，变压器铁芯饱和程度增加，空载电流增大，电压波形中高次谐波成分增大，超过额定电压过多会引起电压或磁通的波形发生严重畸变。当运行电压低于额定电压值时，对变压器本身没有影响，但低于额定电压过多时，将影响供电质量。

Je4C4071　变压器运行中发生异常声音可能是什么原因？

答：变压器运行发生异音的原因有以下几种可能：① 过负荷；② 内部接触不良放电打火；③ 个别零件松动；④ 系统有接地或短路；⑤ 大动力启动，负荷变化较大（如电弧炉等）；⑥ 铁磁谐振。

Je4C4072　锅炉严重缺水后，为什么不能立即进水？

答：因为锅炉严重缺水后，此时水位已无法准确监视，如果已干锅，水冷壁可能过热、烧红，这时突然进水会造成水冷壁急剧冷却，炉水立即蒸发，汽压突然升高，金属受到极大的热应力而炸裂。因此锅炉严重缺水紧急停炉后，只有经过技术主管单位研究分析，全面检查，摸清情况后，由总工程师决定上水时间，恢复水位后，重新点火。

Je4C4073　锅炉热控及仪表电源中断应如何处理？

答：将各自动切换至手动。如锅炉灭火，应按锅炉灭火处理；如锅炉尚未灭火，应尽量保持机组负荷稳定，同时监视就地水位计、压力表，并参照汽轮机有关参数值，加强运行分析，不可盲目操作。迅速恢复电源，若长时间不能恢复时或失去控制手段，应请示停炉。

Je4C4074　运行中，定子铁芯个别点温度突然升高时应如何处理？

答：运行中，若定子铁芯个别点温度突然升高，应当分析该点温度上升的趋势及有功、无功负荷变化的关系，并检查该测点的正常与否。若随着铁芯温度、进出风温度和进出风温差显著上升，又出现"定子接地"信号时，应立即减负荷解列停机，以免铁芯烧坏。

Je4C4075　发电机断水时应如何处理？

答：运行中，发电机断水信号发出时，运行人员应立即看好时间，做好发电机断水保护拒动的事故处理准备，与此同时，查明原因，尽快恢复供水。若在保护动作时间内冷却水恢复，则应对冷却系统及各参数进行全面检查，尤其是转子绕组的供水情况，如果发现水流不通，则应立即增加进水压力，恢复供水或立即解列停机；若断水时间达到保护动作时间而断水保护拒动时，应立即手动拉开发电机断路器和灭磁开关。

Je4C4076　机组启动、停机过程中，为什么要规定蒸汽的

过热度？

答：如果蒸汽的过热度低，在启动过程中，由于前几级温度降低过大，后几级温度有可能低到此级压力下的饱和温度，变为湿蒸汽。蒸汽带水对叶片的危害极大，所以在机组启动和停机过程中，蒸汽的过热度要控制在 50～100℃较为安全。

Je4C4077　汽轮机启动时防止金属部件产生过大的热应力、热变形，要控制好哪几个主要指标？

答：应按制造厂规定控制好：

（1）蒸汽温升速度。

（2）金属温升速度。

（3）上、下缸温差。

（4）汽缸内外壁、法兰内外壁的温差。

（5）法兰与螺栓的温差。

（6）汽缸与转子的相对胀差。

Je4C4078　锅炉水压试验有哪几种？水压试验的目的是什么？

答：水压试验分工作压力试验和超压试验两种。

水压试验的目的是为了检验承压部件的强度及严密性。一般在承压部件检修后，如更换或检修部分阀门、锅炉管子、联箱等，及锅炉的中、小修后都要进行工作压力试验。而新安装的锅炉、大修后的锅炉及大面积更换受热面管的锅炉，应进行工作压力 1.25 倍的超压试验。

Je4C4079　汽轮机胀差在什么情况下出现负值？

答：由于汽缸与转子的钢材有所不同，一般转子的线膨胀系数大于汽缸的线膨胀系数，加上转子质量小受热面大，机组在正常运行时，胀差均为正值。当负荷快速下降或甩负荷时，主蒸汽温度与再热蒸汽温度下降，或汽轮机发生水冲击，或机组启动与停机时加热装置使用不恰当，均有可能使胀差出现负值。

Je3C3080　误合隔离开关时应如何处理？

答：误合隔离开关时，即使合错，甚至在合闸时产生电弧，也不准再拉开隔离开关。因为带负荷拉隔离开关，会造成三相弧光短路。错合隔离开关后，应立即采取措施，操作断路器切断负荷。

Je3C3081　汽轮机冷态启动时，汽缸、转子上的热应力如何变化？

答：汽轮机的冷态启动，对汽缸、转子等零件是加热过程。汽缸被加热时，内壁温度高于外壁温度，内壁的热膨胀受外壁的制约，因而内壁受到压缩，产生压缩热应力，而外壁受到膨胀力的拉伸，产生热拉应力。同样转子被加热时，转子外表面温度高于转子中心孔温度，转子外表面产生压缩热应力，而转子中心孔产生热拉应力。

Je3C3082　汽轮机暖机的目的是什么？

答：暖机的目的是使汽轮机各部金属温度得到充分的预热，减少汽缸法兰内外壁、法兰与螺栓之间的温差，从而减少金属内部应力，使汽缸、法兰及转子均匀膨胀，高压胀差值在安全范围内变化，保证汽轮机内部的动静间隙不致消失而发生摩擦。同时使带负荷的速度相应加快，缩短带至满负荷所需要的时间，达到节约能源的目的。

Je3C3083　试述停炉保护的原则。

答：（1）不让空气进入停用锅炉的汽水系统。

（2）保持汽水系统金属面的干燥。

（3）在金属表面形成具有防腐作用的薄膜（钝化膜）。

（4）使金属表面浸泡在含有氧化剂或其他保护剂的水溶液中。

Je3C3084　调整过热汽温有哪些方法？

答：调整过热汽温一般以喷水减温为主要手段。减温器一般为单级及以上布置，其中一级作为粗调，另一级为细调，以改变喷水量的大小来调整汽温的高低。另外可以改变燃烧器的倾角和上、下喷嘴的投停，改变配风工况等来改变火焰中心位置作为辅助手段，以达到汽温调节的目的。

Je3C4085　汽轮机汽缸的上、下缸存在温差有何危害？

答：汽缸存在温差将引起汽缸变形，通常是上缸温度高于下缸，因而上缸变形大于下缸，使汽缸向上拱起，俗称猫拱背。汽缸的这种变形使下缸底部径向间隙减小甚至消失，造成动静摩擦，损坏设备。另外还会出现隔板和叶轮偏离正常时所在的垂直平面的现象，使轴向间隙变化，甚至引起轴向动静摩擦。

Je3C4086　25 项反措对变压器中性点的接地引下线有何要求？

答：应有两根与主接地网不同地点连接的接地引下线，且每根接地引下线均应符合热稳定的要求。

Je3C4087　什么是自动发电控制（AGC）？

答：自动发电控制（AGC）是指发电机组在规定的出力调整范围内，跟踪电力调度交易机构下发的指令，按照一定调节速率实时调整发电出力，以满足电力系统频率和联络线功率控制要求的服务。

Je3C5088　何谓黑启动？

答：黑启动是指整个系统因故障停运后，不依赖别的网络的帮助，通过系统中具有自启动能力的机组的启动，带动无自启动能力的机组，逐步扩大电力系统的恢复范围，最终实现整个电力系统的恢复。

Je3C5089 汽轮机停机后转子的最大弯曲在什么地方？在哪段时间内启动最危险？

答：汽轮机停运后，如果盘车因故不能投运，由于汽缸上下温差或其他原因，转子将逐渐发生弯曲，最大弯曲部位一般在调节级附近；最大弯曲值约出现在停机后2～10h之间，因此在这段时间内启动是最危险的。

Je3C5090 为什么锅炉启动后期仍要控制升压速度？

答：（1）锅炉启动后期虽然汽包上下壁温差逐渐减少，但由于汽包壁较厚，内、外壁温差仍很大，甚至有增加的可能；所以仍要控制升压速度。

（2）另外，启动后期汽包内承受接近工作压力下的应力。因此仍要控制后期的升压速度，以防止汽包壁的应力增加。

Je2C2091 汽轮机大修后的分部验收大体可分为哪些步骤？

答：步骤有：
（1）真空系统灌水严密性试验。
（2）有关设备及系统的冲洗和试运行。
（3）油系统的冲洗循环。
（4）转动机械的分部试运行。
（5）调速装置和保护装置试验。

Je2C3092 除了目前的常规能源外，新能源的利用主要有哪些方面？

答：（1）核能。核能是目前比较理想的能源。由于核能利用设备结构紧凑，建设周期短，原料又较为廉价，经济性能好，在工业上可以进行大规模的推广。它是我国今后能源发展的方向。

（2）太阳能。是一种取之不尽，用之不竭且无污染的新能源。

（3）磁流体发电。它是利用高温导电流体高速流过磁场，在电磁感应的作用下将热能转换成电能。

（4）氢能。它是一种新的无污染二次能源，是一种理想的代替石油的燃料。

（5）地热能。

（6）海洋能。

（7）风能。

Je2C3093　轴封蒸汽带水有何危害？如何处理？

答：在机组运行中，轴封蒸汽带水有可能使轴端汽封损坏，重者将使机组发生水冲击，危害机组安全运行。处理轴封蒸汽带水事故，应根据不同的原因，采取相应的措施。如发现机组声音变沉，振动增大，轴向位移增大，胀差减小或出现负胀差，应立即破坏真空紧急停机。打开轴封蒸汽系统及本体疏水门，疏水放尽，对设备进行检查无损后，方可重新启动。

Je2C3094　哪些情况下可投油稳燃？哪些情况下严禁投油爆燃？

答：锅炉出现燃烧不稳的先兆，如氧量急剧大幅度升高，负压摆动增大，汽压降低，灭火保护的个别火焰指示灯闪烁或熄灭，应及时投油稳燃或迅速采取其他稳定燃烧的措施。如燃烧不稳已比较严重，炉膛火焰电视变暗，负压指示负至-200Pa或以下，灭火保护有一层及以上的火焰指示灯熄灭，即锅炉发生严重燃烧不稳时（灭火保护尚未动作），严禁投油爆燃。

Je2C4095　发电机、励磁机着火及氢气爆炸应如何处理?

答: (1) 发电机、励磁机着火及氢气爆炸时,应立即紧急停机。

(2) 关闭补氢门,停止补氢。

(3) 立即进行排氢。

(4) 及时调整密封油压至规定值。

Je2C5096　锅炉启动时停止进水时为何要开启省煤器再循环门?

答: 锅炉停止进水时省煤器如仍受热,水通过循环管在省煤器、汽鼓之间形成循环,以保护省煤器的安全。

Je2C5097　锅炉启动过程中如何控制汽包水位?

答: 锅炉启动过程中,应根据锅炉工况的变化控制调整汽包水位。

(1) 点火初期,炉水逐渐受热、汽化、膨胀,使汽包水位升高,此时蒸汽应从定期排污门排出,这样既可提高炉水品质,又能促进水循环。

(2) 随着汽压、汽温的升高,排汽量的增大,应根据汽包水位的变化趋势,及时补充给水。在进行锅炉冲管或安全门校验时,常因蒸汽流量的突然增大,汽压突降而造成严重的"虚假水位"现象。因此在进行上述操作前应保持较低水位,而后根据变化了的蒸汽流量加大给水,防止安全门回座等原因造成水位过低。

(3) 根据锅炉负荷情况,及时进行给水泵切换,并根据规定的条件,投入给水自动装置。

Je2C5098　低负荷运行时,为何应在不影响安全的前提下维持稍低的氧量运行?

答: 低负荷运行时炉膛温度相对较低,煤粉气流着火困难,燃烧稳定性相对较差,维持高氧量运行会进一步降低炉膛温度,降低炉膛内煤粉燃烧浓度,燃烧的抗干扰能力降低,导致灭火的发生,因此低负荷运行时应维持稍低的氧量运行。

Je2C5099　大型汽轮机为什么要低负荷运行一段时间后再进行超速试验?

答:汽轮机在空负荷运行时,汽轮机内的蒸汽压力低,转子中心孔处的温度尚未被加热到脆性转变温度以上,另外超速试验时转子的应力比额定转速时增加25%的附加应力。由于以上两个原因,所以大型汽轮机要带低负荷运行一段时间,进行充分暖机,使金属部件(主要是转子)达到脆性转变温度以上,然后再做超速试验。

Je1C2100　汽流激振的振动特点有哪些?

答:(1)汽流激振一般在大功率汽轮机的高压(或高中压)转子上突然发生振动。

(2)汽流激振出现在机组并网之后、负荷逐渐增加的过程中。对于负荷非常敏感,且一般发生在较高负荷。

(3)汽流激振的振动频率等于或略高于高压转子一阶临界转速。

(4)汽流激振属于自激振动,这种振动不能用动平衡的方法来消除。

Je1C2101　受热面容易受飞灰磨损的部位通常有哪些?

答:锅炉中的飞灰磨损都带有局部性质,易受磨损的部位通常为烟气走廊区、蛇形弯头、管子穿墙部位、管式空气预热器的烟气入口处及在灰分浓度大的区域等。

Je1C2102　何谓中间点?

答:在直流锅炉中,过热区开始部分的蒸汽温度的变化,必然引起过热区中各中间界面汽温的改变，最后导致出口过热汽温的变化。为了提高调节质量，按照反映较快和便于检测等条件，通常在过热区的开始部分选取一个合适的地点，根据该点工质温度来控制"煤水比"，这一点称为中间点。

Je1C3103　蒸汽温度监视和调整的基本要求有哪些？

答：（1）运行中根据工况的改变，分析蒸汽温度的变化趋势，应特别注意对过热器、再热器中间点蒸汽温度监视，尽量使调整工作恰当的做在蒸汽温度变化之前。

（2）各级减温器的喷水量应视各段壁温和汽温情况配合调整，控制各段壁温和蒸汽温度在规定范围内。

（3）在燃烧调整上力求做到不使火焰中心偏斜，减少汽温偏差。

（4）在进行蒸汽温度调整时，操作应平稳、均匀，以防引起蒸汽温度的急剧变化，确保设备安全经济运行。

Je1C5104　煤粉达到迅速而又完全燃烧必须具备哪些条件？

答：（1）要供给适当的空气量。

（2）维持足够高的炉膛温度。

（3）燃料与空气能良好混合。

（4）有足够的燃烧时间。

（5）维持合格的煤粉细度。

（6）维持较高的空气温度。

Je1C5105　锅炉大修后应做哪些试验？

答：（1）电动门、风门挡板特性试验。

（2）辅机试运行。

（3）辅机连锁及保护试验。

（4）炉膛漏风及空气动力场试验。

（5）水压试验。

（6）热工保护及连锁试验。

（7）安全门校验。

Jf4C3106 电流互感器、电压互感器着火的处理方法有哪些？

答：（1）立即用断路器断开其电源，禁止用闸刀断开故障电压互感器或将手车式电压互感器直接拉出断电；

（2）若干式电流互感器或电压互感器着火，可用四氯化碳、沙子灭火；

（3）若油浸电流互感器或电压互感器着火，可用泡沫灭火器或沙子灭火。

Jf4C3107 采用重合闸装置有何意义？

答：由于被保护线路或设备发生故障的因素是多种多样的，特别是在被保护的架空线路发生故障时，有时是属于暂时性故障，故障消失之后只要将断路器重新合闸，便可恢复正常运行，从而减少了停电所造成的损失。

Jf4C3108 怎样使用操作票？

答：操作票在执行时由于监护人掌握，监护人手中执行的操作票不得超过一份。操作顺序不得临时颠倒。每执行一项前，监护人负责检查操作人的位置和准备工作后唱票，操作人复诵无误后，监护人发令，操作人立即执行。每一项执行完了用红笔划号。执行完的操作票盖已执行章，保存三个月，变电所所长每月应检查一次操作票。

Jf3C5109 汽泵为什么可以不需专设暖泵系统？

答：汽泵启动前，均先启动前置泵，这样汽泵内已形成了水的流动，从而起到了暖泵的作用；另外，汽泵启动过程中一般需要暖机，暖机过程实际上也是暖泵的过程。大量实践证明，采取先启动前置泵的方法是能够满足暖泵要求的。因此，汽泵可以不需专设暖泵系统。

Jf3C4110　简述汽轮机启停过程优化分析的内容。

答：（1）根据转子寿命损耗率、热变形和胀差的要求确定合理的温度变化率；

（2）确保温度变化率随放热系数的变化而变化；

（3）监视汽轮机各测点温度及胀差、振动等不超限；

（4）盘车预热和正温差启动，实现最佳温度匹配；

（5）在保证设备安全的前提下尽量缩短启动时间，减少电能和燃料消耗等。

4.1.4 计算题

La4D2001 有质量 m 为 10t 的水流经加热器，它的焓从 h_1 为 202kJ/kg 增加到 h_2 为 352kJ/kg，求 10t 水在加热器内吸收的热量 Q？

解： $Q=m(h_2-h_1)=10\times10^3\times(352-202)=1\,500\,000$（kJ）$=1.5\times10^9$J

答： 10t 水在加热器内吸收了 1.5×10^9J 热量。

La4D2002 某循环热源温度为 527℃，冷源温度为 27℃，在此温度范围内，循环可能达到的最大热效率是多少？

解： 已知 $T_1=273+527=800$（K），$T_2=273+27=300$（K）

又最大效率为卡诺循环效率

$$\eta=1-\frac{T_2}{T_1}=1-\frac{300}{800}=0.625=62.5\%$$

答： 循环可能达到的最大热效率是 62.5%。

La4D3003 一锅炉炉墙采用水泥珍珠岩制件，壁厚 $\delta=120\text{mm}$，已知内壁温度 $t_1=450℃$，外壁温度 $t_2=45℃$，水泥珍珠岩的导热系数 $\lambda=0.094\text{W/（m·K）}$。试求每平方米炉墙每小时的散热量。

解： $T_1=273+450=723$（K），$T_2=273+45=318$（K）

$q=\lambda(T_1-T_2)/\delta=0.094\times(723-318)/(120\times10^{-3})=317.25$（W/m²）

每平方米每小时炉墙的散热量为

$q\times3600=317.25\times3600=1\,142\,100$ [J/（m²·h）]

$=1142.1\text{kJ/（m²·h）}$

答： 每平方米炉墙每小时的散热量为 1142.1kJ/（m²·h）。

La4D3004 某纯电路中，电阻的有效功率为 210W，加于电阻两端的电压 u=311sin(628t+60°)V，求电阻是多少？

解：电压最大值 U_m=311V

电压有效值 $U=U_m/\sqrt{2}$ =311/$\sqrt{2}$ =220V

有效功率 $P=UI$ $I=P/U$=220/220=1（A）

电阻 $R=U/I$=220/1=220（Ω）

答：电阻为 220Ω。

La4D4005 卡诺循环热机的热效率为 40%，若它自高温热源吸热 4000kJ，而向 25℃ 的低温热源放热，试求高温热源的温度及循环的有用功。

解：卡诺循环热机的热效率 η_c 由下式求出

$$\eta_c=1-T_2/T_1=W/Q_1$$

式中 T_2——冷源温度，K；

T_1——热源温度，K；

W——循环的有用功，kJ；

Q_1——放热量，kJ。

则高温热源的温度 $T_1=T_2/(1-\eta_c)$

=(25+273.15)/(1−40%)= 496.9（K）

=223.9℃

循环有用功 $W=Q\eta_c$=4000×40%=1600（kJ）

答：高温热源的温度为 223.9℃；循环的有用功为 1600kJ。

La4D4006 温度为 10℃ 的水在管道中流动，管道直径 d=200mm，流量 Q=100m³/h，10℃ 水的运动黏度 υ=1.306×10⁻⁶ m²/s，求水的流动状态是层流还是紊流？

解：管道中平均流速

$$v = \frac{Q}{\pi d^2/4} = \frac{4\times100}{3600\times3.14\times0.2^2} = 0.885 \quad (\text{m}^3/\text{s})$$

雷诺数 $Re = \dfrac{vd}{v} = \dfrac{0.885 \times 0.2}{1.306 \times 10^{-6}} = 135\,528$

因为 $135\,528 > 2300$，所以此流动为紊流。

答：水的流动状态是紊流。

La4D4007 测得某风管由于阻力而产生的压力降为 30Pa，风量为 $10\text{m}^3/\text{s}$ 时，试计算其特性系数。

解：根据 $\Delta p = KQ^2$（Δp 为压力降，Q 为风量）

$$K = \frac{\Delta p}{Q^2} = \frac{30}{10^2} = 0.3$$

答：风管的特性系数是 0.3。

La3D5008 设有一台汽轮机，以下列蒸汽参数运行，蒸汽初压 $p_1 = 13.8\text{MPa}$，初温 $t_1 = 540℃$，排汽压力 $p_2 = 0.003\,8\text{MPa}$，再热压力 $p_{rh} = 2.6\text{MPa}$，再热后温度 t_{rh}，试求中间再热后的汽耗率 d_{rh}？（已知：由表查得 $h_1 = 3427\text{kJ/kg}$、$h_2 = 2955\text{kJ/kg}$、$h_3 = 3544\text{kJ/kg}$、$h_4 = 2228\text{kJ/kg}$）

解：$d_{rh} = \dfrac{3600}{(h_1 - h_2) + (h_3 - h_4)} = \dfrac{3600}{(3427 - 2955) + (3544 - 2228)}$

$\qquad = 2.013\ [\text{kJ/}(\text{kW} \cdot \text{h})]$

答：此汽轮机中间再热后的汽耗率为 $2.013\text{kJ/}(\text{kW} \cdot \text{h})$。

La1D2009 已知煤的收到基成分为：$C_{ar} = 56.22\%$，$H_{ar} = 3.15\%$，$O_{ar} = 2.75\%$，$N_{ar} = 0.88\%$，$S_{t,\,ar} = 4\%$，$A_{ar} = 26\%$，$M_{ar} = 7\%$，试计算其高低位发热量。

解：$Q_{gr}^y = 81C^y + 300H^y - 26(O^y - S_R^y)$

$\qquad = 81 \times 56.22 + 300 \times 3.15 - 26(2.74 - 4)$

$\qquad = 5531.32\ (\text{kcal/kg}) = 23\,518.5\text{kJ/kg}$

$Q_{net}^y = Q_{gr}^y - 54H^y - 6M^y$

$\qquad = 5531.32 - 54 \times 3.15 - 6 \times 7$

=5519.22（kcal/kg）=22 270.5kJ/kg

答：煤的应用基高位发热量为 23 158.5kJ/kg，低位发热量为 22 270.5kJ/kg。

La1D2010　某台频率为 50Hz，12 极的三相电动机，其额定转差率为 5%。求该电动机额定转速。

解：根据公式　$n = \dfrac{60f}{p}$

$$n = \frac{60 \times 50}{6} = 500 \text{（r/min）}$$

$$S_e = \frac{n - n_e}{n}$$

$$5\% = \frac{500 - n_e}{500}$$

$$n_e = 500 - 500 \times 5\% = 475 \text{（r/min）}$$

答：其额定转速为 475r/min。

Lb4D1011　设人体最小电阻为 1000Ω，当通过人体的电流达到 50mA 时，就会危及人身安全，试求安全工作电压。

解：已知 R=1000Ω，I=50mA=0.05A

U=IR=0.05×1000=50（V）

答：通过人体的安全电压为 50V。

Lb4D1012　锅炉汽包压力表读数 p_1 为 9.604MPa，大气压力表的读数 p_0 为 101.7kPa，求汽包内工质的绝对压力 p_2。

解：已知 p_1=9.604MPa；p_0=101.7kPa=0.102MPa

p_2=p_1+p_0=9.604+0.102=9.706（MPa）

答：汽包内工质的绝对压力为 9.706MPa。

Lb4D1013　某锅炉蒸发量 970t/h，过热蒸汽出口焓

3400kJ/kg，再热蒸汽流量835.3t/h，再热蒸汽入口焓3030kJ/kg，再热蒸汽出口比焓3520kJ/kg，给水比焓1240kJ/kg，锅炉热效率91%，燃煤收到某低位发热量21 970kJ/kg，求每小时燃料消耗量。

解：已知 D=970t/h，h_0=3400kJ/kg，D_r=835.3t/h，h'=3030kJ/kg，h''=3520kJ/kg，h_{gs}=1240kJ/kg，Q_{net}=21 970kJ/kg，η=91%

由 $\eta = [D(h_0 - h_{gs}) + D_r(h'' - h')]/(BQ_{net})$

B=[970×10³×(3400−1240)+835.3×10³

×(3520−3030)]/(21 970×0.91)

=125 270（kg）=125.27t

答：每小时燃料消耗量为125.27t。

Lb4D1014 某汽轮发电机额定功率为20万kW，求1个月（30天）内该机组的额定发电量。

解：已知 P=20×10⁴kW；t=24×30=720（h）

W=Pt=20×10⁴×720=14 400×10⁴（kW·h）

答：1个月（30天）内该机组的额定发电量为14 400×10⁴kW·h。

Lb4D2015 某汽轮发电机额定功率为300MW，带额定功率时的主蒸汽流量为940t/h，求汽耗率 d 是多少？

解：已知电功率 P=300 000kW

主蒸汽流量 Q=940 000kg/h

根据公式 $d = \dfrac{Q}{P} = \dfrac{940\,000}{300\,000} = 3.13$ ［kg/（kW·h）］

答：该汽轮机的汽耗率是3.13kg/（kW·h）。

Lb4D2016 某凝汽式发电厂发电机的有功负荷为600MW，锅炉的燃煤量为221t/h，燃煤的低位发热量为 Q_{net} =225 00kJ/kg，试求该发电厂的效率。

解：发电厂锅炉热量 $Q_{gl}=BQ_{net}=2.25\times10^4\times221\times10^3$
$$=4.972\,5\times10^9(\text{kJ/h})$$

发电厂输出的热量 $Q_0=P\times3.6\times10^3$
$$=600\times10^3\times3.6\times10^3$$
$$=2.16\times10^9（\text{kJ/h}）$$

$$\eta=\frac{Q_0}{Q_{gl}}=\frac{216\times10^9}{4.972\,5\times10^9}=43.4\%$$

答：该发电厂的效率为 43.4%。

Lb4D2017　某锅炉上升管的干度 x 为 0.25，求此锅炉的循环倍率。

解：　　　　　　　$k=1/x=1/0.25=4$

答：此锅炉的循环倍率为 4。

Lb4D2018　某水泵，其轴功率 P_a 为 80kW，有效功率 P_r 为 40kW，试求该泵的效率 η 为多少？

解：已知 $P_a=80\text{kW}$，$P_r=40\text{kW}$

$$\eta=\frac{P_r}{P_a}\times100\%=\frac{40}{80}\times100\%=50\%$$

答：泵的效率 η 为 50%。

Lb4D2019　凝结器真空表的读数为 97.0kPa，大气压计读数为 101.7kPa。求绝对压力。

解：　　　　$B=101.7\text{kPa}$，$H=97.0\text{kPa}$

$$p_{绝}=B-H=101.7-97.0=4.7（\text{kPa}）$$

答：工质的绝对压力是 4.7kPa。

Lb4D2020　汽轮机排汽比焓 $h_1=2260.87\text{kJ/kg}$，凝结水比焓 $h_2=125.5\text{kJ/kg}$。求 1kg 蒸汽在凝结器内放出的热量。

解：　　$q = h_2 - h_1 = 125.5 - 2260.87 = -2135.37$（kJ/kg）

答：1kg 蒸汽在凝结器内放出的热量为 2135.37kJ/kg。

Lb4D2021　一台 300MW 机组，其日平均负荷率为 80%。求该机每日的发电量。

解：P=300 000kW，t=24h，平均负荷率为 80%。

$W = Pt \times 80\% = 300\,000 \times 24 \times 0.8 = 5.76 \times 10^6$（kW·h）。

答：该机日发电量为 5.76×10^6kW·h。

Lb4D3022　某炉炉膛出口过量空气系数为 1.2，求此处烟气含氧量是多少？

解：根据

$$a = \frac{21}{21 - O_2}$$

得

$$O_2 = \frac{21(a-1)}{a} = \frac{21 \times (1.2-1)}{1.2} = 3.5\%$$

答：此处烟气含氧量是 3.5%。

Lb4D3023　有一只电流变比为 12 000/5A 的电流互感器，接入电流表，当表计(电流表)指示 8000A 时，求电流表表头流过多少电流？

解：电流互感器在正常情况下二次电流与一次电流成正比关系，则

$$\frac{12\,000}{8000} = \frac{5}{I_2}$$

表头流过的电流为 $I_2 = \dfrac{8000 \times 5}{12\,000} \approx 3.3$（A）

答：电流表表头流过的电流为 3.3A。

Lb4D3024　有一只变比为 15 000/100V 的电压互感器，二次侧插入一只电压表，当电压表指示在 15 750V 时，求表头电

压是多少？

解：电压互感器在正常工作情况下，二次电压与一次电压成正比关系，则

$$15\,000/15\,750=100/U_2$$

电压表表头电压 $U_2=\dfrac{15\,750\times100}{15\,000}=105$ （V）

答：电压表表头电压为 105V。

Lb4D4025 已知某台水泵的有效功率为 2500kW，体积流量为 50m³/s。水的密度是 1000kg/m³，重力加速度为 10m/s²。求扬程为多少？

解：根据泵的有效功率计算公式：有效功率=泵的体积流量×密度×扬程×水的密度

$$H=2500\times1000/(1000\times10\times50)=5\text{（m）}$$

答：该泵的扬程为 5m。

Lb4D4026 某水泵设计转速是 1450r/min，流量为 1000m³/h，现将水泵的叶轮不作改变，只提高水泵的转数到 2900r/min，试求水泵的流量变化。

解：已知 $Q=1000\text{m}^3/\text{h}$

$n_1=2900\text{r/min}$

$n_2=1450\text{r/min}$

$Q_1=Q\cdot n_1/n_2=1000\times2900/14\,500=2000\text{（m}^3/\text{h）}$

答：水泵的流量变化为 2000m³/h。

Lb4D4027 某台煤粉炉，运行中氧量表数值为 3%，试用近似公式计算过量空气系数是多少？如已知理论空气量 $V_0=5.5\text{m}^3/\text{kg}$，求实际空气量 V_k。

解：因为 $\alpha=\dfrac{21}{21-O_2}=\dfrac{21}{21-3}=1.17$

又 $\qquad V_0 = 5.5 \text{m}^3/\text{kg}$

$$V_k = \alpha V_0$$

所以 $V_k = 1.17 \times 5.5 = 6.43$（$\text{m}^3/\text{kg}$）

答：该炉的过量空气系数为 $6.43\text{m}^3/\text{kg}$。

Lb4D4028 求燃用特性系数为 0.1 的无烟煤时，RO_2 的最大含量为多少？

解：在 $\alpha=1$，且完全燃烧时，RO_2 达最大值，此时，$O_2=0$，$CO=0$，则

$$RO_{2max} = \frac{21}{1+\beta}\% = \frac{21}{1+0.1}\% = 19.09\%$$

答：RO_2 的最大含量为 19.09%。

Lb3D2029 某汽轮机凝结水温度为 42℃，过冷度为 2℃，凝汽器循环水出水温度为 33℃，求凝汽器的端差是多少？

解：过冷度=排汽温度−凝结水温度

排汽温度=42+2=44（℃）

端差=44−33=11（℃）

答：凝汽器的端差为 11℃。

Lb3D2030 一只电炉其电阻为 44Ω，电源电压为 220V，求 30min 产生的热量。

解：已知 $U=220\text{V}$，$R=44\Omega$，$t=30\text{min}=1800\text{s}$

$$Q = \frac{U^2}{R}t = \frac{220^2}{44} \times 1800 = 1\,980\,000 \text{（J）} = 1980\text{kJ}$$

答：电炉 30min 产生的热量为 1980kJ。

Lb3D2031 某机组在额定工况下，其蒸汽流量 Q 为 600t/h，循环倍率 K 为 60，求循环水量 Q_w。

解：$Q_W = KQ = 60 \times 600 = 3600(t/h)$

答：循环水量 Q_W 为 3600t/h。

Lb3D3032 一台 5 万 kW 汽轮机的凝汽器，其表面单位面积上的换热量 $q = 23\,000W/m^2$，凝汽器铜管内、外壁温差为 2℃，求水蒸气对冷却水的换热系数。

解：$q = \alpha(t_内 - t_外)$

$$\alpha = \frac{q}{t_内 - t_外} = 23\,000/2 = 11\,500 \left[W/(m^2 \cdot ℃) \right]$$

答：水蒸气对冷却水的换热系数 11 500W/（$m^2 \cdot$ ℃）。

Lb3D3033 已知一物体吸收系数 $A = 0.75$，求当该物体温度 $t = 127℃$ 时，每小时辐射的热量是多少？（在同温下物体的 $A = a = 0.75$）

解：
$$E = aE_0 = aC_0(T/100)^4$$

$$E = 0.75 \times 5.67 \times \left(\frac{273 + 127}{100} \right)^4$$

$$= 0.75 \times 5.67 \times 256 = 1089 \left(W/m^2 \right)$$

答：该物体每小时辐射的热量为 1089W/m^2。

Lb3D4034 某炉炉膛出口含氧量为 3.5%，最后经过尾部受热面后氧量增加到 7%，求此段的漏风系数。

解：已知 $O_2' = 3.5\%$，$O_2'' = 7\%$

$$\Delta a = a'' - a' = \frac{21}{21 - O_2''} - \frac{21}{21 - O_2'} = \frac{21}{21 - 7} - \frac{21}{21 - 3.5} = 1.5 - 1.2 = 0.3$$

答：炉膛此段的漏风系数为 0.3。

Lb3D4035 有一渐缩喷管，喷管进口处过热蒸汽压力为 3.0MPa，温度为 400℃，若蒸汽流经喷管后膨胀到 0.1MPa，试求蒸汽流出时的速度 v_2 为多少？(进口蒸汽比焓 h_1=3228kJ/kg、出口蒸汽比焓 h_2=3060kJ/kg)

解： v_2=1.414× $\sqrt{h_1-h_2}$ =1.414× $\sqrt{(3228-3060)\times 10^3}$

$\qquad$ =579.5（m/s）

答： 蒸汽流出喷管时的速度为 579.5m/s。

Lb3D5036 某锅炉汽包中心线下 50mm 为水位计中线，水位全高为 300mm(±150mm)，汽包内水温为 340℃（比体积 γ_1=0.001 6m³/kg），水位计内水温为 240℃（γ_2=0.001 2m³/kg），当水位计中水位为+60mm 时，求汽包内水位距汽包中心线为多少？

解： 根据连通管原理，列出静压平衡方程式：

$$\gamma_1 h_1 = \gamma_2 h_2$$

$$\frac{h_1}{\gamma_1} = \frac{h_2}{\gamma_2}$$

$$h_1 = \frac{h_2 \gamma_1}{\gamma_2} = \frac{(150+60)\times 0.001\,6}{0.001\,2} = 280（mm）$$

因汽包中心线高于水位计 50mm，故汽包内水位距汽包中心线距离为：

$$h=280-150-50=80（mm）$$

答： 汽包内水位距汽包中心线为 80mm。

Lb2D3037 如下图所示，一个 R 与 C 串联电路接于电压为 380V，频率为 50Hz 的电源上，若电路中的电流为 20A，电阻上消耗的功率为 500W，求电路中的参数 R、C。

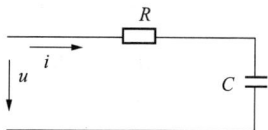

解： $Z=U/I=380/20=19$（Ω）

$$R = P / I^2 = 500 / 20^2 = 1.25 \ (\Omega)$$

$$X_C = \sqrt{Z^2 - R^2} = \sqrt{19^2 - 1.25^2} = 43.9 \ (\Omega)$$

$$C = \frac{1}{2\pi f X_C} = \frac{1}{314 \times 43.9} = 0.072 \times 10^{-3} \ (\mathrm{F})$$

答：$R = 19\Omega$，$C = 0.072 \times 10^{-3}\mathrm{F}$。

Lb2D3038 有一台 D–50/10 单相变压器，$S_N = 50\mathrm{kV \cdot A}$，$U_{1N}/U_{2N} = 10\,500/230\mathrm{V}$，试求变压器一次、二次绕组的额定电流。

解：一次绕组的额定电流

$$I_{1N} = \frac{S_N}{U_{1N}} = \frac{150 \times 1000}{10\,500} = 14.29 \ (\mathrm{A})$$

二次绕组的额定电流

$$I_{2N} = \frac{S_N}{U_{2N}} = \frac{150 \times 10^3}{230} = 652.2 \ (\mathrm{A})$$

答：变压器一次、二次绕组的额定电流分别为 14.29A、652.2A。

Lb2D4039 如下图所示，试列出计算电路中各支路电路方程组。

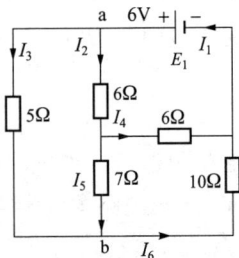

解：根据基尔霍夫定律列出电路方程为

（1）$E_1 = 6I_2 + 6I_4$；（2）$6I_2 + 7I_5 = 5I_3$；（3）$6I_4 - 10I_6 = 7I_5$；

（4）$I_2 = I_4 + I_5$；（5）$I_3 + I_5 = I_6$；（6）$I_4 + I_6 = I_1$

Lb2D5040 一台四极异步电动机接在工频 50Hz 电源上，转子实际转速 $n = 1440\text{r/min}$，求该电机的转差率。

解：同步转速 $n_1 = \dfrac{60f}{p} = \dfrac{60 \times 50}{2} = 1500$（r/min）

转差率 $S = \dfrac{n_1 - n}{n_1} \times 100\% = \dfrac{1500 - 1440}{1500} \times 100\% = 4\%$

答：该电机的转差率为 4%。

Lb2D5041 一台 600MW 汽轮发电机，其迟缓率为 0.3%，速度变动率为 6%，求其满负荷时最大负荷摆动 ΔN。

解：$\Delta N = (\varepsilon / \delta)N_n = (0.3/6.0) \times 600\,000 = 30\,000$（kW）

答：该机组满负荷时最大负荷摆动 ΔN 是 30 000kW。

Lb1D2042 10t 水流经加热器后，它的焓从 350kJ/kg 增至 500kJ/kg。求 10t 水在加热器内吸收多少热量？

解：h_1=350kJ/kg，h_2=500kJ/kg，m=10t=10×10^3kg

$Q = m(h_2 - h_1) = 10 \times 10^3 \times (500 - 350) = 1.5 \times 10^6$（kJ）

答：10t 水在加热器中吸收的热量为 1.5×10^6kJ。

Lb1D2043 给水流量900t/h，高压加热器进水温度 t_1=230℃，高压加热器出水温度 t_2=253℃，高压加热器进汽压力为 5.0MPa，温度 t=495℃。已知：抽汽焓 h_1=3424.15kJ/kg，凝结水焓 h_2=1151.15kJ/kg。求高压加热器每小时所需的蒸汽量。

解：蒸汽放出的热量为 $Q_{汽} = G_{汽}(h_1 - h_2)$

水吸收的热量为 $Q_{水} = G_{水}C_{水}(t_2 - t_1)$，$C_{水}$=4.186kJ/（kg·℃）

根据题意：$Q_{汽} = Q_{水}$，即 $G_{汽}(h_1 - h_2) = G_{水}C_{水}(t_2 - t_1)$

$G_{汽} = G_{水}C_{水}(t_2 - t_1)/(h_1 - h_2)$

$= 900 \times 4.186 \times (253 - 230)/(3424.15 - 1151.15) = 38.12$（t/h）

答：高压加热器每小时所需的蒸汽量为 38.12t。

Lb1D2044 线电压为220V的三相交流电源与星形连接的三相平衡负载相接,线电流为 10A,负载消耗的有功功率为 3kW,负载等效星形电路各相的电阻和电抗各为多少?

解:$U_{相} = \dfrac{U_{线}}{\sqrt{3}} = \dfrac{220}{\sqrt{3}} = 127$(V)

相负载阻抗 $Z = \dfrac{U_{相}}{I_{相}} = \dfrac{127}{10} = 12.7$(Ω)

$$P = \sqrt{3}U_{线}I_{线}\cos\varphi$$

$$\cos\varphi = \dfrac{P}{\sqrt{3}U_{线}I_{线}} = \dfrac{3\times10^3}{\sqrt{3}\times220\times10} = 0.79$$

$$\varphi = \arccos 0.79 = 38° \qquad Z = 12.7e^{j38°}$$

则 $R_{相} = 12.7\times\cos 38° = 10$(Ω)

$X_{相} = 12.7\times\sin 38° = 7.8$(Ω)

答:其相负载阻抗为 12.7Ω,相电阻为 10Ω,相阻抗为 7.8Ω。

Lb1D2045 某台双水内冷发电机,其定子线电压为 18kV,线电流为 11.32kA,若负载功率因数由 0.85 降至 0.6 时,问发电机有功功率和无功功率如何变化?

解:$P = \sqrt{3}U_{线}I_{线}\cos\varphi \qquad Q = \sqrt{3}U_{线}I_{线}\sin\varphi$

$\cos\varphi = 0.85$时:

$$P' = \sqrt{3}\times18\times11.32\times0.85 \approx 300\text{(MW)}$$

$$Q' = \sqrt{3}\times18\times11.32\times\sqrt{1-0.85^2} \approx 186\text{(Mvar)}$$

$\cos\varphi = 0.6$时:

$$P_2 = \sqrt{3}\times18\times11.32\times0.6 \approx 212\text{(MW)}$$

$$Q_2 = \sqrt{3}\times18\times11.32\times\sqrt{1-0.6^2} \approx 282\text{(Mvar)}$$

$$P' - P_2 = 88\text{MW}$$

$$Q' - Q_2 = -96\text{Mvar}$$

答:其有功功率下降 88MW,无功功率增加 96Mvar。

Lb1D2046 设有一台三相四极、380V、50Hz 星形接线感应电动机，定子电阻 R_1 为 0.065Ω，转子电阻 r_2' 为 0.05Ω，定子漏抗 X_1 为 0.2Ω，转子漏抗 X_2' 为 0.2Ω，转差率 S 为 0.02，激磁电流忽略不计（修正系数 C_1 为 1），试求电动机的转速和每相定子电流值是多少？

解：根据公式：$n = (1-S)n_1 = (1-S)\dfrac{60f}{P} = (1-0.02) \times \dfrac{3000}{2}$

$$= 1470 \text{（r/min）}$$

每相电压：$U_1 = \dfrac{380}{\sqrt{3}} \approx 220 \text{（V）}$

定子每相绕组电流为：

$$I_1 = \cfrac{U_1}{\sqrt{\left(r_1 + C_1\dfrac{r_2'}{S}\right)^2 + (X_1 + C_1 X_2')^2}}$$

$$= \cfrac{220}{\sqrt{\left(0.065 + 1 \times \dfrac{0.05}{0.02}\right)^2 + (0.2 + 1 \times 0.2)^2}} \approx 84.7 \text{（A）}$$

答：其电流约为 84.7A。

Lb1D2047 一台三相三绕组的变压器，其电压比为 121/38.5/11kV，绕组的容量分别为 10 000/5000/10 000kV·A，绕组连接为 $Y_0/Y_0/{-}12{-}11$，试计算与高、中及低压相应额定电压和电流各是多少？

解：根据绕组的接线方式和相、线电压电流的关系式 $S = \sqrt{3}U_{\text{线}}I_{\text{相}}$，则：

$$\text{高压侧} U_{\text{相}} = \dfrac{U_{\text{线}}}{\sqrt{3}} = \dfrac{121}{\sqrt{3}} \approx 69.86 \text{（kV）}$$

$$I_{\text{线}} = I_{\text{相}} = \dfrac{S_{\text{高}}}{\sqrt{3}U_{\text{线}}} = \dfrac{10\,000}{\sqrt{3} \times 121} \approx 47.72 \text{（A）}$$

$$中压侧U_{相}=\frac{U_{线}}{\sqrt{3}}=\frac{38.5}{\sqrt{3}}\approx22.23（kV）$$

$$I_{线}=I_{相}=\frac{S_{中}}{\sqrt{3}U_{线}}=\frac{5000}{\sqrt{3}\times38.5}\approx74.98（A）$$

$$低压侧U_{相}=U_{线}=11（kV）$$

$$I_{线}=\frac{S_{线}}{\sqrt{3}U_{线}}=\frac{10\,000}{\sqrt{3}\times11}\approx524.88（A）$$

$$I_{相}=\frac{I_{线}}{\sqrt{3}}=\frac{524.88}{\sqrt{3}}\approx303（A）$$

答：其高压侧约为 69.86kV，中压侧约为 22.23kV，低压侧约为 11kV；电流分别为 47.74A、74.98A、524.88A、303A。

Lb1D2048 某电厂一昼夜发电 1.2×10^6kW·h，此功应有多少热量转化而来？（不计能量损失）

解：1kW·h$=3.6\times10^3$ kJ

$Q=3.6\times10^3\times1.2\times10^6=4.32\times10^9$kJ

答：此功应有 4.32×10^9kJ 的热量转化而来。

Lb1D2049 在蒸汽机里，新蒸汽的温度为 227℃，排汽温度为 100℃，按卡诺循环计算热效率为多少？

解：已知：$T_1=227+273=500（K）$

$T_2=100+273=373（K）$

$$\eta_{卡}=1-\frac{T_2}{T_1}=1-\frac{373}{500}=25.4\%$$

答：热效率为 25.4%。

Lb1D2050 已知电容器的电容为 0.159μF，接在电源电压为 100V、频率为 1kHz 的电路中，求该电路的电流和无功功率各是多少？

解： $X_c = \dfrac{1}{2\pi f c} = \dfrac{1}{2 \times 3.14 \times 1000 \times 0.159 \times 10^{-6}} = 1000$（Ω）

$$I_c = \dfrac{U}{X_c} = \dfrac{100}{1000} = 0.1$（A）$$

$$Q_c = I_c^2 X_c = 0.1^2 \times 1000 = 10$（var）$$

答： 其电流是 0.1A，无功功率为 10var。

Lb1D3051 汽体流经管道，流速为 20m/s，比体积为 0.6m³/kg，流量为 2kg/s。求：管道的截面积。

解： 已知 c=20m/s，v=0.6m³/kg，m=2kg/s

由连续方程式

$$m = f \cdot c/v$$

得 $f = m \cdot v/c = 2 \times 0.6/20 = 0.06$（m²）$= 600$cm²

答： 管道的截面积 600cm²。

Lb1D3052 锅壁厚度为 δ_1=6mm，锅壁的导热系数 λ_1=200kJ/（m·℃），内表面黏附着一层厚度为 δ_2=1mm 的水垢，水垢的导热系数为 λ_2=4kJ/（m·℃），已知锅壁外表温度为 t_1=250℃，水垢内表面温度 t_3=200℃，求通过锅壁的热流量以及钢板同水垢接触面上的温度。

解：

$$q = \dfrac{t_1 - t_3}{\dfrac{\delta_1}{\lambda_1} + \dfrac{\delta_2}{\lambda_2}} = \dfrac{250 - 200}{\dfrac{0.006}{200} + \dfrac{0.001}{4}}$$

$$= \dfrac{50}{0.000\,03 + 0.000\,25} = \dfrac{50}{0.000\,28}$$

$$= 1.786 \times 10^5 \, \text{kJ/（m}^2 \cdot \text{h）}$$

因为

$$q = \dfrac{t_1 - t_2}{\dfrac{\delta_1}{\delta_2}}$$

所以 $\quad\quad\quad t_2 = t_1 - q\dfrac{\delta_1}{\lambda_1}$

$$= 250 - 1.786 \times 10^5 \times \dfrac{0.006}{200}$$

$$= 250 - 5.358$$

$$= 244.6 \ (^\circ\text{C})$$

答：通过锅壁的热流量是 $1.786 \times 10^6 \text{kJ}/(\text{m}^2 \cdot \text{h})$ 锅壁同水垢接触面上的温度是 244.6℃。

Lb1D3053 电动机功率 P 为 10kW，电压 U 为 240V，功率因数为 0.6，频率为 50Hz，欲把功率因数提高为 0.9，求与电动机并联的电容。

解：$\quad\quad\quad\quad \cos\varphi = 0.6$

$$I = \dfrac{P}{U\cos\varphi} = \dfrac{10 \times 10^3}{240 \times 0.6} = 69 \ (\text{A})$$

$$\cos\varphi = 0.6; \quad \varphi = 53° \ 10'; \quad \sin\varphi = 0.8$$

电动机无功电流

$$I_L = I\sin\varphi = 69 \times 0.8 = 55.2 \ (\text{A})$$

若将电容器与电动机并联来提高功率因数：

$$\cos\varphi = 0.9; \quad \sin\varphi = \sqrt{1 - 0.9^2} = 0.436$$

$$I' = \dfrac{P}{U\cos\varphi} = \dfrac{10 \times 10^3}{240 \times 0.9} = 46.3 \ (\text{A})$$

$$I'_L = I'\sin\varphi = 46.3 \times 0.436 = 20.2 \ (\text{A})$$

电容器接入后：

$$I_C = I_L - I'_L = 55.2 - 20.2 = 35 \ (\text{A})$$

$$X_C = \dfrac{U}{I_C} = \dfrac{240}{35} = 6.86 \ (\Omega)$$

$$X_C = \dfrac{1}{\omega C}$$

$$C = \frac{1}{X_c \omega} = \frac{1}{6.86 \times 2\pi \times 50} = 0.000\ 46\ （F）$$

答：其并联电容为 0.000 46F。

Lb1D3054 有一只日光灯和一只白炽灯并接在电源（频率 50Hz、电压 220V）上，如下图所示。日光灯额定电压 220V，功率 40W，功率因数 0.5，白炽灯额定电压 220V，功率 60W，试求该电路的总电流和功率因数各是多少？

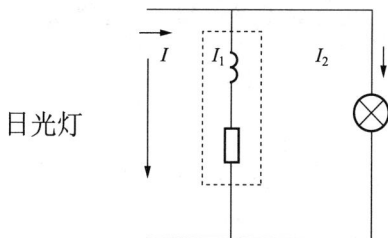

解：根据公式 $P = UI\cos\varphi$，则：

通过日光灯的电流：

$$I_1 = \frac{P_1}{U_1 \cos\varphi} = \frac{40}{220 \times 0.5} \approx 0.363\ （A）$$

其中含有有功电流和无功电流，通过白炽灯的电流为：

$$I_2 = \frac{P}{U_2} = \frac{60}{220} \approx 0.272\ （A）$$

电路的总电流：

$$I = \sqrt{(I_1 \cos\varphi_1 + I_2)^2 + I_1 \sin\varphi_1}$$

$$= \sqrt{(0.363 \times 0.5 + 0.272)^2 + (0.363 \times 0.866)^2} \approx 0.552\ （A）$$

总电流 I 与电压 U 之间的相位角：

$$\varphi = \arctan\frac{I_1 \sin\varphi_1}{I_1 \cos\varphi_1 + I_2} = \arctan\frac{0.363 \times 0.866}{0.363 \times 0.5 + 0.272} = 34.7°$$

整个电路的功率因数为：$\cos 34.7° = 0.822$

答：其总电流为 0.552A，功率因数为 0.822。

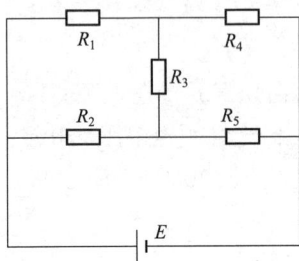

Lb1D3055 电桥电路如下图所示，已知 E 为 2.2V，R_1 为 10Ω，R_2 为 30Ω，R_3 为 60Ω，R_4 为 4Ω，R_5 为 22Ω，求电桥总电流是多少。

解：将 R_1、R_2、R_3（R_3、R_4、R_5）组成的三角形，用 △–Y 等效变换公式变换成等效星形，其电阻为：

$$R_{12} = \frac{R_1 R_2}{R_1 + R_2 + R_3} = \frac{10 \times 30}{10 + 30 + 60} = 3 \text{（}\Omega\text{）}$$

$$R_{13} = \frac{R_1 R_3}{R_1 + R_2 + R_3} = \frac{10 \times 60}{10 + 30 + 60} = 6 \text{（}\Omega\text{）}$$

$$R_{23} = \frac{R_2 R_3}{R_1 + R_2 + R_3} = \frac{30 \times 60}{10 + 30 + 60} = 18 \text{（}\Omega\text{）}$$

$$R_1' = R_{23} + R_5 = 18 + 22 = 40 \text{（}\Omega\text{）}$$

$$R_2' = R_{13} + R_4 = 6 + 4 = 10 \text{（}\Omega\text{）}$$

$$R_3' = \frac{R_1' R_2'}{R_1' + R_2'} = \frac{40 \times 10}{40 + 10} = 8 \text{（}\Omega\text{）}$$

$$R_{总} = R_{12} + R_3' = 3 + 8 = 11 \text{（}\Omega\text{）}$$

$$\text{总电流为} I = \frac{E}{R_{总}} = \frac{2.2}{11} = 0.2 \text{（A）}$$

答：总电流为 0.2A。

Lb1D3056 已知锅炉需要供水量为 300t/h，给水流速是 3m/s，计算中不考虑其他因素，试问应当选择管子的直径是多少？

解：根据：$Q = F \cdot S$

其中：$Q = \dfrac{300\text{m}^3}{3600\text{s}} = 0.083\,3\text{m}^3/\text{s}$

$$S = 3\text{m/s}$$

$$F = \frac{Q}{S} = \frac{0.083\,3}{3} = 0.027\,8\text{m}^2$$

其中：$F = \dfrac{\pi D^2}{4} = 0.027\,8\text{m}^2$

$$D = \sqrt{\frac{0.027\,8}{\pi} \times 4} = 0.188\,(\text{m}) = 188\text{mm}$$

答：应当选择管子的内径为 188mm。

Lb1D3057　有两台变压器额定电压相同，S_{e1} 为 1000kV·A，U_{d1} 为 5.5%，S_{e2} 为 1000kV·A，U_{d2} 为 6.5%，确定并联运行时负载分配情况（通过计算说明）。

解：假定所带负荷为两台变压器容量之和，即：

$$\sum S = S_{e1} + S_{e2} = 1000 + 1000 = 2000\,(\text{kV} \cdot \text{A})$$

则：

$$K = \frac{2000}{\dfrac{1000}{5.5} + \dfrac{1000}{6.5}} = 5.95$$

$$K_{z1} = \frac{5.95}{5.5} = 1.08$$

$$K_{z2} = \frac{5.95}{6.5} = 0.92$$

答：变压器 1 过载 8% 时，变压器 2 欠载 8%。

Lb1D5058　一水泵吸水管上有一个铸造的 90° 的弯头，吸水管直径 $d=100\text{mm}$，当流量 Q 为 $0.02\text{m}^3/\text{s}$ 时，吸水管的局部阻力损失是多少？

解：吸水管的截面积：$A = \dfrac{\pi d^2}{4} = \dfrac{3.14 \times 0.1^2}{4} = 0.007\,85\,(\text{m}^2)$

因为：$Q = sv$

所以：$s = \dfrac{Q}{A} = \dfrac{0.02}{0.00785} = 2.55$（m/s）

则局部阻力损失

$$h_f = \xi \frac{v^2}{2} p = 0.43 \times \frac{2.55^2}{2} \times 1000 = 1398（\text{Pa}）$$

答：吸水管的局部阻力损失是 1398Pa。

Lc4D1059　某汽轮机额定工况下的低压缸排汽量为 600t/h，凝汽器的冷却水量为 40 000t/h，求循环水的冷却倍率是多少？

解：进入凝汽器的汽量　　D_1=600t/h

凝汽器的冷却水量　　　　D_2=40 000t/h

凝汽器的循环倍率　　　　$m = \dfrac{D_2}{D_1}$

则　　　　　　　　　　　$m = \dfrac{40\,000}{600} = 67$

答：循环水的冷却倍率是 67。

Lc4D1060　已知高加在给水流量 900t/h，高加进汽压力为 5.0MPa，温度 t=495℃，高加每小时所需要的抽汽量为 38.12t，高加进水温度 t_1=230℃。已知：抽汽焓 h_1=3424.15kJ/kg，凝结水焓 h_2=1151.15kJ/kg。求高加出水温度 t_2？

解：蒸汽放出的热量为 $Q_汽 = G_汽(h_1 - h_2)$

水吸收的热量为 $Q_水 = G_水 C_水(t_2 - t_1)$，$C_水$=4.186kJ/（kg·℃）

根据题意：$Q_汽 = Q_水$，即 $G_汽(h_1 - h_2) = G_水 C_水(t_2 - t_1)$

$t_2 = G_汽(h_1 - h_2)/G_水 C_水 + t_1$

$= 38.12 \times (3424.15 - 1151.15)/(900 \times 4.186) + 230 = 253$（℃）

答：高加出水温度为 253℃。

Lc4D1061 已知，循环水进口温度为 25℃，循环水温升为 10℃，凝结器的端差为 7℃。求凝结器的排汽温度。

解：$t_\delta=7℃$，$t_{w1}=25℃$，$\Delta t=10℃$。且 $t_排=t_{w1}+\Delta t+t_\delta$

$$t_排=t_{w1}+\Delta t+t_\delta$$
$$=25+10+7=42（℃）$$

答：凝结器的排汽温度为 42℃。

Lc4D1062 某 60 万 kW 机组，汽轮机热耗率为 $q=7.8$kJ/（kW·h），发电机组煤耗率 $b=283$g/（kW·h）（不计算管道损失），试计算锅炉效率 η 和锅炉燃煤量 B。（煤的发热量 $Q_{net,ar}$ 为 23.45MJ/kg）

解：（1）锅炉效率：

据 $b=\dfrac{q}{29.3\eta}$

得 $\eta=\dfrac{q}{29.3b}\times100\%=\dfrac{7.8}{29.3\times0.283}\times100\%=94\%$

（2）燃煤量：

据 $B=\dfrac{29.3Nb}{Q_{net,ar}}$

$=\dfrac{29.3\times600\,000\times0.283}{23.45}$

$=212\,159.48（kg/h）$

$=212.2t/h$

答：锅炉的效率为 94%，燃煤量为 212.2t/h。

Lc4D1063 某台 600MW 机组，锅炉燃煤的低位发热量 $Q_{ar,net}=22\,500$kJ/kg，其中 41%变为电能，试求锅炉每天烧煤量。（1kW·h=860×4.186 8=3600kJ）

解：$B=P\times3600\times24/Q_{ar·net}\times0.41$

$=600\,000\times3600\times24/22\,500\times0.41$

$$=5\ 619\ 512.2\ (\text{kg})$$
$$\approx 5620\text{t}$$

答：锅炉每天烧煤 5620t。

Lc4D1064　某台 600MW 发电机组年可用时间为 6500h，要求平均无故障可用小时达到 2500h，求最多强迫停运多少次？

解：强迫停运次数=可用小时/平均无故障可用小时=6500/2500=2.6≈3

答：最多强迫停运 3 次。

Lc3D3065　已知某煤的元素分析数据如下：C_y=60%，H_y=3%，O_y=5%，N_y=1%，S_y=1%，A_y=20%，W_y=10%，求该煤的理论空气量 V_k^0 为多少？

解：V_k^0 =0.889（C_y+0.375S_y）+0.265H_y–0.033 3O_y
$\qquad$=0.889×(60+0.375×1)+0.265×3–0.033 3×5
$\qquad$=5.996（m^3/kg）

答：该煤的理论空气量 V_k^0 为 5.996m^3/kg。

Lc2D4066　已知某煤的 H_y=3%，W_y=10%，其燃烧的理论空气量为 6m^3/kg，用焓为 10g/kg 的空气，试求烟气中的理论蒸汽容积。

解：V_{H_2O} = 0.111×H_y+0.012 4×W_y+0.016 1V_0
$\qquad$= 0.111×3+0.012 4×10+0.016 1×6
$\qquad$= 0.553 6（m^3/kg）

答：烟气中的理论蒸汽容积为 0.553 6m^3/kg。

Lc2D5067　已知煤的应用基成分为：C_y=56.22%，H_y=2.15%，O_y=2.75%，N_y=0.88%，SVR=4%，A_y=26%，W_y=7%，试计算高、低位发热量。

解：
$$Q_{gr}=81C_y+300H_y-26(O_y-SVR)$$
$$=81\times56.22+300\times3.15-26(2.75-4)$$
$$=5536.32\text{（kcal/kg）}$$
$$=23\ 158.5\text{kJ/kg}$$
$$Q_{net}=Q_{yg}-54H_y-6W_y$$
$$=5536.32-54\times3.15-6\times7$$
$$=5319.22\text{（kcal/kg）}$$
$$=22\ 270.5\text{（kJ/kg）}$$

答：该煤种的高位发热量为 23 158.5kJ/kg，低位发热量为22 270.5kJ/kg。

Lc2D5068 某台送风机在介质温度为 20℃，大气压力为 760mmHg 的条件下工作时，出力 $Q=292\ 000\text{m}^3\text{/h}$，全风压 p 为 524mmH₂O，这台风机的有效功率是多少？

解：$1\text{mmH}_2\text{O}=9.806\ 65\text{Pa}=9.806\ 65\times10^{-3}\text{kPa}$
$P=Qp/3600=(292\ 000\times524\times9.806\ 65\times10^{-3})/3600=417\text{（kW）}$
答：这台风机的有效功率是 417kW。

Lc2D5069 已知除氧器水箱的水温度 t 为 165℃（$\rho g=9319.5\ \text{N/m}^3$），为了避免产生沸腾现象，水箱自由表面上的蒸汽压力为 $p_0=1.41\times10^5\text{Pa}$，除氧器中水面比水泵入口高 10m，求给水泵入口处水的静压力。

解：根据液体静力学基本方程式
$$p=p_0+\rho gh$$
$$=1.41\times10^5+9319.5\times10$$
$$=2.469\times10^5\text{（Pa）}$$
答：给水泵入口处水的静压力为 $2.469\times10^5\text{Pa}$。

Lc1D2070 汽轮机的（额定转速为 3000r/min）末级叶轮的平均直径 2.0m，其喷嘴出口速度（动叶入口速度）为 650m/s。

求：该动叶的速度比。

解：$d_b=2m$，$n=3000r/min$，$c_1=650m/s$

动叶的圆周速度 $u=\pi d_b n/60=3.14\times2\times3000/60=314$（m/s）

速度比 $x_1=u/c_1=314/650=0.48$

答：速度比为 0.48。

Lc1D3071 已知作用于电感线圈上的交流电压有效值为 100V，线圈电感为 100mH，电压频率为 50Hz，试求线圈电流瞬时值表达式。

解：根据感抗公式：$X_L=2\pi fL$

则电感线圈的感抗为：$X_L=2\times3.14\times50\times100\times10^{-3}$

$$=31.4（\Omega）$$

电感线圈通过的电流有效值为：

$I_L=\dfrac{U}{Z}=\dfrac{100}{31.4}=3.18$（A），且落后电压 $90°$

以电压为参考相量，$I_m=\sqrt{2}I$，$\varphi_i=-90°$

答：通过电感线圈电流瞬时值表达式为 $i=\sqrt{2}\cdot3.18\sin(314t-90°)$。

Lc1D3072 两台 100kV·A 变压器，已知 $U_K\%$ 为 5，I_n 为 145A，一台接线方式为 Y，y12，一台接线方式为 Y，d11，求环流电流。

解：环流公式 $I_{环}=\dfrac{2\sin\dfrac{\alpha}{2}}{\dfrac{2U_K\%}{I_n\times100}}$ 其中式中 α 为 $30°$

则：

$$I_{环}=\dfrac{2\sin\dfrac{30°}{2}}{\dfrac{2\times5}{145\times100}}=750（A）$$

答：其环流电流为 750A。

Lc1D5073 冷油器的冷却水管外径为 159mm，壁厚为 4.5mm，冷却水流量为 150t/h。求水的流速。

解：冷却水管外径=159mm，壁厚为 4.5mm，冷却水流量为 150t/h=150m³/h。

则冷却水管的流通面积为：

$F=\pi(159-4.5\times2)^2/4=3.14\times0.15/4=0.017\ 7$（m²）

冷却水速度：

$v=150/(0.017\ 7\times3600)=2.35$（m/s）

答：冷却水流速为 2.35m/s。

Ld1D2074 一次风管的直径为 ϕ300mm，测得风速为 23m/s，试计算其通风量。

解：根据 $Q=v_S$，$S=\dfrac{\pi D^2}{4}$

$$Q=23\times\frac{3.14\times0.03^2}{4}\times3600=5852.8$$（m³/h）

答：其通风量为 5852.8m³/h。

Jb1D2075 有一台 J04–42–4 三相异步电动机，功率为 5.5kW，接入电源电压380V，测得电流11.3A、转速为 1440r/min，采用三角形连接，功率因数为 0.86，求在额定工况下电动机的效率及转矩各为多少？

解：根据公式 $\eta=\dfrac{P_e}{P_入}\times100\%$，$P_e=5.5$（kW）

$$P_入=\sqrt{3}U_线I_线\cos\varphi=\sqrt{3}\times380\times11.3\times0.86\times103$$
$$\approx6.4$$（kW）

额定工况下电动机的效率为：$\eta=\dfrac{5.5}{6.4}\times100\%=86\%$

根据电动机在额定工况下的额定输入转矩公式：

$$M_e = 975 \times \frac{P_e}{N_e} = 975 \times \frac{5.5}{1440} = 3.7$$

答：其电动机效率为 86%，转矩为 3.7。

Jb1D2076 某台水泵的体积流量为 50m³/s，扬程为 5m。水的密度是 1000kg/m³，重力加速度为 10m/s²。求该泵的有效功率。

解：根据泵的有效功率计算公式得：

P_e=1000×5×10×50=2500（kW）

答：有效功率为 2500kW。

Jb1D2077 某汽轮发电机额定功率为 30 万 kW，求 1 个月（30 天）内该机组的发电量为多少？

解：已知 P=20×10⁴kW；t=24×30=720h

W=P·t=20×10⁴×720=1.44×10⁸（kW·h）

答：该机组 1 个月（30 天）内发电量为 1.44×10⁸kW·h。

Jb1D3078 有一台 100kV·A、10/0.4kV 的变压器，空载损耗 P_0 为 0.6kW、短路损耗 P_D 为 2.4kW，感性负载功率因数为 0.8，当变压器二次负荷 P_2 为 40kW 和 P_2 为 80kW 时，变压器效率各是多少？（负荷系数公式为 $\beta = S / S_e$）

解：当变压器负载 P_2=40kW 时：

负载系数 $\beta = \dfrac{S_2}{S_e} = \dfrac{P_2 / \cos\varphi}{S_e} = \dfrac{40/0.8}{100} = \dfrac{1}{2}$

变压器铜损 $P_T = \beta^2 P_D = (1/2)^2 \times 2.4 = 0.6$（kW）

变压器的效率：

$$\eta = \frac{P_2 \times 100\%}{P_2 + P_0 + P_T} = \frac{40}{40 + 0.6 + 0.6} \times 100\% = 97.1\%$$

当变压器负载 P_2=80kW 时：负载系数 $\beta = \dfrac{80/0.8}{100} = 1$

变压器铜损：$P_T = \beta^2 P_D = 1 \times 2.4 = 2.4$（kW）

变压器的效率：

$$\eta = \frac{P_2}{P_2 + P_0 + P_T} \times 100\% = \frac{80}{80 + 0.6 + 2.4} \times 100\% = 96.4\%$$

答：变压器效率分别为 97.1%、96.4%。

Jb1D3079 已知某循环泵出口水压为 0.29MPa，流量为 8500m^3/h，效率为 72%。求轴功率、有效功率。

解：H=0.29MPa=3kg/cm^2=30mH$_2$O，Q=8500m^3/h，η=72%，水的密度 γ=1000kg/m^3。

则：$P_{有} = \gamma Q H / 102$

$\quad\quad$ =1000×8500×30/102×3600（流量化成秒单位）

$\quad\quad \approx 695$（kW）

$\quad\quad P_{轴} = P_{有}/\eta = 695/0.72 = 965$（kW）

答：轴功率为 695kW，有效功率为 965kW。

Jd3D3080 某电厂的各项效率如下：锅炉热效率 η_{gl}=92%，管道效率 η_{gd}=99%，汽轮机内效率 η_{oi}=86.5%，汽轮机机械效率 η_j=98%，凝汽器效率 η_t=45%，发电机效率 η_d=98%，试求该厂毛效率 η_{ndc}。

解：由 $\eta_{ndc} = \eta_{gl} \eta_{gd} \eta_{oi} \eta_j \eta_t \eta_d$

$\quad\quad\quad$ =0.92×0.99×0.865×0.98×0.45×0.98=0.34=34%

答：该厂毛效率为 34%。

Jd3D4081 某凝汽式发电厂发电机的有功负荷为 600MW，锅炉的燃煤量为 247.7t/h，燃煤的低位发热量为 Q_{net}=20 900kJ/kg，试求该发电厂的效率。

解：发电厂锅炉热量 $Q_{gl} = B Q_{net} = 2.09 \times 10^4 \times 247.7 \times 10^3 = 5.176\ 93 \times 10^9$（kJ/h）

发电厂输出的热量 $Q_0=P\times 3.6\times 10^3=600\times 10^3\times 3.6\times 10^3=2.16\times 10^9$（kJ/h）

$$\eta=\frac{Q_0}{Q_{q1}}=\frac{2.16\times 10^9}{5.176\ 93\times 10^9}=0.417=41.7\%$$

答：该发电厂的效率 41.7%。

Jd3D4082 某锅炉蒸发量为130t/h，给水焓 h_1 为728kJ/kg，过热蒸汽焓 h_2 为3332kJ/kg，锅炉的燃料量为 16 346kg/h，燃料的低位发热量为 22 676kJ/kg，试求锅炉效率？

解：锅炉输入热量 $Q_i=BQ_{net.ar}=16\ 346\times 22\ 676=3.7\times 10^8$（kJ/h）

锅炉输出热量 $Q_0=D(h_{gr}-h_{gs})=130\ 000\times(3332-728)=3.39\times 10^8$（kJ/h）

$$锅炉效率\ \eta=\frac{Q_0}{Q_i}\times 100\%=\frac{3.39\times 10^8}{3.7\times 10^8}\times 100\%=91.62\%$$

答：该锅炉的效率为 91.62%。

Jd3D4083 已知负载电压 $U=100e^{j36.9°}$，复阻抗 $Z=4+j3\Omega$，求负载中的电流是多少？

解：根据欧姆定律，负载中的电流为

$$I=U/Z=100e^{j36.9°}/(4+j3)=20e^{j0°}$$

答：负载电流为 $20e^{j0°}$。

Jd3D4084 某炉的额定蒸发量 $D=670t/h$，锅炉热效率 $\eta_r=92.2\%$，燃煤量 $B=98t/h$，煤的低位发热量 $Q_{net}=5000\times 4.186$kJ/kg，制粉系统单耗 $P_{zh}=27$kW·h/t 煤，引风机单耗 $P_y=2.4$kW·h/t 汽，送风机单耗 $P_s=3.5$kW·h/t 汽，给水泵单耗 $P_j=8$kW·h/t，求该炉的净效率（标准煤耗 $b=350$g/kW·h）？

解：（1）锅炉辅机每小时总耗电量为

$$\sum P = D(P_y + P_s + P_j) + BP_{zh} = 670 \times (2.4 + 3.5 + 8) + 98 \times 27$$
$$= 9313 + 2646 = 11\,959\ (kW \cdot h)$$

（2）辅机耗电损失率

$$\Delta\eta = [(7000 \times 4.186 \times \sum P \cdot b \times 10^{-3})/(B \cdot Q_{net} \times 10^3)] \times 100\%$$
$$= [(7000 \times 4.186 \times 11\,959 \times 350 \times 10^{-3})/$$
$$(98 \times 5000 \times 4.186 \times 10^3)] \times 100\%$$
$$= 5.979\,5\%$$

（3）净效率

$$\eta = 92.2\% - 5.979\,5\% = 86.22\%$$

答：该炉的净效率为 86.22%。

Jd3D4085 星行连接的三相电动机，运行时功率因数为 0.8，若该电动机的相电压 U_{ph} 是 220V，线电流 I_L 为 10A，求该电动机的有功功率和无功功率各是多少？

解： 电动机线电压

$$U_L = \sqrt{3}\,U_{ph} = 1.732 \times 220 \approx 380\ (V)$$

电动机的有功功率

$$P = \sqrt{3}\,U_L I_L \cos\varphi = 1.732 \times 380 \times 10 \times 0.8 \times 10^3 \approx 5.3\ (kW)$$

功率因数角

$$\varphi = \arccos 0.8 = 36.9°$$

电动机的无功功率

$$Q = \sqrt{3}\,U_L I_L \sin\varphi = 1.732 \times 380 \times 10 \times \sin 36.9°$$
$$= 4000\ (var) = 4\ (kvar)$$

答： 电动机的有功功率为 5.3kW，电动机的无功功率为 4kvar。

Jd3D5086 某一理想的朗肯循环，给水压力 4.41MPa，给水温度 172℃，过热汽压 3.92MPa，汽温 450℃，排汽压力

p_0=0.005 5MPa，试求循环效率η_t。已知给水焓$\overline{h_{gs}}$=728kJ/kg，蒸汽焓h_0=3332kJ/kg，凝结水焓$\overline{h_n}$=144.91kJ/kg，排汽焓h_{na}=2130kJ/kg。

解：单位工质总吸热为q_1

$$q_1=(h_0-\overline{h_{gs}})$$

循环有效热q_2

$$q_2=(h_0-h_{na})-(\overline{h_{gs}}-\overline{h_n})$$

$$\eta_t=\frac{q_2}{q_1}=\frac{(h_0-h_{na})-(\overline{h_{gs}}-\overline{h_n})}{h_0-\overline{h_{gs}}}$$

$$=\frac{(3332-2130)-(728-144.91)}{3332-728}=23.77\%$$

答：该循环效率为23.77%。

Jd3D5087 某台锅炉的排烟温度t_{py}=135℃，冷风t_f=20℃，排烟过量空气系数α_{py}=1.35，飞灰及炉渣中可燃物均为C_{hz}=3.7%，煤的发热量Q_d=4800kcal/kg，灰分A_y=27%，煤种函数K_1=3.45，K_2=0.56，试计算锅炉的排烟损失q_2和机械不完全燃烧损失q_4？

解：排烟损失q_2

$$q_2=(K_1\alpha+K_2)\times\frac{t_{py}-t_f}{100}\%=(3.45\times1.35+0.56)\times\frac{135-20}{100}\%$$

$$=6.14\%$$

机械不完全燃烧损失q_4：

$$q_4=\frac{7850\times4.18A_y}{4.18\times Q_d}\cdot\frac{C_{hz}}{100-C_{hz}}\%$$

$$=\frac{7850\times4.18\times27}{4.18\times4800}\times\frac{3.7}{100-3.7}\%=1.7\%$$

答：锅炉的排烟损失q_2为6.14%，机械不完全燃烧损失q_4为1.7%。

Jd2D3088 1kg 蒸汽在锅炉中吸热 q_1=2.51×10³kJ/kg，蒸汽通过汽轮机做功后在凝汽器中放出热量 q_2=2.09×10³kJ/kg，蒸汽流量为440t/h，如果做的功全部用来发电，问每天能发多少电？（不考虑其他能量损失）

解：q_1=2.51×10³kJ/kg

q_2=2.09×10³kJ/kg

G=440t/h=4.4×10⁵kg/h

$(q_1-q_2)G$=(2.51−2.09)×4.4×10⁸=1.848×10⁸（kJ/h）

1kJ=2.78×10⁻⁴kWh

每天发电量 W=2.78×1.848×10⁴×24=1.23×10⁶（kWh）

答：每天能发 1.23×10⁶kWh 的电。

Jd2D3089 已知某 EH 冷油器入口温度 t 为 55℃，出品油温 $t_{出}$ 为 40℃时油的流量 W 为 25t/h，如冷油器出、入口水温分别为31℃和25℃时，求所需冷却水量 W 为多少？［已知油的比热 C_p = 1.988 7kJ/（kg·℃），水的比热 C_{H_2O} = 4.187kJ/（kg·℃）］

解：油每小时的放热量为

Q=(55−40)×25×10³×1.988 7=745.762 5（kJ/h）

所需冷却水量为

$$W = \frac{Q}{(\Delta tC)} = \frac{745.762\ 5}{[(31-25)\times 4.187]} = 29\ 686.63（kg/h）\approx 29.69t/h$$

答：冷油器所需冷却水量为29.69t/h。

Jd2D3090 某电厂供电煤耗 b_0=373g/（kW·h），厂用电率为Δn=7.6%，汽轮机热耗 q=2200×4.18kJ/（kW·h），试计算发电煤耗及发电厂总效率。

解：发电煤耗 b_1=b_0(1−Δn)=373×(1−0.076)=344.7g/（kW·h）

全厂总效率 η =36 004.186 8×7000b_0×100%

=36 004.186 8×7000×0.373×100%=32.93%

答：发电煤耗为344.7g/（kW·h），总效率为32.93%。

Jd2D3091 某厂一台 12 000kW 机组带额定负荷运行，由一台循泵增加至两台循泵运行，凝汽器真空率由 H_1=90%上升至 H_2=95%。增加一台循泵运行，多消耗电功率 N=150kW。试计算这种运行方式的实际效益（在各方面运行条件不变的情况下，凝汽器真空率每变化 1%，机组效益变化 1%）。

解：凝汽器真空上升率为 $\Delta H = H_2 - H_1 = 0.95 - 0.9 = 0.05$。

机组提高的效益为 $\Delta N = N\Delta H = 12\ 000 \times 0.05 = 600$（kW）

增加一台循泵运行后的效益为 $\Delta N - N = 600 - 150 = 450$（kW）

答：这种运行方式的实际效益为 450kW。

Jd2D3092 现有一台离心式风机。测得入口静压力为 -300Pa，入口动压为 400Pa；出口静压力为 600Pa，出口动压为 500Pa，出口测点处的风道截面 A 为 1.5m^2，风速 c 为 20m/s。已知风机轴功率为 100kW，求风机效率。

解： $p_S = 600 - (-300) = 900$（Pa）

$$p_d = 500 - 400 = 100 \quad \text{（Pa）}$$

$$p_{全压力} = p_S + p_d = 900 + 100 = 1000 \quad \text{（Pa）}$$

气体每秒流量 $Q = AC = 1.5 \times 20 = 30$（m^3/s）

$$P_{有效} = 1000 \times 30 = 30\ 000\text{W} = 30 \quad \text{（kW）}$$

$$\eta = P_{有效} / P_{轴} = 30 / 100 = 30\%$$

答：风机效率为 30%。

Jd2D3093 某三相对称电路，线电压为 380V，三相对称负载接成星形，每相负载为 R=6Ω，感抗 X_L=8Ω，求每相电流及负载消耗的总功率。

解：相阻抗：$Z = \sqrt{R^2 + X_L^2} = \sqrt{8^2 + 6^2} = 10$（Ω）

相电流：$I_\phi = U_\phi / Z = \dfrac{380/\sqrt{3}}{10} = 22$（A）

视在总功率：$S = 3U_\phi I_\phi = 3 \times 220 \times 22 = 14.52$（kV·A）

总有功功率：$P = 3 I_\phi^2 R = 3 \times 22^2 \times 6 = 8712$（W）$= 8.712$kW

答：相电流为 22A，视在总率为 14.52kV·A，总有功功率为 8.712kW。

Jd2D3094 300MW 机组的发电机，$U_N = 18$kV，$\cos\varphi_N = 0.85$，$f_N = 50$Hz，试求：（1）发电机的额定电流；（2）发电机在额定运行时能发多少有功和无功功率？

解：（1）额定电流 $I_N = \dfrac{P_N}{\sqrt{3}U_N \cos\varphi_N} = \dfrac{300 \times 10^6}{\sqrt{3} \times 18 \times 10^3 \times 0.85}$
$= 11\,320$（A）

（2）额定功率因数角 $\varphi_N = \arccos 0.85 = 31.79°$

有功功率 $P_N = 300$MW

无功功率 $Q = P_N \tan\varphi_N = 300 \times \tan 31.79° = 186$Mvar

答：发电机的额定电流为 11 320A。发电机额定运行时有功、无功功率分别为 300MW、186Mvar。

Jd1D3095 某电厂的一台给水泵的效率 $\eta_1 = 0.65$，原动机的备用系数 $K = 1.05$，原动机的传动效率 $\eta_2 = 0.98$，已知该泵的流量 $Q = 235 \times 10^3$kg/h，扬程 $H = 1300$m。试确定原动机的容量。

解：给水泵的轴功率

$N = rQH/(1000\eta_1)$
$= 9.8 \times 235 \times 10^3 \times 1300/(1000 \times 0.65 \times 3600)$
≈ 1279（kW）

原动机容量 $N_0 = KN/\eta_2 = 1.05 \times (1279/0.98) = 1370$（kW）

答：原动机容量为 1370kW。

Jd1D5096 某台机组，在某一工况下，汽轮发电机输出功率 $N = 5 \times 10^4$kW，进入汽轮机的蒸汽量 $D = 190 \times 10^3$kg/h，总抽汽率 $a = 0.2$，新蒸汽焓 $h_0 = 3400$kJ/kg，给水焓 $h_g = 800$kJ/kg。求：（1）汽耗率 d；（2）热耗率 q；（3）总抽汽量 D_1；（4）凝结量

D_2；（5）热效率η。

解：（1）汽耗率$d=D/N=190\times10^3/5\times10^4=3.8$（kg/kWh）

（2）热耗率$q=d\cdot(i_0-i_g)=3.8\times(3400-800)=9880$（kJ/kWh）

（3）总抽汽量$D_1=a\cdot D=0.2\times190\times10^3=38\times10^3$（kg/h）

（4）凝结量$D_2=(1-a)\cdot D=0.8\times190\times10^3=152\times10^3$（kg/h）

（5）热效率$\eta=3600/q=3600/9880=0.36=36\%$

答：汽耗率为 3.8kg/kWh；热耗率为 9880kJ/kWh；总抽汽量为 38×10^3kg/h；凝结量为 152×10^3kg/h；热效率为 36%。

Jd1D5097 某 30 万 kW 机组，汽轮机热耗率为 $q=$ 8.8kJ/（kW·h），发电机组煤耗率 $b=330$g/（kW·h）（不计算管道损失），试计算锅炉效率 η 和锅炉燃煤量 B。（煤的发热量 $Q_{net,ar}$ 为 23.45MJ/kg）

解：（1）锅炉效率：

据：$b=\dfrac{q}{29.3\eta}$

所以 $\eta=\dfrac{q}{29.3b}\times100\%$

$=\dfrac{8.8}{29.3\times0.33}\times100\%$

$=91\%$

（2）煤燃量：

据：$B=\dfrac{29.3Nb}{Q_{net,ar}}$

$=\dfrac{29.3\times300\,000\times0.33}{23.45}$

$=123\,697.23$（kg/h）

$=123.7$t/h

答：锅炉的效率为 91%，燃煤量为 123.7 t/h。

Jd1D3098 已知煤的分析数据如下：C_{ar} 为 56.83%，H_{ar} 为 4.08%，O_{ar} 为 9.63%，N_{ar} 为 0.73%，S_{ar} 为 0.63%，A_{ar} 为 19.1%，M_{ar} 为 8.98%，V_{daf} 为 34.28%，此种煤完全燃烧时的理论空气量是多少？若某锅炉燃用此煤，每小时耗煤量为 100t，炉膛出口氧量 3.5%，所需的实际空气量 V_K 为多少？

解： $V_0 = 0.088\ 9C_{ar} + 0.265H_{ar} + 0.333（S_{ar} - O_{ar}）$

$= 0.889 \times 56.83 + 0.265 \times 4.08 + 0.333 \times（0.63 - 9.63）$

$= 5.834（\mathrm{m^3/kg}）$

$$\partial = \frac{21}{21 - O_2} = \frac{21}{21 - 3.5} = 1.2$$

$V_K = 100\ 000 \times 1.2 \times 5.384 = 7\ 000\ 800（\mathrm{m^3/h}）$

答： 此种煤完全燃烧时的理论空气量为 5.384$\mathrm{m^3/kg}$，该炉每小时所需空气量为 7 000 800$\mathrm{m^3}$。

Je3D4099 某台亚临界通用压力直流锅炉的容量为 1000t/h，试计算其最小启动旁路系统容量。

解： 直流炉启动旁路系统容量 $D_{旁}$=（25～30）%D

所以最小旁路容量为 25%D

则 $D_{旁}$=25%D=25%×1000=250（t/h）

答： 其最小启动旁路系统容量为 250t/h。

Je2D5100 某锅炉的额定蒸发量为 2008t/h，每小时燃煤消耗量为 275.4t，燃煤的应用基低位发热量为 20 525kJ/kg，炉膛容积为 16 607.4$\mathrm{m^3}$，求该炉膛容积热负荷是多少？

解： B=275.4t，Q_{net}=20 525kJ/kg，V=16 607.4$\mathrm{m^3}$

$q_v = BQ_{net}/V = 275\ 400 \times 20\ 525/16\ 607.4$

$= 340.365 \times 10^3 \mathrm{kJ/（m^3 \cdot h）}$

答： 该炉膛容积热负荷是 340.365×10³kJ/（m³·h）。

Je2D4101 某台 300MW 发电机组年运行小时为 4341.48h，强迫停运 346.33h，求该机组的强迫停运率。

解：强迫停运率=强迫停运小时/(运行小时+强迫停运小时)×100%=346.33/(4341.48+346.33)×100%=7.39%

答：该机组强迫停运率为 7.39%。

4.1.5 绘图题

La4E1001 画出一个简单直流电桥原理接线图。

答：如图 E-1 所示。

La2E3002 画出晶体二极管正"与门"电路图及"与门"逻辑图形符号。

答：如图 E-2 所示。

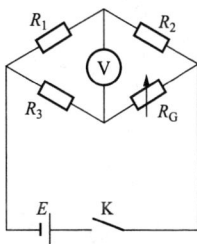

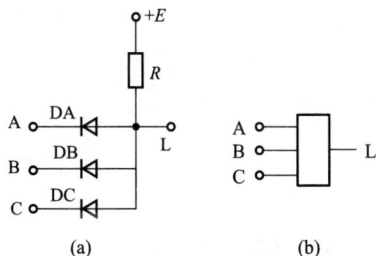

图 E-1   图 E-2

（a）电路图；（b）逻辑符号

Lb4E2003 画出一个继电器的两相差接原理接线图。

答：如图 E-3 所示。

Lb4E2004 画出两个双联开关控制一盏白炽灯的接线图。

答：如图 E-4 所示。

Lb4E3005 画出三相对称电路，中性点直接接地，当发生单相（A）接地短路时相量图。

答：如图 E-5 所示。

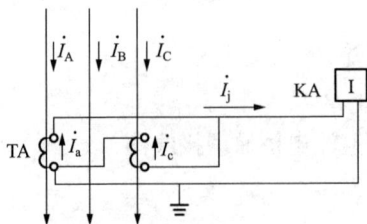

图 E-3

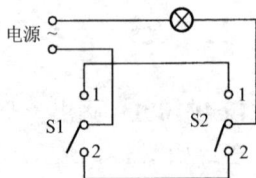

图 E-4

S1，S2—双联开关

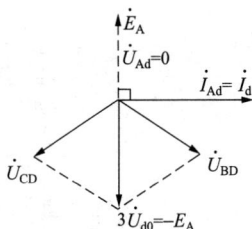

图 E-5

Lb4E3006 画出电阻、电感串联后再与电容并联的交流电路及相量图。

答：如图 E-6 所示。

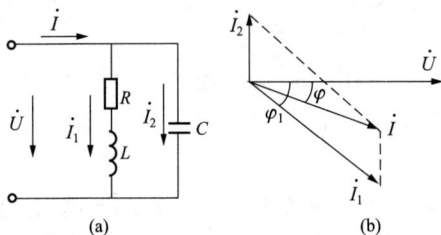

图 E-6

（a）交流电路图；（b）相量图

Lb4E4007 画出单相半波整流波形图。

答：如图 E-7 所示。

148

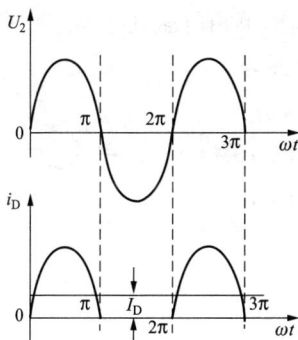

图 E-7

Lb3E2008 画出两相三继电器式的不完全星形原理接线图。

答：如图 E-8 所示。

Lb3E3009 画出双冲量汽温调节系统示意图，并注明设备名称。

答：如图 E-9 所示。

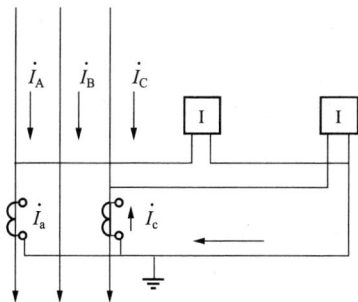

图 E-8

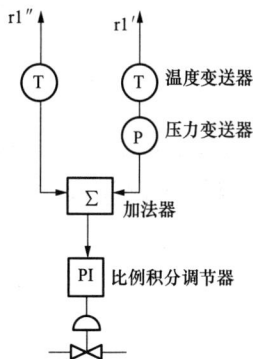

图 E-9

Lb3E3010 画出单相电压互感器接线图。

答： 如图 E-10 所示。

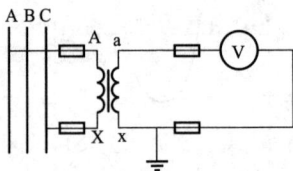

图 E-10

Lb3E5011 画出三相电源与负载采用"三相四线制"连接的电路图。

答： 如图 E-11 所示。

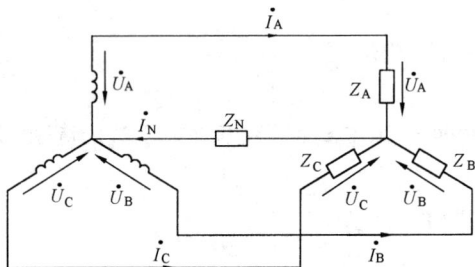

图 E-11

Lb3E5012 画出三相两元件有功功率表接线图。

答： 如图 E-12 所示。

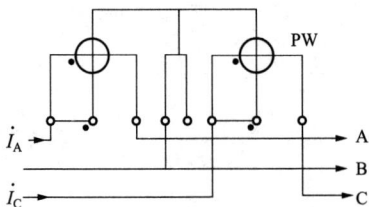

图 E-12

Lb2E2013　画出并列发电机时,由于电压差引起的冲击电流相量图。

答:如图 E-13 所示。

Lb2E2014　画出朗肯循环热力设备系统图。

答:如图 E-14 所示。

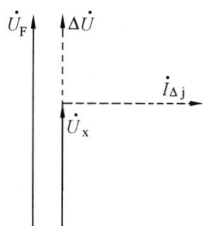

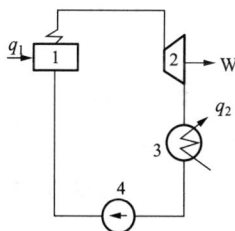

图 E-13　　　　　　图 E-14

1—锅炉；2—汽轮机；3—凝汽器；4—给水泵

Lb2E3015　画出发电机功角特性曲线。

答:如图 E-15 所示。

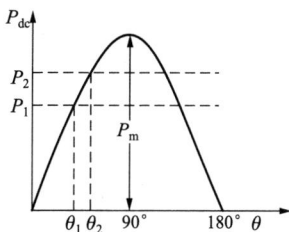

图 E-15

Lb2E4016　画出再热汽温自动调节系统示意图,并注明设备名称。

答:如图 E-16 所示。

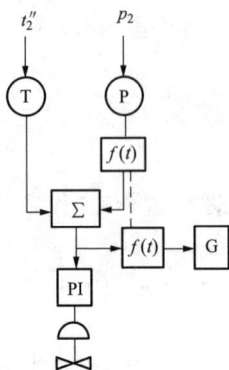

图 E-16

Ⓣ—温度变送器；Ⓟ—压力变送器；$f(t)$—动态补偿器；Σ—加法器；

PI—比例积分调节器；G—过热汽温调节系统

Lb2E4017 画出交、直流两用普通电动机接线图。

答：如图 E-17 所示。

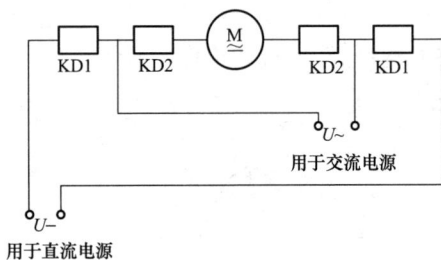

图 E-17

KD—差动继电器

Lb1E3018 画出三冲量自动调节示意图。

答：如图 E-18 所示。

Lb1E3019 画出回热循环设备系统示意图。

答：如图 E-19 所示。

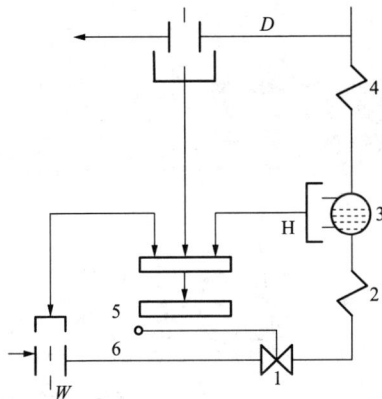

图 E-18

1—给水自动调节网点；2—省煤器；3—汽包；4—过热器；5—调节器；
6—执行器；D—蒸汽流量信号；W—给水流量信号

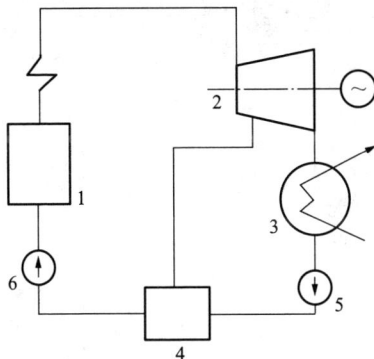

图 E-19

1—锅炉；2—汽轮机；3—凝结器；4—除氧器；5—凝结水泵；6—给水泵

Le4E3020 画出电厂主蒸汽、再热蒸汽及旁路系统图。

答：如图 E-20 所示。

Je4E3021 画出电厂轴封系统图。

答：如图 E-21 所示。

Je4E3022 画出电厂 DC220V 系统图。

答：如图 E-22 所示。

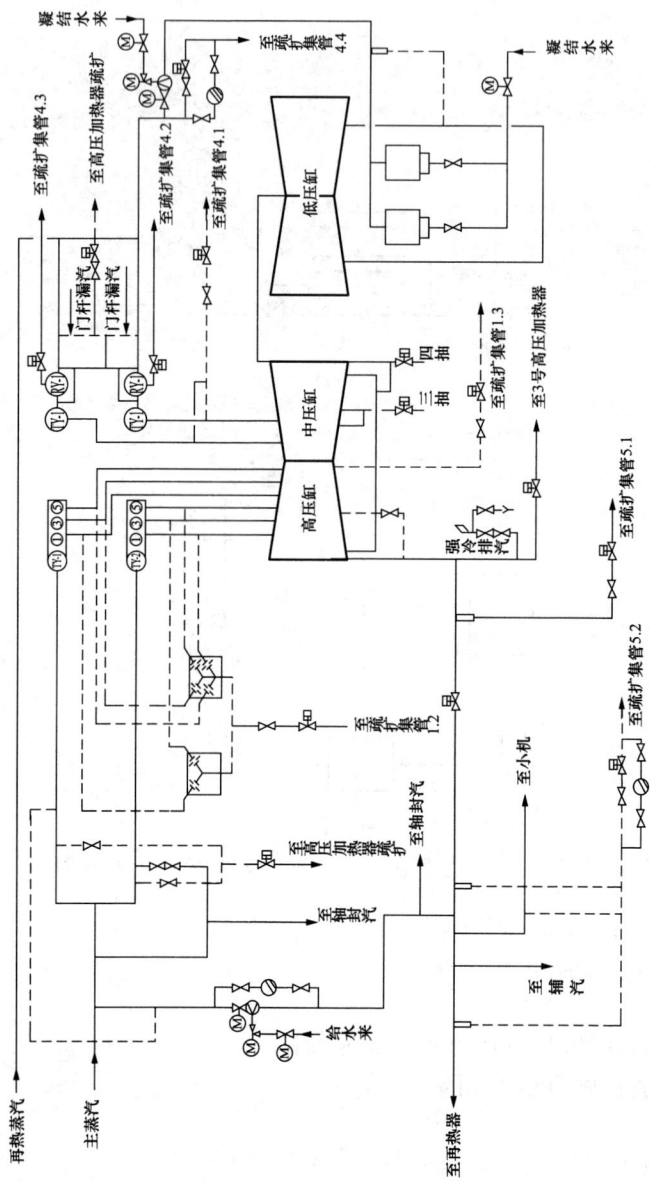

图 E-20

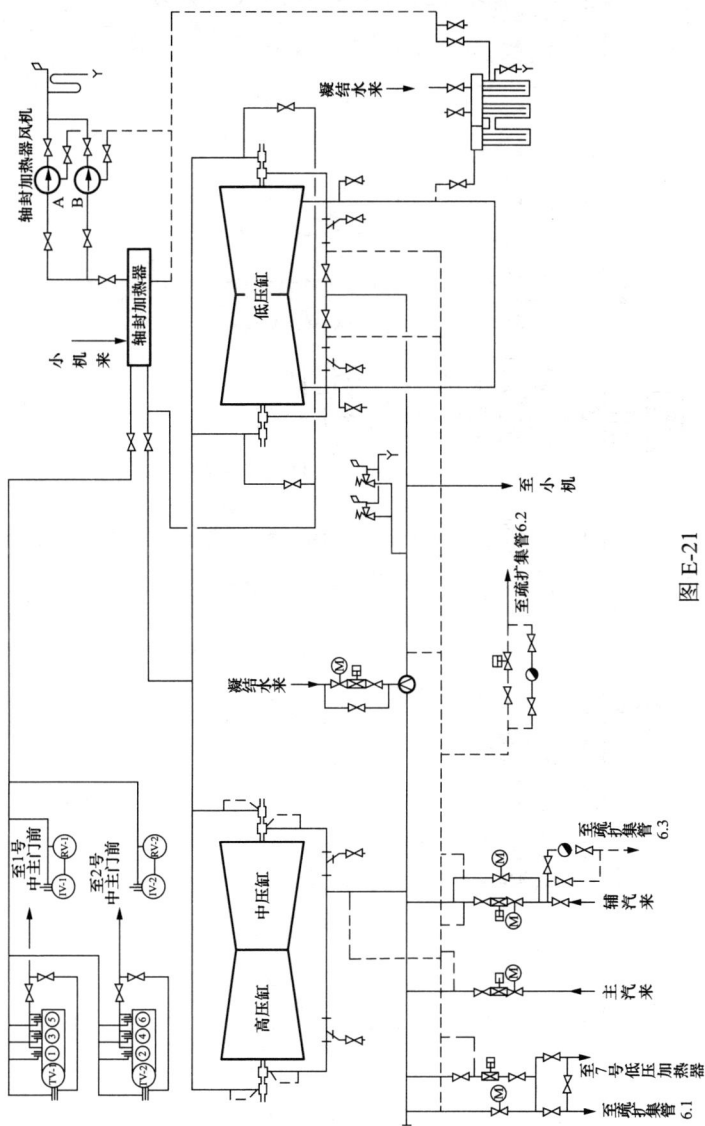

图 E-21

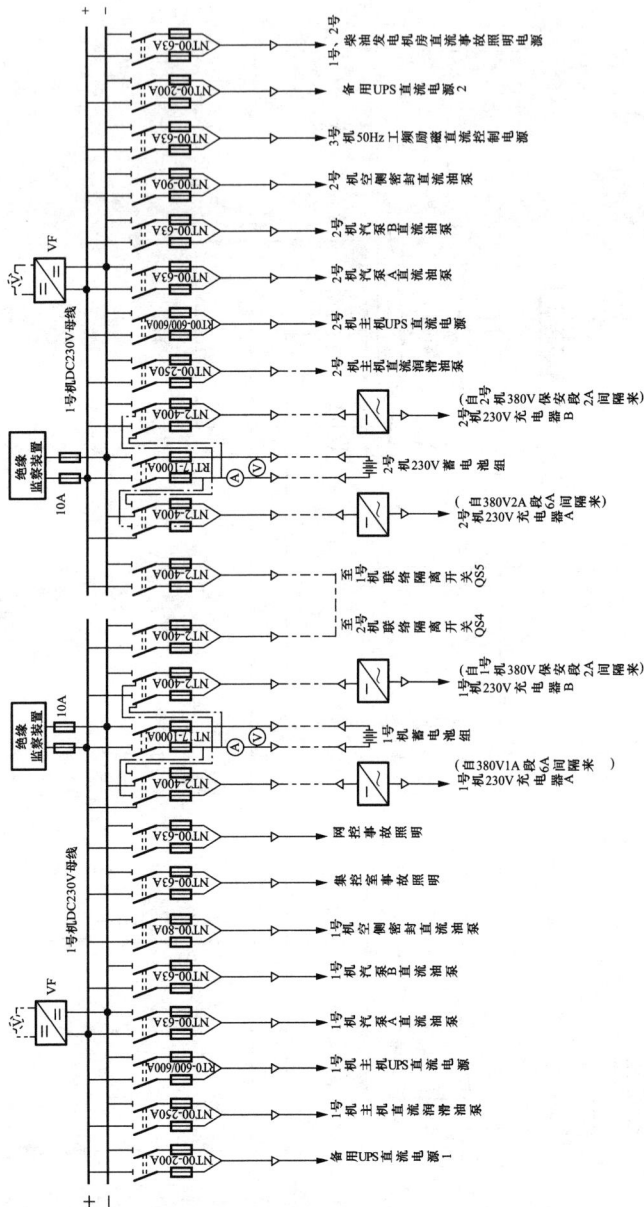

图 E-22

Je4E3023 画出锅炉送风机电动机润滑油系统图。

答：如图 E-23 所示。

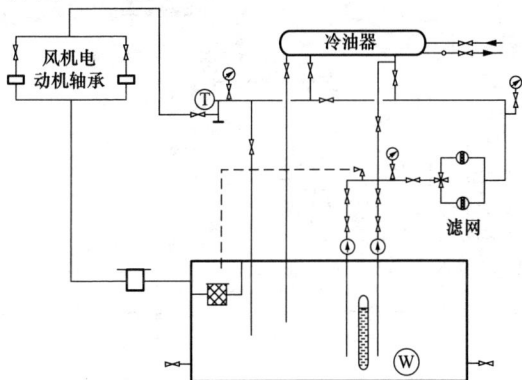

图 E-23

Je4E3024 画出电厂辅助蒸汽系统图。

答：如图 E-24 所示。

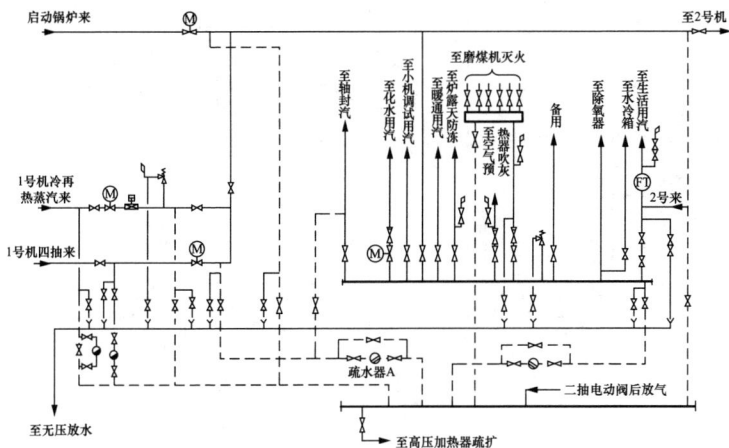

图 E-24

Je4E4025 画出电厂凝结水系统图。

答：如图 E-25 所示。

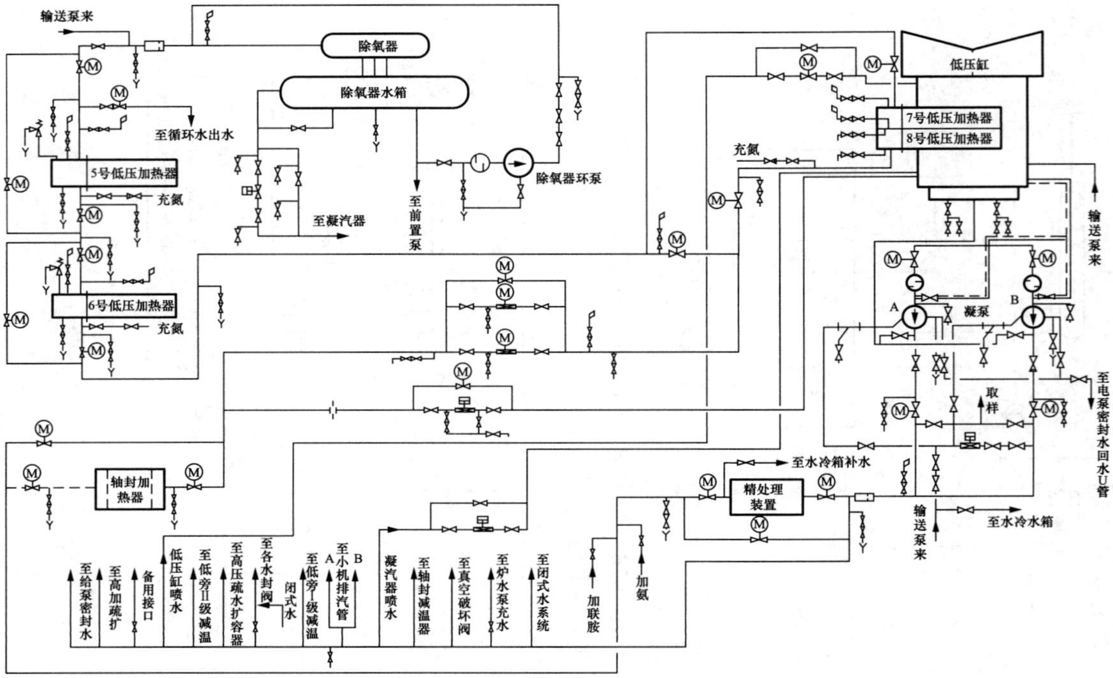
输送泵来
除氧器
除氧器水箱
至循环水出水
5号低压加热器
充氮
6号低压加热器
至凝汽器
至前置泵
除氧器环泵
低压缸
7号低压加热器
8号低压加热器
输送泵来
凝泵
A
B
取样
至电泵密封水回水U管
至水冷箱补水
精处理装置
输送泵来
至水冷箱
轴封加热器
至给泵密封水
至高加疏扩
备用接口
低压缸喷水
至低旁II级减温
至高压疏水扩容器
至各水封阀
闭式水
至低旁I级减温
至小机排汽管
凝汽器喷水
至轴封减温器
至真空破坏阀
至炉水泵充水
至闭式水系统
加联胺
加氨

图 E-25

Je4E4026　画出电厂凝结水输送水系统图。

答：如图 E-26 所示。

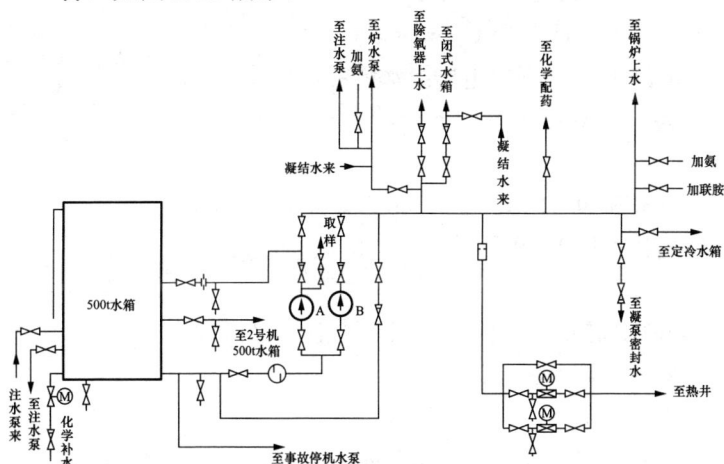

图 E-26

Je4E4027　画出电厂凝汽器真空系统图。

答：如图 E-27 所示。

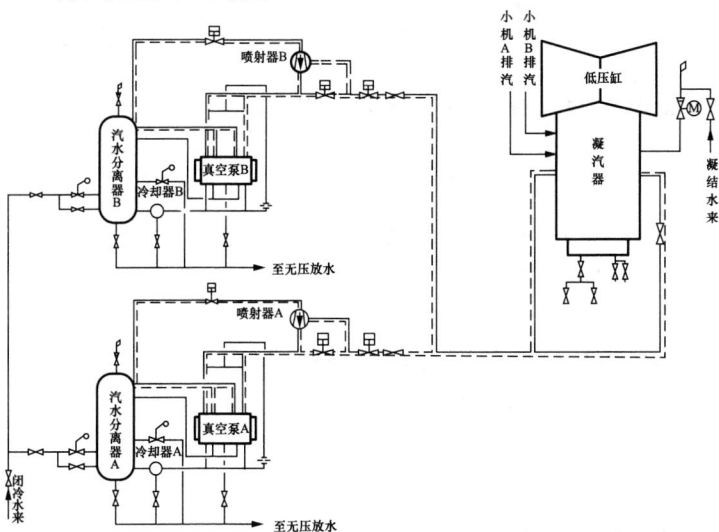

图 E-27

Je3E3028 画出 6kV 工作段接线图。

答：如图 E-28 所示。

Je3E4029 画出电厂给水泵密封水系统图。

答：如图 E-29 所示。

Je3E5030 画出电厂 380V 保安段接线图。

答：如图 E-30 所示。

Je3E5031 画出锅炉炉水泵一次水系统图。

答：如图 E-31 所示。

Je3E5032 画出电厂循环水泵冷却及润滑水系统图。

答：如图 E-32 所示。

Je2E5033 画出锅炉制粉、燃烧系统图。

答：如图 E-33 所示（见文后插页）。

Je2E5034 画出主再热蒸汽流程图。

答：如图 E-34 所示。

Je2E5035 画出电厂给水系统图。

答：如图 E-35 所示。

Je2E5036 画出电厂闭冷水系统图。

答：如图 E-36 所示。

Je2E5037 画出电厂主机轴封系统图。

答：如图 E-37 所示。

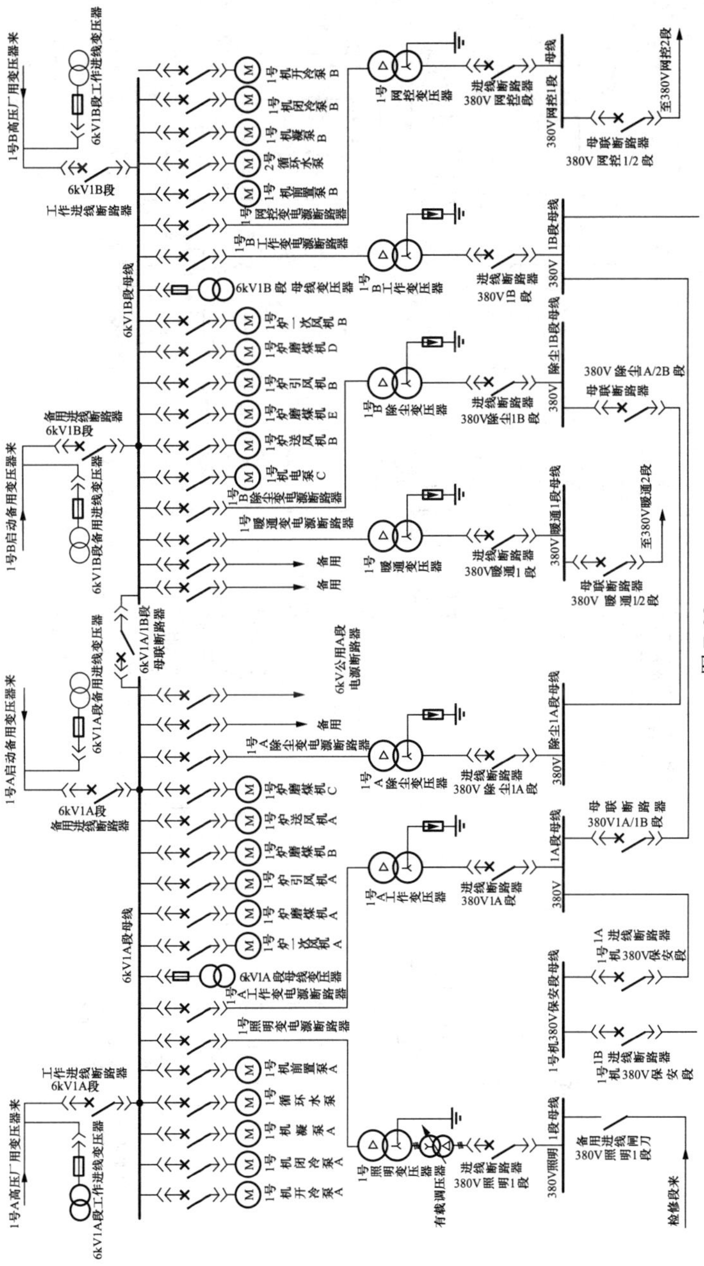
1号A高压厂用变压器来
6kV1A段工作进线变压器
6kV1A段工作进线断路器
1号A启动备用变压器来
6kV1A段备用进线变压器
6kV1A段备用进线断路器
6kV1A段母线
6kV1A/1B段母联断路器
1号B启动备用变压器来
6kV1B段备用进线变压器
6kV1B段备用进线断路器
6kV1B段母线
1号B高压厂用变压器来
6kV1B段工作进线变压器
6kV1B段工作进线断路器
1号机开冷泵A
1号机闭冷泵A
1号机凝泵A
1号循环水泵
1号机前置泵A
1号照明变电源断路器
1号A工作变电源断路器
6kV1A段母线变压器
1号炉一次风机A
1号炉磨煤机A
1号炉引风机A
1号炉磨煤机B
1号炉送风机A
1号炉磨煤机C
1号A除尘变电源断路器
备用
6kV公用A段电源断路器
备用
备用
1号暖通变电源断路器
1号B除尘变电源断路器
1号机电泵C
1号炉送风机B
1号炉磨煤机E
1号炉引风机B
1号炉磨煤机D
1号炉一次风机B
6kV1B段母线变压器
1号B工作变电源断路器
1号网控变电源断路器
1号机前置泵B
2号循环水泵
1号机凝泵B
1号机闭冷泵B
1号机开冷泵B
1号照明变压器
有载调压器
1号A工作变压器
1号A除尘变压器
1号暖通变压器
1号B除尘变压器
1号B工作变压器
1号网控变压器
380V照明1段进线断路器
380V照明1段母线
备用380V照明1段进线闸刀
检修段来
380V1A段进线断路器
380V 1A段母线
1号机380V保安段母线
1号机380V保安1A段进线断路器
1号机380V保安1B段进线断路器
380V1A/1B段母联断路器
380V除尘1A段进线断路器
380V除尘1A段母线
380V除尘A/2B段母联断路器
380V除尘1B段母线
380V除尘1B段进线断路器
380V暖通1段进线断路器
380V暖通1段母线
380V暖通1/2段母联断路器
至380V暖通2段
380V1B段进线断路器
380V 1B段母线
380V网控1段进线断路器
380V网控1段母线
380V网控1/2段母联断路器
至380V网控2段

图 E-28

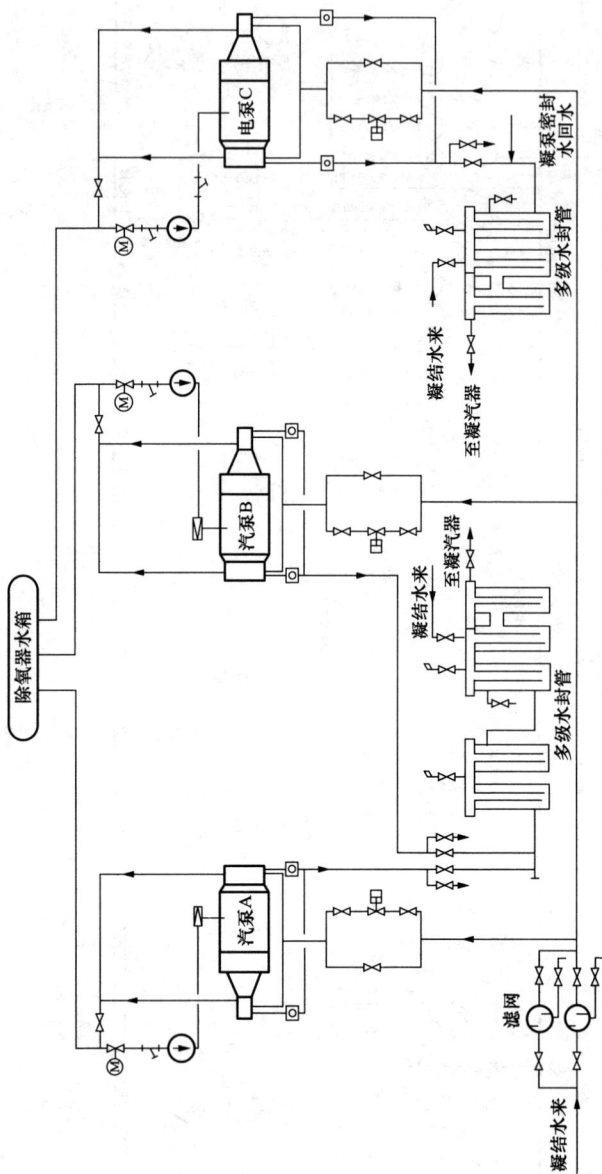

图 E-29

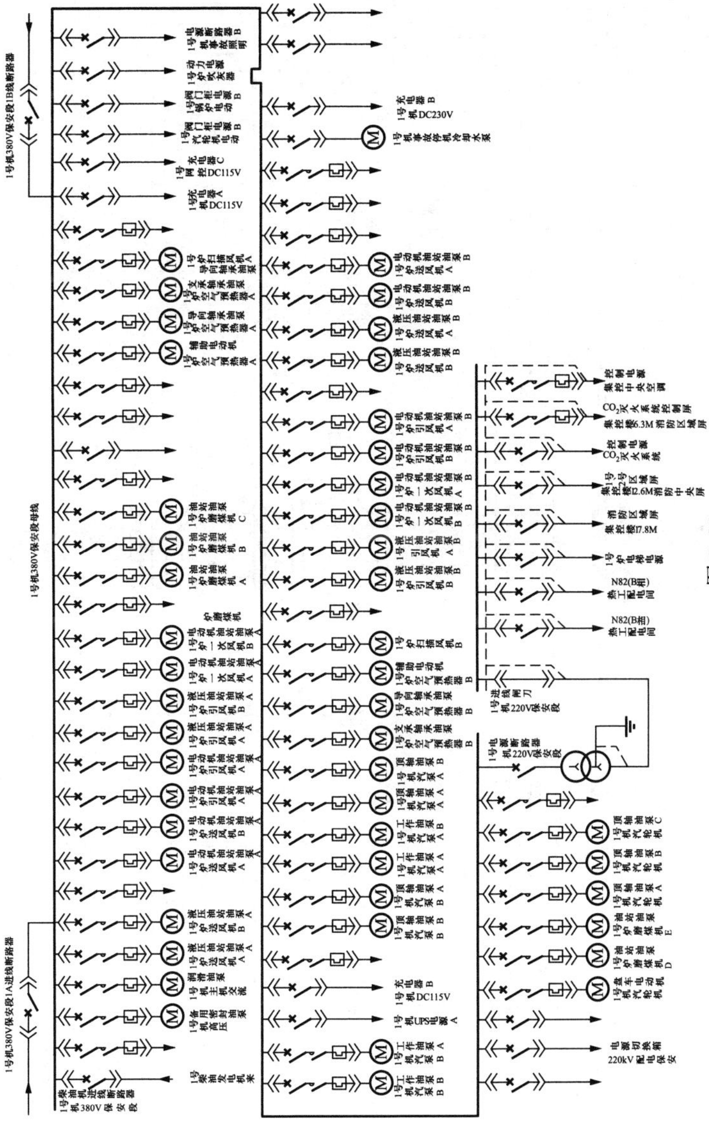

图 E-30

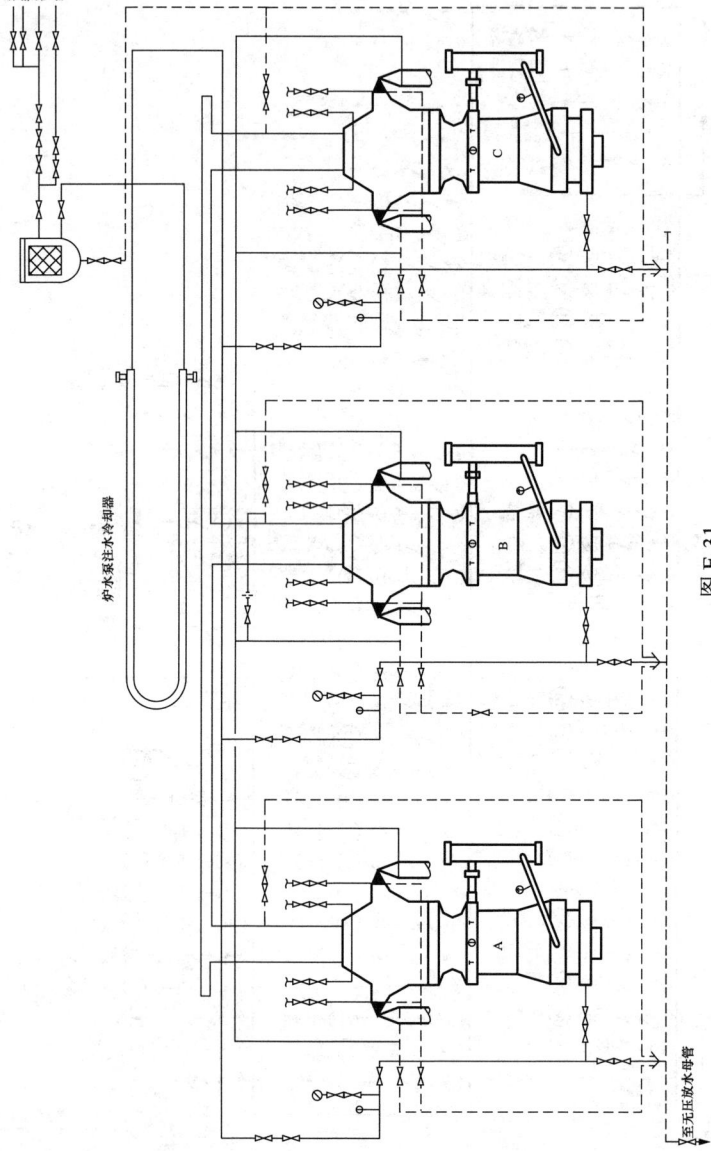

图 E-31

注水泵
输送泵来
凝泵来
箔泵来

炉水泵注水冷却器

A

B

C

至无压放水母管

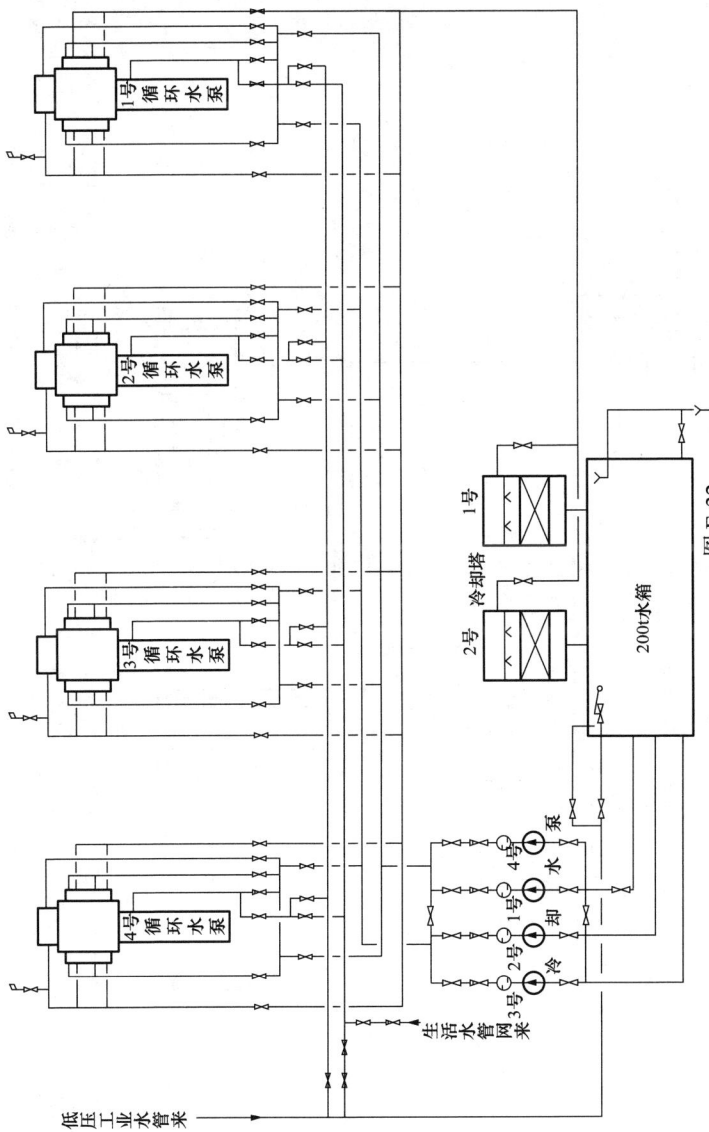

图 E-32

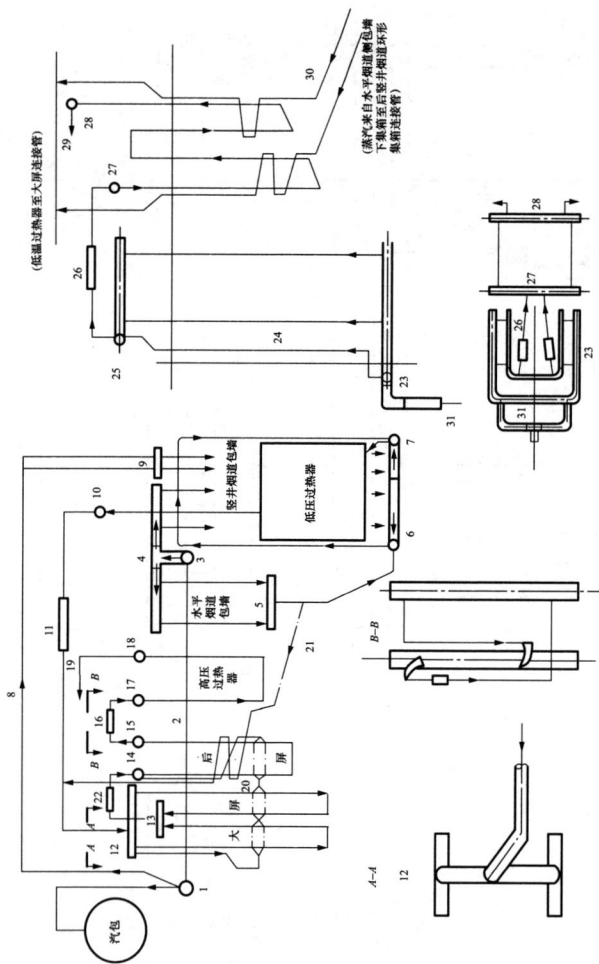

图 E-34

1—顶棚过热器进口集箱；2—顶棚过热器；3—顶棚过热器出口集箱；4—水平烟道及侧包墙上集箱；5—水平烟道及侧包墙下集箱；6—后竖井包墙环形集箱（前）；7—后竖井包墙旁路蒸汽连接管；8—竖井旁侧包墙上集箱；9—后竖井侧包墙出口集箱；10—低温过热器上集箱；11—三级减温器；12—大屏进口集箱；13—大屏过热器；14—后屏进口集箱；15—后屏过热器出口集箱；16—三级减温器；17—高温过热器；18—高温过热器进口集箱；19—过热器出口导管；20—夹持管；21—过热器出口集箱；22—二级减温器；23、24—壁再；25—壁再出口集箱；26—再热喷水减温器；27—中再进口集箱；28—高再出口集箱；29—高再出口集箱；30—汽冷定位管；31—事故喷水减温器

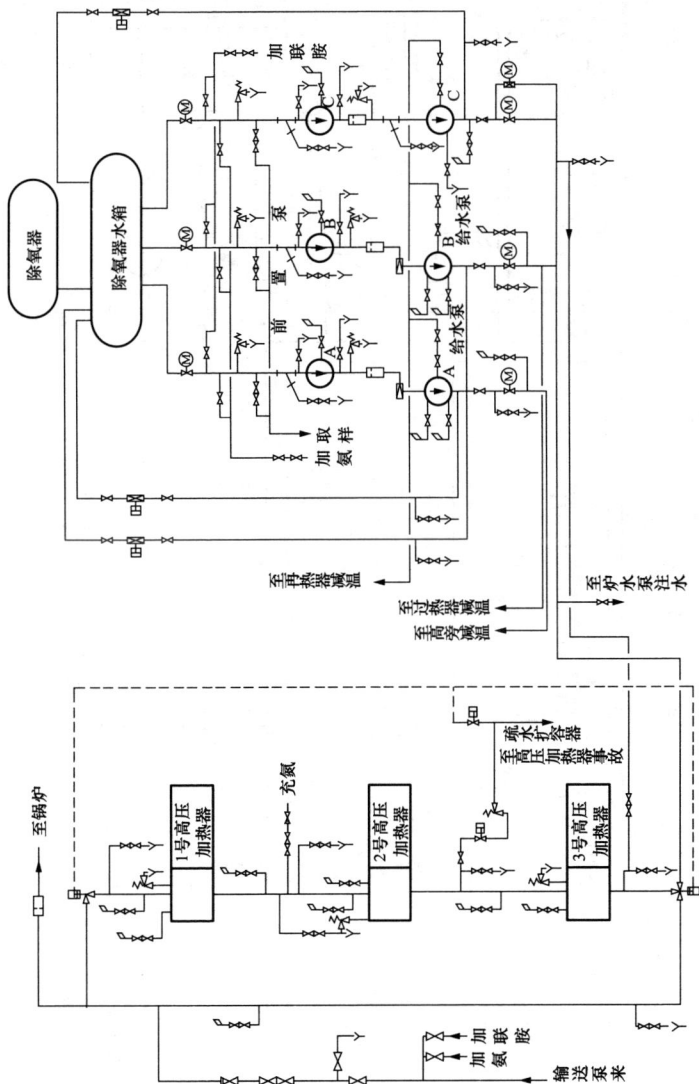

图 E-35

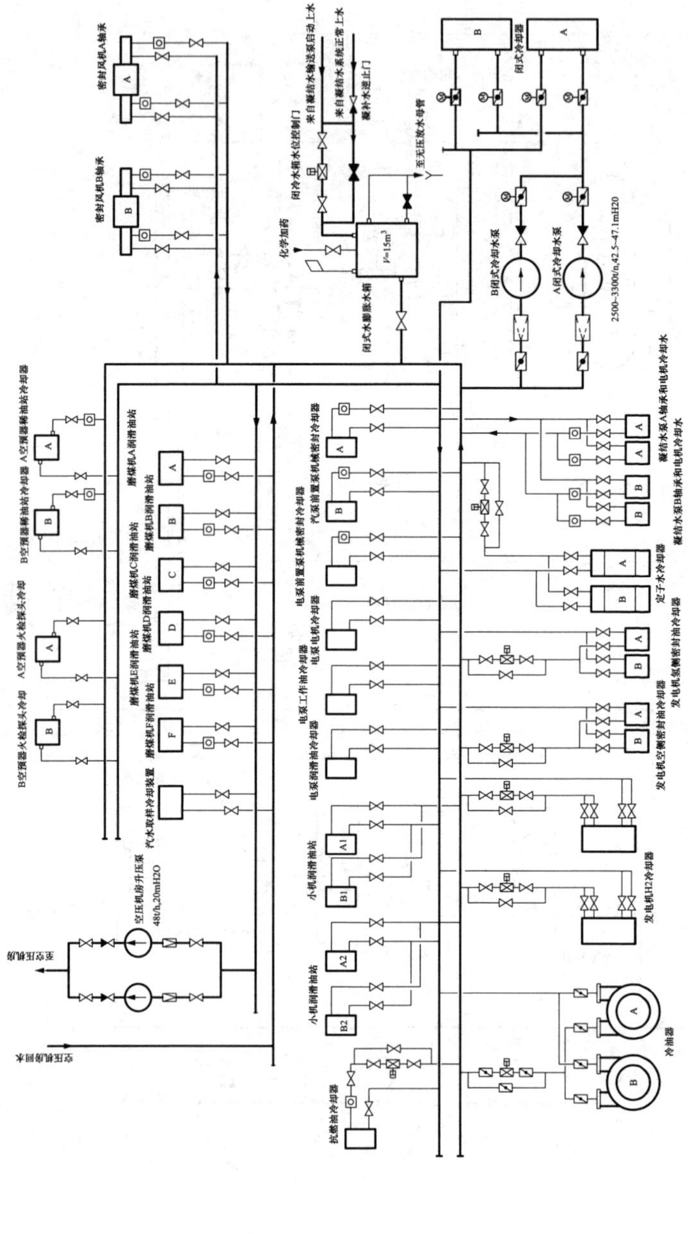

图 E-36

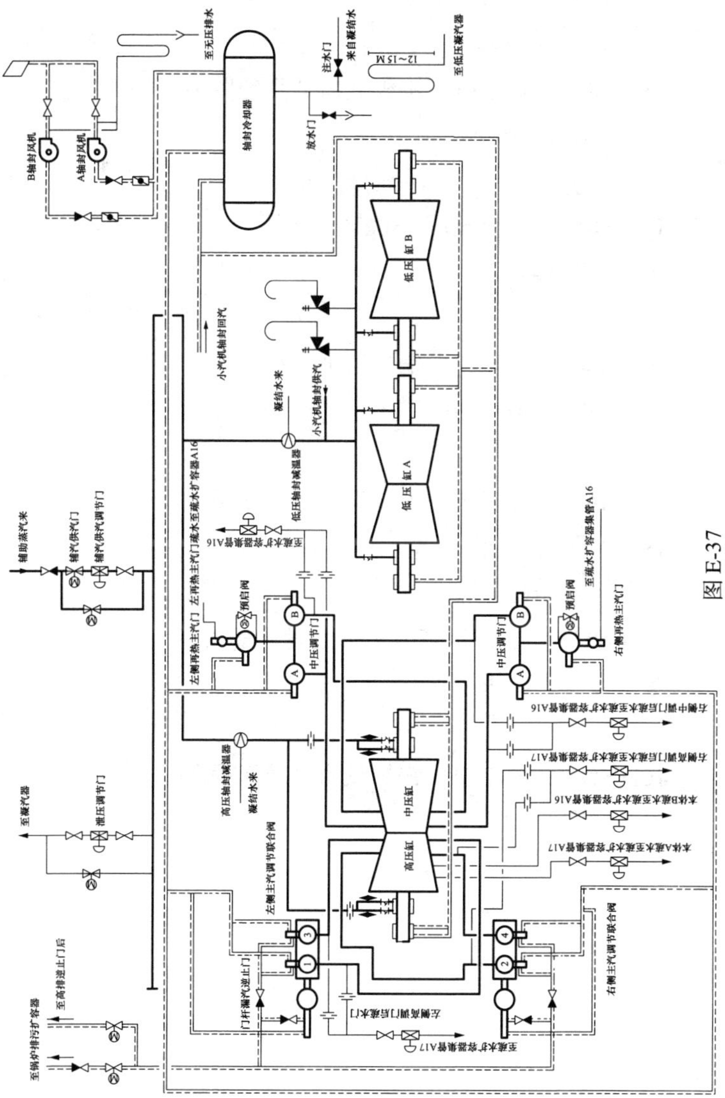
B轴封风机
A轴封风机
轴封冷却器
至无压排水
注水门
来自凝结水
12～15M
至低压凝汽器
放水门
低压缸B
低压缸A
中压缸
高压缸
小汽机轴封回汽
凝结水来
小汽机轴封供汽
低压轴封减温器
辅助蒸汽来
辅汽供汽门
辅汽供汽调节门
至疏水扩容器集管A16
预启阀
中压调节门
左侧再热主汽门
左再热主汽门疏水至疏水扩容器A16
右侧再热主汽门
至疏水扩容器集管A16
右侧中调门后疏水至疏水扩容器集管A16
右侧高调门后疏水至疏水扩容器集管A17
本体B疏水至疏水扩容器集管A16
本体A疏水至疏水扩容器集管A17
高压轴封减温器
凝结水来
至凝汽器
泄压调节门
左侧主汽调节联合阀
右侧主汽调节联合阀
至高排逆止门后
门杆漏汽逆止门
左侧高调门后疏水门
至疏水扩容器集管A17
至锅炉排污扩容器

图 E-37

Je2E5038 画出电厂主机密封油系统图。

答：如图 E-38 所示。

Je2E5039 画出电厂主机润滑油系统图。

答：如图 E-39 所示。

Je2E5041 画出电厂 380kV 系统图。

答：如图 E-40 所示。

Je1E4041 画出电厂锅炉风烟系统图。

答：如图 E-41 所示。

Je1E4042 画出电厂高压厂用电系统图。

答：如图 E-42 所示。

Je1E4043 画出电厂 6kV 公用段接线图。

答：如图 E-43 所示。

Je1E5044 画出电厂锅炉汽水系统流程图。

答：如图 E-44 所示。

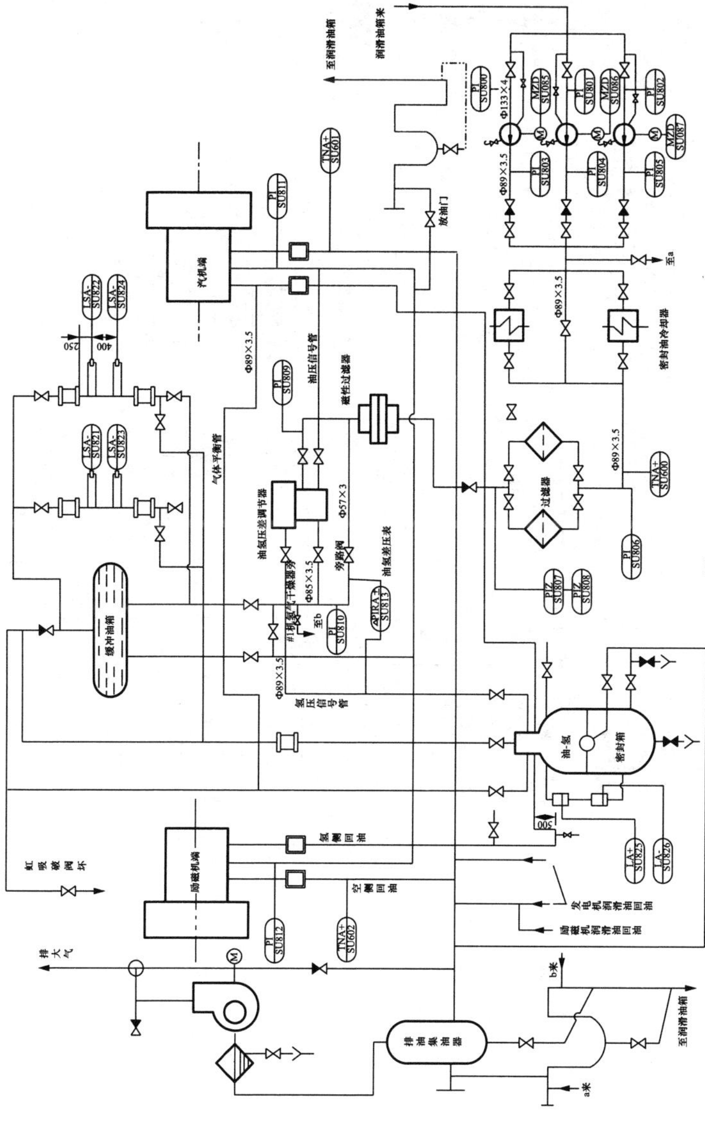
至润滑油箱
润滑油箱来
汽机端
励磁机端
缓冲油箱
油氢压差调节器
磁性过滤器
过滤器
密封油冷却器
油-氢
密封箱
排油集油器
放油门
气体平衡管
油压信号管
氢压信号管
旁路阀
油氢差压表
氢侧回油
空侧回油
发电机润滑油回油
励磁机润滑油回油
排大气
至a
a来
b来
至b
Φ133×4
Φ89×3.5
Φ57×3
Φ85×3.5
PI SU800
PI SU801
PI SU802
PI SU803
PI SU804
PI SU805
PI SU806
PI SU809
PI SU810
PI SU811
PI SU812
MZD SU085
MZD SU086
MZD SU087
TNA+ SU600
TNA+ SU601
TNA+ SU602
PIZ SU807
PIZ SU808
PIRA± SU813
LSA- SU821
LSA- SU822
LSA- SU823
LSA- SU824
LA+ SU825
LA- SU826
250
400
500

图E-38

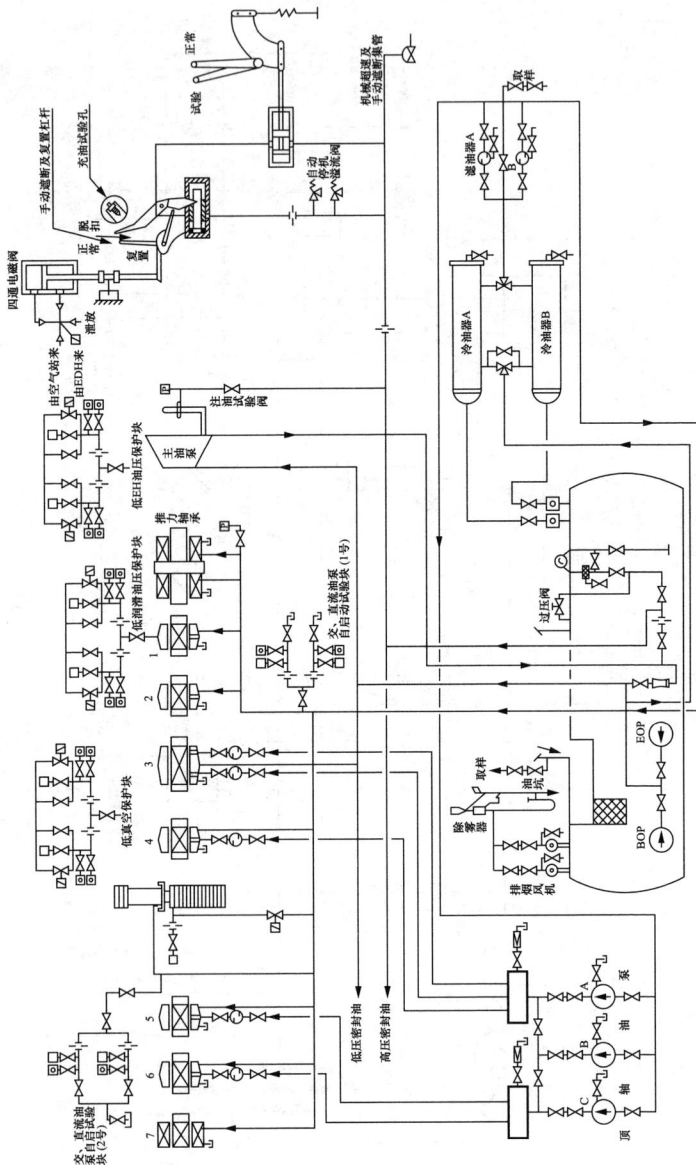

图 E-39

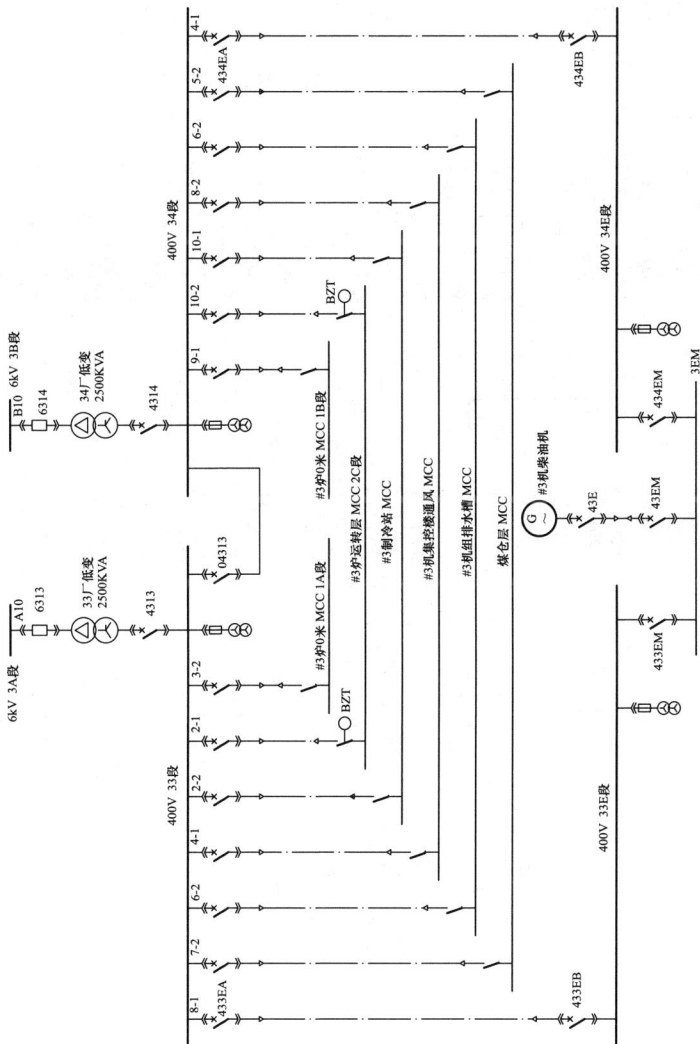

图 E-40

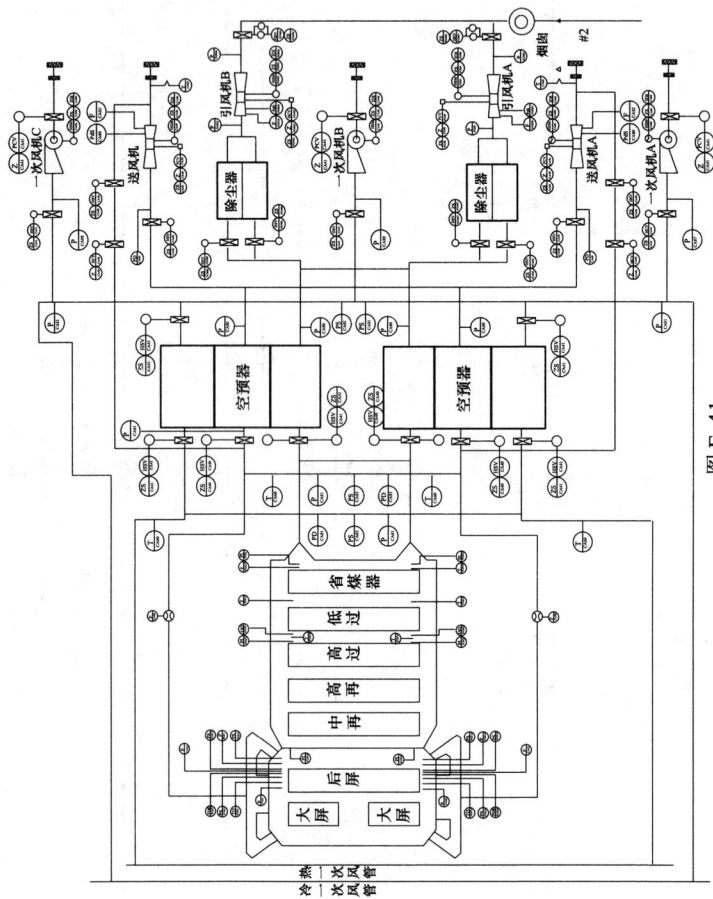

图 E-41

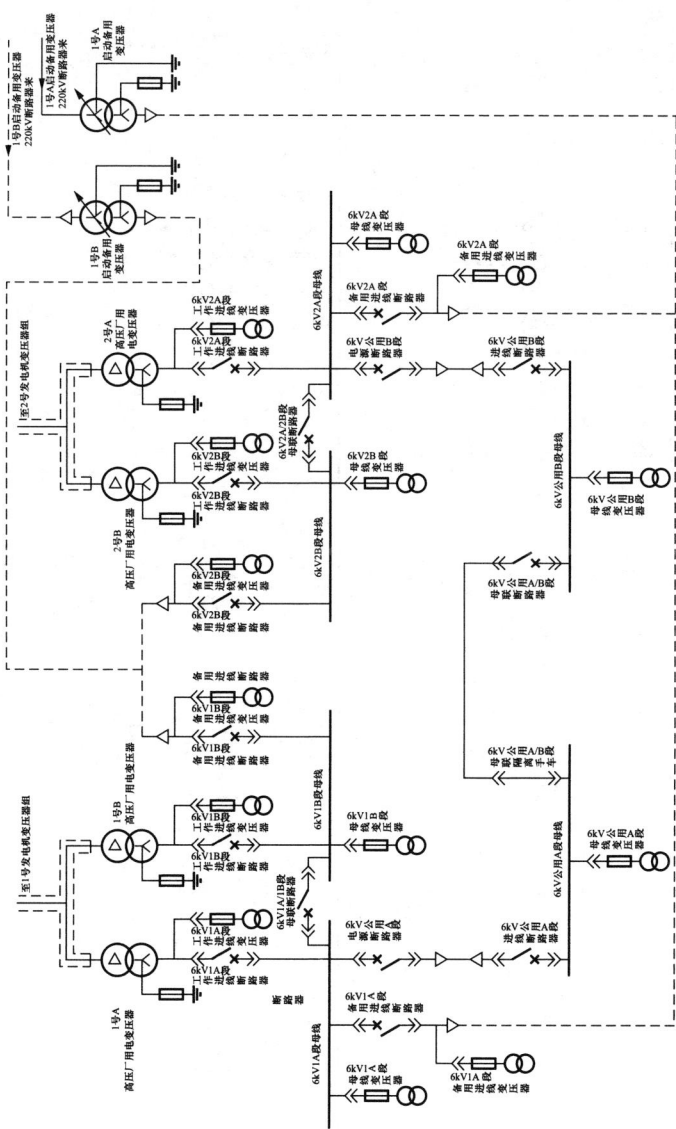

图 E-42

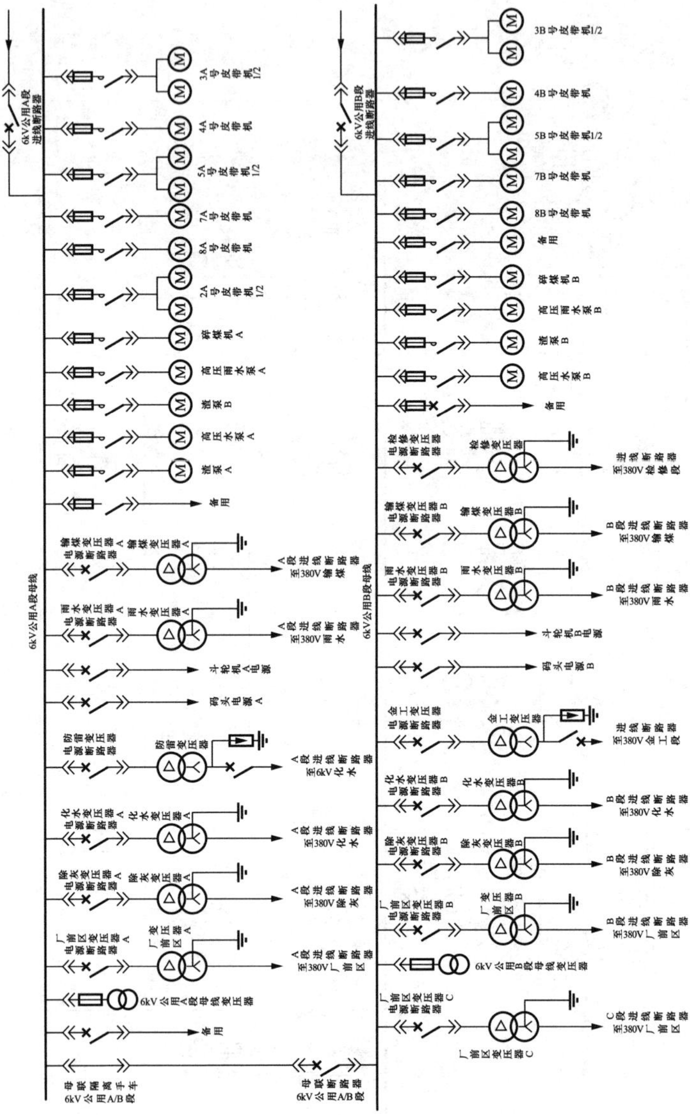

图E-43

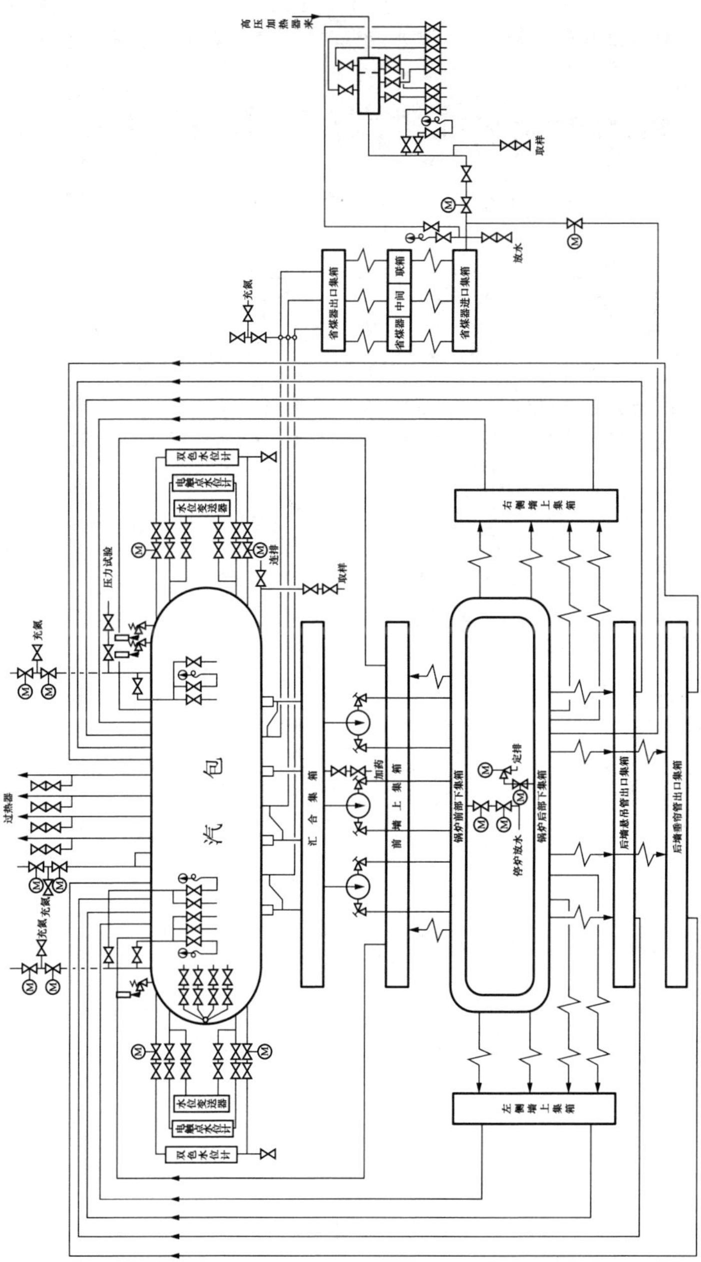
高压加热器来
取样
放水
省煤器出口集箱
省煤器
中间
联箱
省煤器进口集箱
充氮
双色水位计
电接点水位计
水位变送器
压力试验
连排
汽包
过热器
汇合集箱
前墙上集箱
加药
锅炉前部下集箱
锅炉后部下集箱
停炉放水
定排
右侧墙上集箱
左侧墙上集箱
后墙悬吊管出口集箱
后墙垂帘管出口集箱

图 E-44

Jf2E2045　画出化学水处理系统示意图，并指出设备名称。

答：如图 E-45 所示。

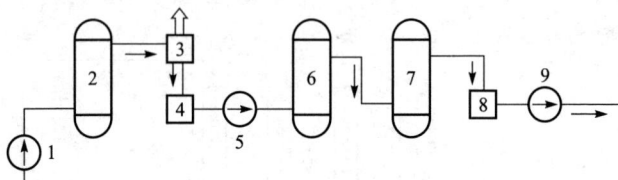

图 E-45

1—清水泵；2—阳离子交换器；3—除碳器；4—中间水箱；5—中间水泵；
6—阴离子交换器；7—混合床离子交换器；8—除盐水箱；9—除盐水泵

4.1.6 论述题

Lb4F3001 高压加热器自动旁路保护装置的作用是什么？对此有何要求？

答：当高压加热器发生严重泄漏时，高压加热器疏水水位升高到规定值时，保护装置及时切断进入高压加热器的给水，同时打开旁路，使给水通过旁路送到锅炉，防止汽轮机发生水冲击事故。对保护有三点要求：

（1）要求保护动作准确可靠（应定期进行试验）；

（2）保护必须随同高压加热器一同投入运行；

（3）保护故障时禁止投入高压加热器运行。

Lb4F4002 为什么省煤器前的给水管路上要装止回阀？为什么省煤器要装再循环阀？

答：在省煤器的给水管路上装逆止阀的目的，是为了防止给水泵或给水管路发生故障时，水从汽包或省煤器反向流动，因为如果发生倒流，将造成省煤器和水冷壁缺水而烧坏。

省煤器装再循环管和再循环阀的目的是为了保护省煤器的安全。因为锅炉点火、停炉或其他原因停止给水时，省煤器内的水不流动就得不到冷却，会使管壁超温而损坏，当给水中断时，开启再循环门，就在联箱–再循环管–省煤器–联箱之间形成循环回路，使省煤器管壁得到不断的冷却。

Lb4F4003 定压下水蒸气的形成过程分为哪三个阶段？各阶段所吸收的热量分别叫什么热？

答：（1）未饱和水的定压预热过程，即从任意温度的水加热到饱和水，所加入的热量叫液体热或预热热。

（2）饱和水的定压定温汽化过程，即从饱和水加热变成干饱和蒸汽，所加入的热量叫汽化热。

（3）蒸汽的过热过程，即从干饱和蒸汽加热到任意温度的过热蒸汽，所加入的热量叫过热热。

Lb3F3004　300MW 汽轮机防止断油烧瓦的安全技术措施有哪些？

答：《300MW 汽轮机运行导则》防止轴承损坏的主要措施有：

（1）加强油温、油压的监视调整，严密监视轴承乌金温度，发现异常应及时查找原因并消除。

（2）油系统设备自动及备用可靠，并进行严格的定期试验。运行中的油泵或冷油器的投停切换应平稳谨慎，严防断油烧瓦。

（3）油净化装置运行正常，油质应符合标准。

（4）防止汽轮机进水、大轴弯曲、轴承振动及通流部分损坏。

（5）汽轮发电机转子应可靠接地。

（6）启动前应认真按设计要求整定交、直流油泵的连锁定值，检查接线正确。

Lb2F3005　启动电动机时应注意什么？

答：（1）如果接通电源开关，电动机转子不动，应立即拉闸，查明原因并消除故障后，才可允许重新启动。

（2）接通电源开关后，电动机发出异常响声，应立即拉闸，检查电动机的传动装置及熔断器等。

（3）接通电源开关后，应监视电动机的启动时间和电流表的变化。如启动时间过长或电流表电流迟迟不返回，应立即拉闸，进行检查。

（4）在正常情况下，厂用电动机允许在冷态下启动两次，每次间隔时间不得少于 5min；在热态下启动一次。只有在处理事故时，才可以多启动一次。

（5）启动时发现电动机冒火或启动后振动过大，应立即拉闸，停机检查。

（6）如果启动后发现运转方向反了，应立即拉闸，停电，调换三相电源任意两相后再重新启动。

Lb2F5006　请叙述三冲量给水自动调节系统原理及调节过程。

答： 三冲量给水自动调节系统有三个输入信号（冲量）：水位信号、蒸汽流量信号和给水流量信号。蒸汽流量信号作为系统的前馈信号，当外界负荷要求改变时，使调节系统提前动作，克服虚假水位引起的误动作。给水流量信号是反馈信号，克服给水系统的内部扰动，以取得较满意的调节效果。下面仅举外扰（负荷要求变化）时水位调节过程。当锅炉负荷突然增加时，由于虚假水位将引起水位先上升，这个信号将使调节器输出减小，关小给水阀门，这是一个错误的动作；而蒸汽流量的增大又使调节器输出增大，要开大给水阀门，对前者起抵消作用，避免调节器因错误动作而造成水位剧烈变化。随着时间的推移，当虚假水位逐渐消失后，由于蒸汽流量大于给水流量，水位逐渐下降，调节器输出增加，开大给水阀门，增加给水流量，使水位维持到定值。所以三冲量给水自动调节品质要比单冲量给水自动调节系统要好。

Lb1F2007　何谓锅炉的静态特性和动态特性？其意义如何？

答： 锅炉在不同的稳定工况下，参数之间变化关系（如过热汽温度与过量空气系数同锅炉效率之间的关系）称为锅炉的静态特性。

进行锅炉静态特性试验的目的，是为了确定锅炉的最佳工况，以作为运行调节的依据。

当锅炉由于某一个或同时有几个工况参数发生变化，而使锅炉由一种稳定工况变动到另一种新的稳定工况时，这一变动过程称为动态过程或过渡过程和不稳定过程。在不稳定过程中，各参数的变化特性称为锅炉的动态特性。

进行锅炉动态特性试验的目的是为整定自动调节系统及设备提供条件。

Lb1F3008　直流煤粉燃烧器的类型。

答： 直流煤粉燃烧器的一、二次风喷口的布置方式大致上有两种类型。

（1）均等配风直流式燃烧器：适用于燃烧容易着火的煤，如烟煤、挥发分较高的贫煤以及褐煤。这类燃烧器的一、二次风喷口通常交替间隔排列，相邻两个喷口的中心间距较小，一次风携带的煤粉着火后及时、迅速地和相邻二次风喷口射出的热空气混合，因而沿高度相间排列的二次风喷口的风量分配接近均匀。

（2）一次风集中布置的分级配风直流式燃烧器：适用于燃烧着火比较困难的煤，如发挥分较低的贫煤、无烟煤或劣质烟煤。这类燃烧器的特点是：几个一次风喷口集中布置在一起，一、二次风喷口中心间距较大。由于一次风中携带的煤粉着火比较困难，一、二次风的混合过早，引起着火不稳定，所以将二次风分为先后两批送入着火后的煤粉气流中，这种配风方式称为分级配风，按需要送入适量空气，保证煤粉稳定着火、完全燃烧。

Lb1F5009　直流锅炉的水冷壁形式及特点。

答： 直流锅炉出现的初期，水冷壁有三种相互独立的结构形式：即本生型、苏尔寿型和拉姆辛型。随着锅炉向高参数、大容量化的发展，按照采用膜式水冷壁和实现变压运行的要求，现代直流锅炉的水冷壁结构形式演变为两种形式：一种是垂直管屏，另一种是螺旋管圈。

（1）垂直管屏光管水冷壁：这种水冷壁结构管单，造价成本低，抵抗膜态沸腾的能力差，随着机组的大容量化，为了保证炉膛下辐射区水冷壁内的质量流速，下辐射区水冷壁的流路一般设计成二次垂直上升，两个流路之间用不受热的下降管相连接，习惯上将采用2～3次垂直上升水冷壁的锅炉称为UP型锅炉。垂直管屏光管水冷壁不适合变压运行。

（2）螺旋管圈水冷壁：这种水冷壁有以下优点：① 工作在炉膛下辐射区的水冷壁同步经过炉膛内受热最强的区域和受热最弱的区域；② 水冷壁中的工质在下辐射区一次性沿着螺旋管上升，没有中间联箱，工质在比体积变化最大的阶段避免了再分配；③ 不受炉膛周界的限制，可灵活选择并联工作的水冷壁管根数和管径，保证较大的质量流速。这些优点，使得水冷壁能够工作在热偏差最小和流量偏差最小的良好状态，因此，水动力稳定性较高，最适合变压运行。这种水冷壁的主要缺点是结构复杂，制造安装及检修工作量大，流动阻力比较大；另外，随着锅炉容量提高，管带宽度增大，盘旋圈数减少，热偏差增大。

Lc3F3010　请写出汽轮机超速的主要原因及处理原则？

答：汽轮机超速的主要原因有：

（1）发电机甩负荷到零，汽轮机调速系统工作不正常。

（2）危急保安器超速试验时转速失控。

（3）发电机解列后高、中压主汽门或调速汽门、抽汽逆止回门等卡涩或关闭不到位。

汽轮机超速的处理要点：

（1）立即破坏真空紧急停机，确认转速下降。

（2）检查并开启高压导管排汽阀。

（3）如发现转速继续升高，应采取果断隔离及泄压措施。

（4）查明超速原因并消除故障，全面检查并确认汽轮机正常后方可重新启动，校验危急保安器及各超速保护装置动作正常后方可并网带负荷。

（5）重新启动过程中应对汽轮机振动、内部声音、轴承温度、轴向位移、推力瓦温度等进行重点检查与监视，发现异常应停止启动。

Lc3F3011　滑参数停机后，是否可进行超速试验？为什么？

答：采用滑参数方式停机时，严禁做汽轮机超速试验。

因为从滑参数停机到发电机解列，主汽门前的蒸汽参数已降得很低，而且在滑停过程中，为了使蒸汽对汽轮机金属有较好的、均匀的冷却作用，主蒸汽过热度一般控制在接近允许最小的规定值，同时保持调速汽门在全开状态。此外如要进行超速试验，则需采用调速汽门控制机组转速，这完全有可能使主蒸汽压力升高，过热度减小，甚至出现蒸汽温度低于该压力所对应下的饱和温度，此时进行超速试验，将会造成汽轮机水冲击事故。另一方面，由于汽轮机主汽门、调速汽门的阀体和阀芯可能因冷却不同步而动作不够灵活或卡涩，特别是汽轮机本体经过滑参数停机过程冷却后，其差胀、轴向位移均有较大的变化，故不允许做超速试验。

Lc3F4012　机组运行中，发生循环水中断，应如何处理？

答：（1）立即手动紧急停运汽轮发电机组，维持凝结水系统及真空泵运行。

（2）及时切除并关闭旁路系统，关闭主、再热蒸汽管道至凝汽器的疏水，禁止开启锅炉至凝汽器的5%启动旁路。

（3）注意闭式水各用户的温度变化。

（4）加强对润滑油温、轴承金属温度、轴承回油温度的监视。若轴承金属温度或回油温度上升至接近限额，应破坏真空紧急停机。

（5）关闭凝汽器循环水进、出水阀，待排汽温度降至规定值以下，再恢复凝汽器通循环水。

（6）检查低压缸安全膜应未吹损，否则应通知检修或及时更换。

Lc3F4013 锅炉 MFT 动作现象如何？MFT 动作时联动哪些设备？

答：锅炉 MFT 动作现象为：

（1）MFT 动作报警，光字牌亮。

（2）MFT 首出跳闸原因指示灯亮。

（3）锅炉所有燃料切断，炉膛灭火。

（4）相应的跳闸辅机报警。

（5）蒸汽流量急剧下降。

（6）机组负荷到零，汽轮机跳闸，主汽门、调速汽门关闭，旁路快速打开。

（7）电气逆功率保护动作，发电机变压器机组解列，厂用电工作电源断路器跳闸，备用电源自投成功。

MFT 动作自动联跳下列设备：

（1）一次风机停，密封风机停。

（2）燃油快关阀关闭，燃油回油阀关闭，油枪三用阀关闭。

（3）磨煤机、给煤机全停。

（4）汽轮机跳闸，发电机解列，旁路自投。

（5）厂用电自动切换备用电源运行。

（6）电除尘器停运。

（7）吹灰器停运。

（8）汽动给水泵跳闸，电动给水泵应自启。

（9）过热器、再热器减温水系统自动隔离。

（10）各层燃料风挡板开启，辅助风挡板开启，燃尽风挡板开启，控制切为手动。

Lc3F4014 火力发电厂对环境造成的污染主要有哪几个

方面？

答：火力发电厂对环境造成的污染主要有以下几个方面：

（1）排放粉尘造成污染；

（2）排放硫氧化物、氮氧化物造成污染；

（3）排放固体废弃物（粉煤灰、渣）而造成污染；

（4）排放污水造成污染；

（5）生产过程中产生的噪声污染；

（6）火电厂车间、场所的电磁辐射污染；

（7）排放热水造成的热污染。

Lc3F5015　在哪些情况下汽轮机应破坏真空紧急停机？

答：（1）汽轮发电机组任一道轴承振动达紧急停机值。

（2）汽轮发电机组内部有明显的金属摩擦声和撞击声。

（3）汽轮机发生水冲击，或主、再热蒸汽温度 10min 内急剧下降 50℃。

（4）汽轮发电机组任一道轴承断油冒烟或轴承回油温度突然上升至紧急停机值。

（5）轴封内冒火花。

（6）汽轮机油系统着火，不能很快扑灭，严重威胁机组安全运行。

（7）发电机或励磁机冒烟着火或氢系统发生爆炸。

（8）汽轮机转速升高到危急保安器动作转速（3330r/min），而危急保安器未动作。

（9）汽轮机任一道轴承金属温度升高至紧急停机值。

（10）润滑油压力下降至紧急停机值，虽经启动交直流润滑油泵仍无效。

（11）汽轮机主油箱油位突降至紧急停机值，虽加油仍无法恢复。

（12）汽轮机轴向位移达紧急停机值。

（13）汽轮机胀差达紧急停机值。

Le1F5016　汽轮机长时间低负荷运行应注意什么？

答：汽轮机长时间低负荷运行时，需要注意以下几个方面的问题：

（1）注意除氧器、轴封用汽及时切换到压力较高的抽汽点或附加汽源系统。低负荷运行时回热加热器疏水压差小，容易出现疏水不畅和疏水系统的汽蚀，应有相应的监督和预防措施。

（2）负荷过低时会引起低压缸排汽温度的升高，在投入喷水减温时要注意检查喷出的雾水是否会造成低压缸叶片的侵蚀。

（3）严密监视在低负荷时引起的汽缸与转子的胀差。

（4）对于高中压合缸的机组，还应注意主蒸汽和再热蒸汽的温差不能超出制造厂规定的范围。

（5）对油系统进行严密监视，防止油系统进水引起调速系统卡涩。

Le1F5017　锅炉低负荷且烧劣质煤时应采取的稳燃措施。

答：（1）控制一次风量，适当降低一次风速，提高一次风温。

（2）燃烧器集中使用，合理使用二次风。

（3）根据燃煤情况，适当提高磨煤机出口温度及煤粉细度。

（4）尽可能提高给粉机或给煤机转速，保证一定的煤粉浓度。

（5）低负荷运行时，可采用滑压方式，控制好负荷变化率。

（6）燃烧恶化时及时投油。

（7）采用新型稳燃燃烧器。

Le1F5018　锅炉最佳运行方式的确定。

答：锅炉最佳运行方式应从两方面进行考虑：

（1）不同负荷下的最佳运行方式。通过负荷调整，可以获得锅炉运行中的过量空气系数、煤粉细度、一二次风速、负率及燃烧器的合理负荷分配。将它们应用在锅炉运行的稳定负荷中，可获得较经济运行方式。

（2）锅炉经济负荷。在 75%～100%负荷范围内，将燃烧可变因素稳定在燃烧调整的最佳值和合理运行方式下，进行负荷变化及锅炉效率试验，得到不同负荷下的锅炉效率。其中效率最高的锅炉即为经济负荷。机组应尽可能在经济负荷附近运行。

Le1F5019　通过锅炉的燃烧调整试验，可取得哪些经济运行特性数据？

答：（1）对燃烧设备最适宜的燃煤可调参数，如煤粉细度；

（2）不同负荷下燃料和空气的合理供给方式，如过量空气系数，一、二次风率对燃烧经济性的影响；

（3）不同负荷下各受热面前后的参数，包括烟气和工质参数；

（4）不同负荷下炉膛的工况，如热强度、温度场、结焦情况等；

（5）不同负荷下主、再热蒸汽参数的变化特性和调节特性；

（6）不同负荷下汽水系统和风烟系统的阻力特性；

（7）不同负荷下锅炉的各项热损失和经济性，确定经济负荷范围；

（8）锅炉辅助设备在不同负荷下的电、热、汽消耗。

Jb1F5020　运行岗位分析的内容有哪些？

答：（1）接班前对机组运行状况和各种参数应全面分析。

（2）值班时对各种仪表的记录、设备运行参数变化以及出现的异常和缺陷进行分析。

（3）抄表时，对仪表指示、记录、显示等情况进行分析。

（4）巡回检查时，应对设备出现的不正常声响及振动、温度、液位、电流等变化情况进行分析。

（5）定期试验、重大操作及运行方式改变后，应对设备的运转情况和变化情况进行分析。

（6）对班内各成员遵守规章制度、安全思想进行检查、分析。

（7）对机组运行方式的经济性、安全性进行分析。

（8）对本班发生过的事故、障碍、异常情况进行分析。

Jb1F5021 高压断路器停电后，大修工作开工前的现场安全措施如何布置？

答： 布置要求是：

（1）在高压断路器与两侧刀闸（包括旁路或另一条母线）装设接地线或合上接地刀闸。挂接地线时严禁缠绕，接地端一定要压接牢固，接地线一定要合格。

（2）在高压断路器的操作把手上、各侧隔离开关操作把手上，悬挂"禁止合闸，有人工作"的标示牌。在断路器的支架上悬挂"在此工作"的标示牌。

（3）装设围栏，以与带电设备分开。

Jd1F2022 怎样防止和减轻锅炉停用腐蚀？

答： 为了防止和减轻停用腐蚀，采用的停炉保护方法很多，主要分为两类：湿法保护和干法保护，湿法保护常用于停用时间较短的情况，例如一个月以内。湿法保护常用的方法是将炉内充满除过氧的水，或含碱的水溶液。保持 $0.3 \sim 0.5MPa$ 的压力，以防止空气漏入。如果停炉时间较长，或天气较冷，为防止冻坏设备，应用干法保护。方法是停炉以后，水温降到 $70 \sim 80℃$ 时，将炉水全部放掉，利用锅炉的余热将受热面内的水全部蒸发干，并用压缩空气将炉内没有烘干的水汽全部吹掉，然后在汽包内放置无水 $CaCl_2$ 的容器，按每立方米水容积 $0.5 \sim 1.0L$ 的比例放入 $CaCl_2$，然后将人孔门封闭，定期检查，发现干燥剂成粉状要及时更换。

也可充氨气或冲氮气进行保护，其准备工作与用干燥剂一样，应保持 $0.3 \sim 0.5MPa$ 的压力，压力降低时，应及时充氨气或氮气。

Jd1F3023 合电动机开关时应注意哪些问题？

答：应注意以下问题：

（1）合开关时不应过猛。

（2）合闸后，如电动机启动不起来应立即拉下开关，并通知电气人员检查，禁止连续多次合闸。

（3）合闸后注意掌握电流返回时间，电流超过正常值不返回时应立即拉下开关。

（4）操作把手若不能返回中间位置（指带自动复归机构的操作把手），应手动扳到中间位置。

（5）若按钮启动，按钮不能复归时，应通知电气人员。启动前后都应注意指示灯是否正常。

Je4F3024 锅炉启动速度是如何规定的，为什么升压速度不能过快？

答：锅炉启动初期升压应缓慢，一般并网前升压速度不大于 0.07MPa/min，并网后不大于 0.13MPa/min（指引进型国产300MW 机组）。

在升压初期，由于只有少数燃烧器投入运行，燃烧较弱，炉膛火焰充满程度较差，对蒸发受热面的加热不均匀程度较大；另一方面由于受热面和炉墙的温度很低，因此燃料燃烧放出的热量中，用于使炉水汽化的热量并不多，压力越低，汽化潜热越大，故蒸发面产生的蒸汽量不多，水循环未正常建立，不能从内部来促使受热面加热均匀。这样，就容易使蒸发设备，尤其是汽包产生较大的热应力，所以，升压的开始阶段，温升速度应较慢。

此外，根据水和蒸汽的饱和温度与压力之间的变化可知，压力越高，饱和温度随压力而变化的数值小；压力越低，饱和温度有较大的变化，因而造成温差过大使热应力过大。所以为避免这种情况，升压的持续时间就应长。

在升压的后阶段，虽然汽包上下壁、内外壁温差已大为减小，升压速度可比低压阶段快些，但由于工作压力的升高而产生的机械应力较大，因此后阶段的升压速度也不要超过规程规定的速度。

由以上可知，在锅炉升压过程中，升压速度太快，将影响汽包和各部件的安全，因此升压速度不能太快。

Je4F3025　造成凝汽器真空低的原因分析？

答：（1）真空系统泄漏。

（2）真空泵故障或真空泵运行效率下降。

（3）轴封汽压力偏低。

（4）循环水量少，如凝汽器钛管或管板脏堵、胶球收球网处于收球状态时脏堵、循环水出水虹吸破坏、循环水系统故障或误操作。

（5）热井水位太高。

（6）真空系统阀门误操作。

（7）旁路系统故障。

（8）运行中防进水系统阀门误开或凝汽器热负荷过大。

Je4F3026　汽轮机冷态启动时，在哪些转速应停留，并进行哪些工作？

答：汽轮机冷态启动时，应分别在下述转速下停留并进行相应的检查和操作：

机组升速至 600r/min 时停留，进行机组的全面检查及脱扣摩擦试验，确认主、辅设备及系统运行正常。

机组升速至 2040r/min 时停留暖机，将汽轮机金属，尤其是转子加热到一个较高的温度水平，以改善金属的机械性能。

机组升速至 2900r/min 停留，进行由主汽门控制汽轮机转速到由调速汽门控制汽轮机转速的"阀切换"操作。

机组升速至 3000r/min 停留，全面检查机组运行情况，完成在额定转速时的试验及辅助油泵的停运工作。

Je4F3027　强化煤粉气流燃烧的措施有哪些？

答：强化煤粉气流燃烧的措施有：

（1）提高热风温度。

（2）保持适当的空气量并限制一次风量。

（3）选择适当的气流速度。

（4）合理送入二次风。

（5）在着火区保持高温。

（6）选择适当的煤粉细度。

（7）在强化着火阶段的同时必须强化燃烧阶段本身。

（8）合理组织炉内动力工况。

Je4F3028　燃烧器摆动对炉内空气场有何影响？

答：当燃烧器下摆的时候，炉内实际切圆直径增加。原因是因为燃烧器大角度下摆的时候，射流斜向进入形状不规则的冷灰斗内，在冷灰斗内，没有其他燃烧器射流的约束，旋转气流膨胀，切圆直径迅速增大，由于气流是不断向上运动的，冷灰斗内的大切圆直径又反过来使燃烧区的切圆直径增大。600MW 锅炉燃烧器摆动时实验结果：当燃烧器由下向上摆动时，炉内气流近壁区速度降低。近壁区平均风速为 5～7m/s；燃烧器水平时，近壁区风速 4～5m/s，燃烧器上摆时近壁区风速为 0～3m/s。这与实际切圆直径在炉内变化趋势是一致的。另外，随着燃烧器喷口的上摆，最大贴壁风速的位置不断上移。

Je4F3029　锅炉尾部烟道二次燃烧的现象、原因及处理？

答：烟道二次燃烧的现象：

（1）烟气温度急剧上升，氧量表指示偏小。

（2）烟道及炉膛负压剧烈变化，一、二次热风温度和排烟温度不正常升高。

（3）烟道门孔或不严密处有火星或冒烟。

（4）烟囱冒黑烟。

（5）如空气预热器二次燃烧时，外壳有温度辐射感受或烧红，严重时导致空气预热器卡涩。

烟道二次燃烧的原因：

（1）长期燃烧不良，煤粉过粗，大量可燃物在烟道内积存。

（2）低负荷运行时间过长，燃烧不好，烟速低，使未烧完的煤粉积存在烟道内。

（3）炉膛负压过大，使未燃尽的煤粉吸入烟道。

（4）点火初期，油枪雾化不良，使尾部受热面上积油垢并粘附大量煤粉。

烟道二次燃烧的处理：

（1）排烟温度不正常的升高，应立即检查各部烟温，判断再燃烧发生的区域，调整燃烧，投入该区域的蒸汽吹灰。

（2）汇报值长，降低负荷，关闭热风再循环门（或撤出空气预热器暖风机），运行方式切至"锅炉基本自动"。

（3）经上述处理无效，排烟温度仍不能控制，大幅度升高时，汇报值长，紧急停炉。

（4）停止送、引风机，关闭所有风门和烟气挡板，严禁通风。若空气预热器着火，应立即投入灭火装置用水灭火。

（5）待熄灭后，停止灭火水和吹灰器，烟温下降至稳定后，方可打开人孔门，检查有无火星和积灰。

（6）如自燃后积灰严重，应设法清扫积灰或冲洗干净后再启动。

（7）引风机、送风机启动后逐渐开启挡板，进行炉膛及烟道吹扫，确认排烟温度无升高现象时方可重新点火。

Je4F3030 运行中电动辅机跳闸处理原则？

答：（1）迅速启动备用电动辅机。

（2）对于重要的厂用电动辅机跳闸后，在没有备用的辅机或不能迅速启动备用辅机的情况下，为了不使机组重要设备遭到损坏，允许将已跳闸的电动辅机进行强送，具体强送次数规定如下：

6kV 电动辅机：一次。

380V 电动辅机：二次。

（3）跳闸的电动辅机，存在下列情况之一者，禁止进行强送：① 在电动机启动调节装置或电源电缆上有明显的短路或损坏现象；② 发生需要立即停止辅机运行的人身事故；③ 电动机所带的机械损坏；④ 非湿式电动机浸水。

Je4F3031　磨煤机温度异常及着火后应如何处理？（根据实际回答，本题以中速磨为例）

答：（1）正常运行中磨煤机出口温度应小于 82℃，当磨煤机出口温度大于 85℃时，应采取适当增加磨煤机煤量，关小热风调节挡板，开大冷风调节挡板的措施，来控制磨煤机出口温度在正常范围内。

（2）当磨煤机出口温度上升到 93℃时，磨煤机热风隔离门自动关闭，否则应手动关闭热风隔离门，同时开大冷风调节挡板，对磨煤机内部进行降温。

（3）经上述处理后，磨煤机出口温度仍继续上升，当升至 120℃时，应停止磨煤机及相应的给煤机运行，关闭磨煤机热风、冷风隔离门，关闭磨煤机出口门及给煤机出口煤闸门，关闭磨煤机密封隔离门，关闭磨煤机石子煤排放阀，将磨煤机完全隔离，然后开启磨煤机蒸汽灭火装置对磨煤机进行灭火。

（4）等磨煤机出口温度恢复正常后，停止磨煤机蒸汽灭火，做好安全隔离措施后由检修人员进行处理。

Je4F3032　轴流风机喘振有何危害？如何防止风机喘振？

答：当风机发生喘振时，风机的流量周期性地反复，并在很大范围内变化，表现为零甚至出现负值。由于风机流量的波动很大而发生气流的猛烈撞击，使风机本身产生剧烈振动，同时风机工作的噪声加剧。大容量的高压头风机产生喘振时的危害很大，可能导致设备和轴承的损坏，造成事故，直接影响锅炉的安全运行。

为防止风机喘振，可采用如下措施：

（1）保持风机在稳定区域工作。因此，管路中应选择 $P-Q$ 特性曲线没有驼峰的风机；如果风机的性能曲线有驼峰，应使风机一直保持在稳定区工作。

（2）采用再循环。使一部分排出的气体再引回风机入口，不使风机流量过小而处于不稳定区工作。

（3）加装放气阀。当输送流量小于或接近喘振的临界流量时，开启放气阀，放掉部分气体，降低管系压力，避免喘振。

（4）采用适当调节方法，改变风机本身的流量。如采用改变转速、叶片的安装角等办法，避免风机的工作点落入喘振区。

（5）当二台风机并联运行时，应尽量调节其出力平衡，防止偏差过大。

Je4F3033　发电机运行中失去励磁，对发电机本身有何影响？

答：对发电机有下列影响：

（1）发电机失去励磁后，由送出无功功率变为吸收无功功率，且滑差越大，发电机的等效电抗越小，吸收的无功电流越大，致使失磁的定子绕组过电流。

（2）转子出现转差后，转子表面将感应出滑差频率电流，造成转子局部过热，这对大型发电机威胁最大。

（3）异步运行时，转矩发生周期性变化，使定子、转子及其基础不断受到异常的机械力矩的冲击，机组振动加剧，影响发电机的安全运行。

Je4F4034　哪些情况下应紧急停用发电机运行？

答：发电机遇到下列情况之一者，应紧急停机，解列发电机，切断励磁电源：

（1）发电机、励磁机内部冒烟、着火或发生氢气爆炸。

（2）发电机本体严重漏水，危及设备安全运行。

（3）发电机氢气纯度迅速下降至紧急停机值或漏氢引起氢压急剧下降至紧急停机值时，或发电机密封油中断时。

（4）主变压器、高压厂用变压器着火或冒烟。

（5）发电机及励磁机5～7号支持轴承达紧急停机值。

Je4F4035　什么情况下应进行危急保安器注油试验？如何操作？

答：下列情况下应进行危急保安器注油试验：① 机组运行2000h；② 机组做超速试验前。

操作步骤为：

（1）检查机组转速稳定在3000r/min。

（2）在机头将充油试验手柄扳至"试验"位置并保持。

（3）缓慢开启危急保安器充油试验隔离阀，注意充油压力应逐渐上升。

（4）当手动脱扣手柄移向"遮断"位置时，记录此时充油压力及机组转速。

（5）关闭危急保安器充油试验隔离阀，注意充油压力应逐渐下降到0。

（6）将手动脱扣手柄扳到"复位"位置后逐渐放松于"正常"位置。

（7）放松充油试验手柄并置于"正常"位置。

Je4F4036　发电机启动升压过程中，为什么要监视转子电流和定子电流？

答：发电机启动升压过程中，监视转子电流的目的：

（1）监视转子电流和与之对应的定子电压，可以发现励磁回路有无短路。

（2）额定电压下的转子电流较额定空载励磁电流显著增大时，可以初步判定有匝间短路或定子铁心有局部短路。

（3）电压回路断线或电压表卡涩时，防止发电机电压升高，威胁绝缘。

发电机启动升压过程中，监视定子电流是为了判断发电机及主变压器高压侧有无短路现象。

Je4F4037　锅炉 MFT 是什么意思？条件有哪些？

答：MFT 的意思是锅炉主燃料跳闸，即在保护信号动作时控制系统自动将锅炉燃料系统切断，并且联动相应的系统及设备，使整个热力系统安全的停运，以防止故障的进一步扩大。

以下任一信号动作，MFT 保护动作（以强制循环汽包炉为例）：

（1）2 台送风机全停。

（2）2 台引风机全停。

（3）炉膛压力极高。

（4）炉膛压力极低。

（5）3 台炉水泵全停。

（6）汽包水位极高。

（7）汽包水位极低。

（8）总风量小于规定值。

（9）燃料失去。

（10）全炉膛灭火。

（11）热工 DC110V 及 AC220V 电源失去。

（12）蒸汽无通道。

（13）手揿"MFT"按钮。

（14）汽轮机请求。

Je4F4038　无载调压的变压器切换分接头后，测量直流电

阻不合格是什么原因？

答：切换分接头后，测量三相电阻应平衡。若不平衡，其差值不得超过三相平均值的 2%，并参考历次测量数据。

若经过来回多次切换后，三相电阻仍不平衡，可能是由下列原因造成的：

（1）分接开关接触不良，如触点烧伤、不清洁、电镀层脱落、弹簧压力不够等。

（2）分接开关引出导线在运行中开焊，多股导线有部分断股。

（3）三角形接线一相断线，此时未断线的两相电阻值为正常值的 1.5 倍，断线相的电阻值为正常值的 3 倍。

Je4F4039 变压器气体保护的使用有哪些规定？

答：变压器气体保护的使用规定如下：

（1）变压器投入前重瓦斯保护应作用于跳闸，轻瓦斯保护作用于信号。

（2）运行和备用中的变压器，重瓦斯保护应投入跳闸，轻瓦斯保护投入信号。重瓦斯保护和差动保护不许同时停用。

（3）变压器在进行滤油、加油、更换硅胶及处理呼吸器时，应先将重瓦斯保护改投信号，此时变压器的其他保护（如差动、速断保护等）仍应投入跳闸。工作完成，变压器空气排尽后，方可将重瓦斯保护重新投入跳闸。

（4）当变压器油位异常升高或油路系统有异常现象时，为查明原因，需要打开各放气或放油塞子、阀门，检查呼吸器或进行其他工作时，必须先将重瓦斯保护改投信号，然后才能开始工作。工作结束后即将重瓦斯保护重新投入跳闸。

（5）在地震预报期间，根据变压器的具体情况和气体继电器的类型来确定将重瓦斯保护投入跳闸或信号。地震引起重瓦斯动作停运的变压器，在投运前应对变压器及瓦斯保护进行检查试验，确定无异常后方可投入。

（6）变压器大量漏油致使油位迅速下降，禁止将重瓦斯保护改投信号。

（7）变压器轻瓦斯信号动作，若因油中剩余空气逸出或强迫油循环系统吸入空气引起，而且信号动作间隔时间逐渐缩短，将造成跳闸时，如无备用变压器，则应将重瓦斯保护改投信号，同时应立即查明原因加以消除。但如有备用变压器，则应切换至备用变压器，而不准使运行中变压器的重瓦斯保护改投信号。

Je4F4040　何为凝结水过冷却？有何危害？凝结水产生过冷却的原因有哪些？

答：凝结水的过冷却就是凝结水温度低于汽轮机排汽的饱和温度。

凝结水产生过冷却现象说明凝汽设备工作不正常。由于凝结水的过冷却必须增加锅炉的燃料消耗，使发电厂的热经济性降低。此外，过冷却还会使凝结水中的含氧量增加，加剧热力设备和管道的腐蚀，降低安全性。

凝结水产生过冷却的主要原因有：

（1）凝汽器汽侧积有空气，使蒸汽分压力下降，从而凝结水温度降低。

（2）运行中的凝汽器水位过高，淹没了一些冷却水管，形成了凝结水的过冷却。

（3）凝汽器冷却水管排列不佳或布置过密，使凝结水在冷却水管外形成一层水膜。此水膜外层温度接近或等于该处蒸汽的饱和温度，而膜内层紧贴铜管外壁，因而接近或等于冷却水温度。当水膜变厚下垂成水滴时，此水滴温度是水膜的平均温度，显然它低于饱和温度，从而产生过冷却。

Je4F4041　电力系统对频率指标是如何规定的？低频运行有何危害？

答：我国电力系统的额定频率为 50Hz，对 3000MW 以上的电力系统，其允许偏差为±0.2Hz，对 3000MW 及以下的电力系统，其允许偏差规定为±0.5Hz。

低频运行的主要危害有：

（1）系统长期低频运行时，汽轮机低压级叶片将会因振动加大而产生裂纹，甚至发生断裂事故。

（2）低频运行使厂用电动机的转速相应降低，因而使发电厂内的给水泵、循环水泵、送引风机、磨煤机等辅助设备的出力降低，严重时将影响发电厂出力，使频率进一步下降，引起恶性循环，可能造成发电厂全停的严重后果。

（3）使所有用户的交流电动机转速按比例下降，导致工农业产量和质量不同程度的降低，废品增加，严重时可能造成人身和设备损坏事故。

Je4F4042　正常停机前汽轮机应做哪些准备工作？

答：应做的准备工作有：

（1）各岗位接到停机命令后，做好停机前的准备工作。

（2）联系集控长将辅汽切至邻机，或联系值长启动小锅炉。

（3）进行主机交流润滑油泵、高压备用密封油泵、顶轴油泵、盘车电机试转，确认均正常并投入自动。

（4）确认 DEH 控制系统在"全自动"方式。

（5）根据"负荷变化运行曲线"允许的减负荷率与锅炉许可的减负荷率，选小的一方（不得大于 3.3MW/min）作为机组减负荷率的限制。

（6）按要求选择适当的停机方式。

（7）全面抄录一次蒸汽及金属温度。然后从减负荷开始定期抄录汽轮机金属温度，直至主机盘车正常停用。

Je3F3043　变压器在运行中发生不正常的温升，应如何处理？

答：变压器不正常温升的处理原则是当变压器在运行中油

温或绕组温度超过允许值时，应查明原因，并采取相应措施使其降低，同时须进行下列工作：

（1）检查变压器的负荷和冷却介质的温度，核对该负荷和冷却介质温度下应有的油温和绕组温度。

（2）核对变压器的 BTG 屏显示温度和就地温度计有无异常。

（3）检查冷却装置是否异常。备用冷却器是否投入，若未投则应立即手动启动。

（4）调整负荷、运行方式，使变压器温度不超过允许值。经检查冷却装置及测温装置均正常，调整负荷、运行方式仍无效，变压器油温或绕组温度仍有上升趋势，或油温比正常时同样负荷和冷却温度下高出 10℃以上，应立即汇报有关领导，停止变压器运行。在处理过程中应通知有关检修人员到场参与处理。

Je3F3044 机组正常运行时，若发生发电机振荡或失步故障时，应如何处理？

答：（1）增加发电机励磁电流，尽可能增加发电机无功，在频率允许及炉燃烧工况稳定时可采用拍磨引起 RB 动作来降低发电机有功负荷，以创造恢复同期的有利条件。

（2）若系统振荡引起机组 MFT，则按有关机组 MFT 事故处理原则进行处理。

（3）在系统振荡时，应密切注意机组重要辅机的运行情况，并设法调整有关运行参数在允许范围内。

（4）若由于发电机失磁造成系统振荡，失磁保护拒动时，应立即用发电机紧急解列断路器（或逆功率保护）及时将失磁的发电机解列，并应注意厂用电应自投成功，若不成功，则按有关厂用电事故处理原则进行处理。

（5）采取上述措施后，仍不能恢复同期，失步保护拒动时，应用发电机紧急解列断路器（或逆功率保护）及时将失磁的发电机解列，并应注意厂用电应自投成功，若不成功，则按有关厂用电事故处理原则进行处理。

（6）系统振荡时发电机失步、失磁等机组保护如动作跳闸，则按机组跳闸处理。

（7）发电机解列后，应查明原因，消除故障后才可以将发电机重新并列。

Je3F3045　汽轮机启动时为何排汽温度升高？

答：（1）汽轮机在启动过程中，调速汽门开启，全周进汽，通过主汽门控制汽轮机冲转、升速，2040r/min 中速暖机后升速至 2900r/min，进行阀切换后升速至 3000r/min。

（2）在汽轮机启动过程中，蒸汽经节流后通过喷嘴去推动调速级叶轮，节流后的蒸汽焓值增加（焓降较小），以致做功后排汽温度较高。

（3）在并网发电前的整个启动过程中，所耗汽量很少，这时做功主要依靠调节级。乏汽在流向排汽缸的通路中，流量小、流速低、通流截面大，产生了显著的鼓风作用。因鼓风损失较大而使排汽温度升高。在转子转动时，叶片（尤其末几级叶片较长）与蒸汽产生摩擦，也是使排汽温度升高的因素之一。汽轮机启动时真空较低，相对的饱和温度也将升高，即意味着排汽温度升高。

（4）当并网发电升负荷后，主蒸汽流量随着负荷的增加而增加，汽轮机逐步进入正常工况，摩擦和鼓风损耗所占的功率份额越来越小。在汽轮机排汽缸真空逐步升高的同时，排汽温度也逐步降低。汽轮机启动时间过长，也可能使排汽温度过高。应按照规程要求，控制机组启动时间，将排汽缸限制在限额内。汽轮机排汽温度不允许超过 120℃。

Je3F3046　发电机运行中失去励磁，对发电机本身有何影响？

答：对发电机有下列影响：

（1）发电机失去励磁后，由送出无功功率变为吸收无功功率，且滑差越大，发电机的等效电抗越小，吸收的无功电流越大，致使失磁的定子绕组过电流。

（2）转子出现转差后，转子表面将感应出滑差频率电流，造成转子局部过热，这对大型发电机威胁最大。

（3）异步运行时，转矩发生周期性变化，使定子、转子及其基础不断受到异常的机械力矩的冲击，机组振动加剧，影响发电机的安全运行。

Je3F3047 如何判断锅炉"四管"泄漏？

答：判断锅炉"四管"泄漏的方法有：

（1）仪表分析。根据给水流量、主蒸汽流量、炉膛及烟道各段温度、各段汽温、壁温、省煤器水温和空气预热器风温、炉膛负压、引风量等的变化及减温水流量的变化综合分析。

（2）就地巡回检查。泄漏处有不正常的响声，有时有汽水外冒，省煤器泄漏，放灰管处有灰水流出，放灰管温度上升，泄漏处局部正压。

（3）炉膛部分泄漏，燃烧不稳，有时会造成灭火。

（4）锅炉烟气量增加。

（5）再热器管泄漏时，电负荷下降（在等量的主蒸汽流量下）。

Je3F3048 空气预热器正常运行时主电动机过电流的原因及处理？

答：原因：

（1）电机过载或传动装置故障。

（2）密封过紧或转子弯曲卡涩。

（3）异物进入卡住空气预热器。

（4）导向或支持轴承损坏。

处理：

（1）检查空气预热器各部件，查明原因及时消除。

（2）若电流过大，电机过热，则应立即停止空气预热器运行，关闭空气预热器烟气进出口挡板，降低机组负荷至允许值，并注意另一侧排烟温度不应过高，否则继续减负荷并联系检修处理。

（3）若主电动机跳闸，应检查辅助电动机是否自动启动，若不能启动，应人工盘动空气预热器。

Je3F3049　锅炉启动前上水的时间和温度有何规定？为什么？

答：（1）锅炉启动前的进水速度不宜过快，一般冬季不少于 4h，其他季节 2～3h，进水初期尤其应缓慢。冷态锅炉的进水温度一般不大于 100℃，以使进入汽包的给水温度与汽包壁温度的差值不大于 40℃。未能完全冷却的锅炉，进水温度可比照汽包壁温度，一般差值应控制在 40℃ 以内，否则应减缓进水速度。

（2）原因：由于汽包壁较厚，膨胀较慢，而连接在汽包上的管子壁较薄，膨胀较快。若进水温度过高或进水速度过快，将会造成膨胀不均，使焊口发生裂缝，造成设备损坏。当给水进入汽包时，总是先与汽包下半壁接触，若给水温度与汽包壁温度差过大，进水时速度又快，汽包的上下壁、内外壁间将产生较大的膨胀差，给汽包造成较大的附加应力，引起汽包变形，严重时产生裂缝。

Je3F4050　某 300MW 锅炉空气预热器 B 由于扇形板卡而跳闸的处理方法。

答：单台空气预热器跳闸时，对应侧送、引风机联跳，RB 动作，燃烧率自动降至 50%。同时，跳闸空气预热器一、二次风及烟气进出口挡板保护关闭，辅助电动机自投。

（1）300MW 工况时，发生空气预热器 B 跳闸，B 侧引、送风机联跳 RB 动作，跳上层磨煤机 D，燃烧率自动快速下降至 50%，同时，空气预热器 B 所有风门、挡板保护关，即使引风机 A 动叶全开，仍极有可能不能维持炉膛负压，使炉膛冒正压并使炉膛压力超过保护动作值而 MFT，此时应按 MFT 处理。

（2）由于空气预热器 B 跳闸，一次风进、出时挡板保护关，会导致一次风的出力不能满足 3 台磨的需要，应及时投油枪（注意火检逻辑，防止灭火保护误动作）。为保证一次风压，可再手动停运 1 台下层制粉系统，以保证其他制粉系统的正常运行。

（3）空气预热器 B 跳闸后，风、烟都从单侧走，由于漏风原因，造成 A 侧排烟温度不正常地持续升高，此时，应投油枪，继续拍磨煤机，降低锅炉燃烧率，增加空气预热器的吹灰，直至排烟温度不超过限值（150℃左右），以防空气预热器发生二次燃烧。

（4）空气预热器 B 由于扇形板卡而跳闸，此时盘车不一定投得上，手动盘车可能也会有困难，应及时联系检修到场确认处理，若短时无法处理，则可申请停炉处理，防止设备严重损坏。

Je3F4051 汽轮机热力试验大致包括哪些内容？试验前应做哪些工作？

答： 内容包括：

（1）试验项目和试验的目的。

（2）试验时的热力系统和运行方式。

（3）测点布置、测量方法和所用的测试设备。

（4）试验负荷点的选择和保持负荷稳定的措施。

（5）试验时要求设备具有的条件，达到这些条件需要采取的措施。

（6）根据试验要求，确定计算方法。

（7）试验中的组织与分工。

试验前应做如下工作：

（1）全面了解熟悉主、辅设备和热力系统。

（2）对机组热力系统进行全面检查，消除各种泄漏和设备缺陷。

（3）安装好试验所需的测点和仪表并校验。

（4）拟订试验大纲。

Je3F4052　低电压运行的危害有哪些？

答：有以下危害：

（1）烧毁电动机。电压过低超过 10%，将使电动机电流增大，绕组温度升高，严重时使机械设备停止运转或无法启动，甚至烧毁电动机。

（2）灯发暗。如电压降低 5%，普通电灯的亮度下降 18%；电压下降 10%，亮度下降 35%；电压降低 20%，则日光灯无法启动。

（3）增大线损。在输送一定电能时，电压降低，电流相应增大，引起线损增大。

（4）降低电力系统的稳定性。由于电压降低，相应降低线路输送极限容量，因而降低了电力系统的稳定性，电压过低可能发生电压崩溃事故。

（5）发电机出力降低。如果电压降低超过 5%，则发电机出力也要相应降低。

（6）电压降低，还会降低送、变电设备能力。

Je3F4053　防止汽轮机轴瓦损坏的主要技术措施有哪些？

答：防止汽轮机轴瓦损坏的主要技术措施有：

（1）油系统各阀门应有标示牌，油系统切换工作按规程进行。

（2）润滑油系统阀门采用明杆或有标尺。

（3）高低压供油设备定期试验，润滑油压应以汽轮机中心线距冷油器最远的轴瓦为准。直流油泵电源熔断器宜选用较高的等级。

（4）汽轮机定速后停止油泵运行时应注意油压的变化。

（5）油箱油位应符合规定。

（6）润滑油压应符合设计值。

（7）停机前应试验润滑油泵正常后方可停机。

（8）严格控制油温。

（9）汽轮机任一道轴承断油冒烟或轴承回油温度突然上升至紧急停机值时，应紧急停机。

（10）汽轮机任一轴承温度突升至紧急停机值时应紧急停机。

Je3F4054　叙述机组跳闸后，电气逆功率保护未动作的处理。并分析：此时为什么不能直接拉 220kV 断路器进行处理。

答：（1）锅炉 MFT 后，首先应检查"汽轮机跳闸"光字牌亮，汽轮机高、中压主汽门及调速汽门均已关闭，发电机有功表指示为零或反向，此时逆功率保护应动作出口跳闸。若逆功率保护拒动，汽轮发电机组仍将维持 3000r/min 左右的同步转速。发电机进入调相运行状态，考虑到汽轮机叶片与空气摩擦造成过热，规程规定逆功率运行不得超过 1min，此时应用 BTG 盘上的发电机紧急解列断路器（或手拉灭磁断路器启动保护出口），将发电机解列。

发电机解列后应注意厂用电应自投成功，否则按有关厂用电事故原则处理。发电机解列后应联系检修，查明保护拒动原因并消除故障后方可重新并网。

（2）逆功率保护未动不能直接拉主变压器 220kV 断路器的原因为：

发电机由正常运行转为逆功率运行时，由于发电机有功功率由向系统输出转为输入，而励磁电流不变，故发电机电压将自动升高，即发电机无功负荷自动增加，增加后的无功电流在发电机和变压器电抗作用下仍保持发电机电压与系统电压的平衡。若此时拉开主变压器 220kV 断路器，会造成以下后果：由于 220kV 断路器拉开后并不启动发电机变压器组保护出口，厂用电系统不能进行自动切换，这时发电机出口仍带厂用电，随着发电机转速下降，厂用电的频率及电压与启动备用变压器低压侧相差较大，造成同期条件不满足，给切换厂用电带来困难，易失去厂用电而造成事故扩大。另外拉开主变压器 220kV 断路器瞬间，由于原来无功负荷较高，将造成厂用电电压瞬间过高，对厂用设备产生的冲击可能使设备绝缘损坏。

Je3F4055　简述防止锅炉炉膛爆炸事故的主要措施。

答：防止锅炉炉膛爆炸事故的主要措施：

（1）防止锅炉灭火及燃烧恶化，应加强煤质管理和燃烧调整，稳定燃烧，尤其是在低负荷运行时更为重要。

（2）防止燃料进入停用的炉膛，应加强锅炉点火及停炉运行操作的监督。

（3）保持锅炉制粉系统、烟风系统正常运行，以保证锅炉燃烧稳定。

（4）锅炉一旦灭火，应立即切断全部燃料；严禁投油稳燃或采用爆燃法恢复燃烧。

（5）锅炉每次点火前，必须按规定进行通风吹扫。

（6）锅炉炉膛结渣除影响锅炉受热面安全运行及经济性外，往往由于锅炉在掉渣的动态过程中，引起炉膛负压波动或灭火检测误判等因素而导致灭火保护动作，造成锅炉灭火。因此除应加强燃烧调整和防止结渣外，还应保持吹灰器正常运行。

（7）加强锅炉灭火保护装置的维护与管理。

Je3F5056　锅炉水位事故的危害及处理方法。

答：水位过高（锅炉满水）的危害：水位过高，蒸汽空间缩小，将会引起蒸汽带水，使蒸汽品质恶化，以致在过热器内部产生盐垢沉淀，使管子过热，金属强度降低而发生爆炸；满水时蒸汽大量带水，将会引起管道和汽轮机内严重的水冲击，造成设备损坏。

处理方法：

（1）将给水自动切至手动，关小给水调整门或降低给水泵转速。

（2）当水位升至保护定值时，应立即开启事故放水门。

（3）根据汽温情况，及时关小或停止减温器运行；若汽温急剧下降，应开启过热器集箱疏水门，并通知汽轮机开启主汽门前的疏水门。

（4）当高水位保护动作停炉时，查明原因后，放至点火水位，方可重新点火并列。

水位过低（锅炉缺水）的危害：将会引起水循环的破坏，使水冷壁超温；严重缺水时，还可能造成很严重的设备损坏事故。

处理方法：

（1）若缺水是由于给水泵故障，给水压力下降而引起，应立即通知汽轮机启动备用给水泵，恢复正常给水压力。

（2）当汽压、给水压力正常时：① 检查水位计指示正确性；② 将给水自动改为手动，加大给水量；③ 停止定期排污。

（3）检查水冷壁、省煤器有无泄漏。

（4）保护停炉后，查明原因，不得随意进水。

Je3F5057 25项反措规定，汽轮机停机转速到零后，若盘车投不上，应如何处理？

答：近年来，转子弯曲事故仍不断出现，由于未能正确投入盘车和采取必要的措施，导致了多起转子发生永久弯曲事故。重点强调并重申，当盘车盘不动时，决不能采用吊车强行盘车，以免造成通流部分进一步损坏。同时可采取以下闷缸措施，以清除转子热弯曲。

（1）尽快恢复润滑油系统向轴瓦供油。

（2）迅速破坏真空，停止快冷。

（3）隔离汽轮机本体的内、外冷源，消除缸内冷源。

（4）关闭汽轮机所有汽门以及所有汽轮机本体、抽汽管道疏水门，进行闷缸。

（5）严密监视和记录汽缸各部分的温度、温差和转子晃动随时间的变化情况。

（6）当汽缸上、下温差小于 50℃时，可手动试盘车；若转子能盘动，可盘转 180°进行自重法校直转子，温度越高越好。

（7）转子多次 180°盘转，当转子晃动值及方向回到原始状态时，可投连续盘车。

（8）开启顶轴油泵。

（9）在不盘车时，不允许向轴封送汽。

Je2F3058　锅炉燃烧调整试验的目的和内容是什么？

答： 为了保证锅炉燃烧稳定和安全经济运行，凡新投产或大修后的锅炉，以及燃料品种、燃烧设备、炉膛结构等有较大变动时，均应通过燃烧调整试验，确定最合理、经济的运行方式和参数控制的要求，为锅炉的安全运行、经济调度、自动控制及运行调整和事故处理提供必要的依据。

锅炉燃烧调整试验一般包括：

（1）炉膛冷态空气动力场试验。

（2）锅炉负荷特性试验。

（3）风量分配试验。

（4）最佳过剩空气系数试验。

（5）经济煤粉细度试验。

（6）燃烧器的负荷调节范围及合理组合方式试验。

（7）一次风管阻力调平试验。

Je2F3059　汽轮机在什么情况下方可进行甩负荷试验？合格标准是什么？

答：汽轮机在下述工作完成后方可进行甩负荷试验：

（1）甩负荷试验应在确认调速系统空负荷试验、带负荷试验以及超速试验合格后才能进行。

（2）试验应在锅炉和电气方面设备正常，各类安全门调试动作可靠情况下进行。

（3）试验措施全面并得到调度和负责工程师同意批准后方可进行。

（4）试验在甩 1/2、3/4 负荷合格后，方可进行。另外在试验前应做好人员分工。汽轮机甩负荷试验合格标准：

机组在甩去额定负荷后，转速上升，如未引起危急保安器动作即为合格。如转速未超过额定转速的 8%～9% 则为良好。

Je2F3060　锅炉点火后应注意哪些问题？

答：（1）锅炉点火后应加强空气预热器吹灰。

（2）若再热器处于干烧时，必须严格控制炉膛出口烟温。

（3）开启省煤器再循环阀。

（4）注意监视检查炉本体各处膨胀情况，防止受阻。

（5）严格控制汽水品质合格。

（6）经常监视炉火及油枪投入情况，加强汽包水位的监视，保持稳定。

（7）按时关闭蒸汽系统的空气门及疏水阀。

（8）严格控制汽包上、下壁温差不超过 50℃，若有超过趋势，应减慢升温升压速度，适当开大旁路系统，进行下联箱放水。

（9）汽轮机冲转后，保持蒸汽温度有 50℃ 以上的过热度，过热蒸汽、再热蒸汽两侧温差不超过允许值。

（10）严格按照机组启动曲线控制升温、升压，密切监视过热器、再热器不得超温。

（11）加强对油枪的维护、调整，保持雾化燃烧良好。

（12）发现设备有异常情况，直接影响正常投运时，应汇报值长，停止升压，待缺陷消除后继续升压。

Je2F3061　运行中影响燃烧经济性的因素有哪些？

答：运行中影响燃烧经济性的因素是多方面的、复杂的，主要的有以下几点：

（1）燃料质量变差，如挥发分下降，水分、灰分增大，使燃料着火及燃烧稳定性变差，燃烧完全程度下降。

（2）煤粉细度变粗，均匀度下降。

（3）风量及配风比不合理，如过量空气系数过大或过小，一二次风风率或风速配合不适当，一二次风混合不及时。

（4）燃烧器出口结渣或烧坏，造成气流偏斜，从而引起燃烧不完全。

（5）炉膛及制粉系统漏风量大，导致炉膛温度下降，影响燃料的安全燃烧。

（6）锅炉负荷过高或过低。负荷过高时，燃料在炉内停留的时间缩短；负荷过低时，炉温下降，配风工况也不理想，都影响燃料的完全燃烧。

（7）制粉系统中旋风分离器堵塞，三次风携带煤粉量增多，不完全燃烧损失增大。

（8）给粉机工作失常，下粉量不均匀。

Je2F4062　高、中压缸同时启动和中压缸进汽启动各有什么优缺点？

答：（1）高、中压缸同时启动有如下特点：蒸汽同时进入高、中压缸冲转转子，这种方法可使高、中压缸的级组分缸处加热均匀，减少热应力，并能缩短启动时间。缺点是汽缸转子膨胀情况较复杂，胀差较难控制。

（2）中压缸启动有如下特点：冲转时高压缸不进汽，而是待转速升到 2000~2500r/min 后才逐步向高压缸进汽，这种启动方式对控制差胀有利，可以不考虑高压缸差胀问题，以达到安全启动的目的。但启动时间较长，转速也较难控制。采用中压缸进汽启动，高压缸无蒸汽进入，鼓风作用产生的热量使高压缸内部温度升高，因此还需引少量冷却蒸汽。

Je2F4063 试述凝汽器真空下降的处理原则。

答：（1）发现真空下降，应对照排汽温度，确认真空下降，应迅速查明原因，立即采取相应的对策进行处理，并汇报上级领导。

（2）真空下降应启动备用真空泵，如真空跌至 88kPa 仍继续下降，则应按每下降 1kPa 机组减负荷 50MW，真空降至 82kPa 时减负荷到零。

（3）经处理无效，真空下降至 82kPa，机组负荷虽减到零但真空仍无法恢复，应打闸停机。

（4）真空下降时，应注意汽泵的运行情况，必要时切至电泵运行。

（5）真空下降，应注意排汽温度的变化，达 80℃时投入后缸喷水；如排汽温度上升至 121℃运行时间达 15min 或排汽温度超过 121℃，应打闸停机。

（6）如真空下降较快，在处理过程中降至 81kPa，保护动作机组跳闸，否则应手动打闸停机。

（7）因真空低停机时，应及时切除并关闭高、低压旁路，关闭主、再热蒸汽管道至凝汽器疏水，禁止开启锅炉至凝汽器的 5%旁路。

（8）加强对机组各轴承温度和振动情况的监视。

Je2F4064 机组运行时，引起表面式加热器端差增加的原因有哪些？

答：机组运行中，引起表面式加热器端差增加的原因很多，主要表现为：① 加热器水管泄漏造成给水流到其汽侧，或者疏水器失灵，以致汽侧水位升高而淹没加热器水管，致使实际传热面积减小，传热温差增大，端差增加；② 加热器抽气系统故障或者加热器漏气严重（对于处于真空状态的加热器而言）致使加热器内不凝结气体积聚，这些气体附着在水管外侧，致使传热系数降低，端差增加；③ 加热水管的表面被污染或结垢，使传热热阻增大，端差增加；④ 电厂常采用堵管的方法来临时处理加热器水管破裂的问题，而不至完全切除加热器，当堵塞的管束增多时，造成传热面积减少，而引起端差增加。

Je2F4065　主机做超速保护试验，必须具备哪些条件？

答：（1）做超速试验时，下列人员必须到场：总工程师、运行人员、设备管理部及检修主任、技术及机务主管、运行专职及其他有关专业人员。

（2）应有明确的组织分工并有专人指挥，准备好必要的通信工具，集控与就地的联系手段可靠，且必须有专人在就地监视机组转速。

（3）做超速试验前，应经危急保安器充油及手动脱扣试验并正常。

（4）汽门严密性试验合格。

（5）在额定转速下，汽轮发电机各轴承温度及振动正常。

（6）机组带 10%额定负荷至少暖机 4h，解列发电机后马上进行超速保护试验，要求在 15min 内完成试验。

（7）核对 DEH、TIS 及就地转速表指示均正常。

（8）汽轮机调节系统处于自动状态。

（9）凝汽器真空大于允许值。

Je2F4066　锅炉结焦的原因有哪些？

答：结焦的原因有：

（1）灰的性质：灰的熔点越高，则越不容易结焦，反之熔

（2）周围介质的成分：在燃烧过程中，由于供风不足或燃料与空气混合不良，使燃料达不到完全燃烧，未完全燃烧将产生还原性气体，灰的熔点大大降低。

（3）运行操作不当：由于燃烧调整不当使炉膛火焰发生偏斜；一、二次风配合不合理，一次风速高，煤粒没有完全燃烧而在高温软化状态粘附在受热面上继续燃烧，形成恶性循环。

（4）炉膛容积热负荷过大：由于炉膛设计不合理或锅炉不适当的超出力，而造成炉膛容积热负荷过大，炉膛温度过高，造成结焦。

（5）吹灰、除焦不及时：当炉膛受热面积灰过多，清理不及时或发现结焦后没及时清除，都会造成受热面壁温升高，使受热面严重结焦。

Je2F4067　防止汽轮机超速事故的措施。

答：（1）坚持调速系统静态调试，保证速度变动率和迟缓率符合规定。

（2）对新安装机组及对调速系统进行技术改造后的机组，均应进行调速系统动态特性试验，并保证甩负荷后飞升转速不超过规定值，能保持空负荷运行。

（3）机组大修后、甩负荷试验前、危急保安器解体后都应做超速试验。

（4）汽轮机各项保护符合要求并投入运行。

（5）各主汽门、调速汽门开关灵活，严密性试验合格，发现缺陷及时处理。

（6）定期进行主汽门、调速汽门、各抽汽逆止阀活动试验。

（7）定期进行油质分析化验。

（8）加强蒸汽品质监督，防止门杆结垢。

（9）发现机组超速，立即破坏真空紧急停机。

（10）采用滑压运行的机组，在滑参数启动过程中，调速汽门开度要留有裕度。

（11）机组长期停用应做好保养工作。

Je2F4068　锅炉低负荷运行时应注意些什么？

答：（1）保持煤种的稳定，减少负荷大幅度扰动。

（2）尽量减少锅炉漏风，特别是油枪处和底部漏风。

（3）风量不宜过大，粉不宜太粗，开启制粉系统操作要缓慢。

（4）投停油枪应考虑对角，尽量避免非对角运行。

（5）燃烧不稳时应及时投油助燃。

（6）尽量提高一、二次风温。

（7）保持合理的一次风速，炉膛负压不宜过大。

Je2F5069　　滑参数停机减负荷过程中汽轮机应注意哪些事项？

答：（1）加强对主蒸汽参数的监视，尤其是过热度应>56℃，若<56℃，应打闸停机。

（2）注意高压及中压主汽阀前两侧温差应≤14℃，最大≤28℃，如达41.7℃应打闸停机。

（3）滑参数停机过程中，再热蒸汽温度下降速度应尽量跟上主蒸汽温度下降速度，主、再热蒸汽温差应≤28℃，最大≤41.7℃，接近空载时≤83℃，否则应打闸停机。

（4）严密监视机组声音、振动、轴向位移、差胀、支持轴承和推力轴承金属温度的变化情况。

（5）密切注意汽轮机及主、再热蒸汽管道应无水击现象，检查各疏水阀动作情况应正常，并及时打开各手动疏水阀。

（6）经常检查汽缸金属温度、上下缸温差及高中压转子应力情况在正常范围。

（7）滑参数停机过程中，不许进行影响高、中压主汽阀和调节汽阀开度的试验，禁止做汽轮机超速试验。

（8）通知化学人员，加强对凝结水水质的监督，当水质不合格时禁止送入除氧器。

Je2F5070　汽轮机破坏真空紧急停机的操作步骤。

答：（1）在控制盘揿"汽轮机跳闸"按钮或在机头将汽轮机脱扣手柄置于"脱扣"位置，检查"汽机跳闸"、"主汽门关闭"光字牌亮，机组负荷到零，发电机解列。

（2）检查高、中压主汽门及调速汽门，各抽汽电动阀及逆止阀、高压排汽逆止阀关闭，汽轮机转速应连续下降。

（3）启动交流润滑油泵、高压备用密封油泵，检查润滑油压力正常。

（4）解除真空泵连锁，停真空泵，开凝汽器真空破坏阀。

（5）检查高、低压旁路是否动作，若已打开应立即手动关闭。

（6）手动关闭主、再热蒸汽管道上的疏水阀。

（7）检查并启动电泵，运行正常。

（8）检查小机 A、B 应跳闸，并投入连续盘车。

（9）检查并调整凝汽器、除氧器水位维持在正常范围。

（10）检查低压缸喷水阀自动打开。

（11）根据凝汽器真空情况及时调整轴封压力。

（12）在转速下降的同时，进行全面检查，仔细倾听机内声音。

（13）待转速到零，投入连续盘车，记录惰走时间及转子偏心度。

（14）完成正常停机的其他有关操作。

Je2F5071　对主机做超速保护试验有何要求？

答：（1）电超速保护动作转速为 3300r/min，危急遮断油动作转速为 3300～3330r/min。

（2）机械超速试验应进行两次，两次的动作转速差值应≤

18r/min（0.6%额定转速）。

（3）超速试验保护动作后，应检查各主汽阀、调节阀、抽汽电动阀及止回阀、高压排汽止回阀均关闭。

（4）试验时如转速超过危急保安器动作转速而未动作，应立即手动打闸停机。

（5）在试验过程中，要求锅炉尽量维持主蒸汽参数稳定。

Je2F5072　运行中高压加热器满水的现象、危害及处理。

答：运行中高压加热器满水的现象有：

（1）给水温度下降（高压加热器水侧进、出口温升下降），这样使相同负荷下煤量增多，汽温升高，相应减温水量增大，排烟温度下降，煤耗增大。

（2）疏水温度降低。

（3）CRT 上高压加热器水位高或极高报警。

（4）就地水位指示实际满水。

（5）正常疏水阀全开及事故疏水阀频繁动作或全开。

（6）满水严重时抽汽温度下降，抽汽管道振动大，法兰结合面冒汽。

（7）高压加热器严重满水时汽轮机有进水迹象，参数及声音异常。

（8）若水侧泄漏，则给水泵的给水流量与给水总量不匹配。

高压加热器满水的危害为：

（1）给水温度降低，影响机组效率。

（2）若高压加热器水侧泄漏，则给水泵转速增大，影响给水泵安全运行。

（3）严重满水时，可能造成汽轮机水冲击，引起叶片断裂，损坏设备等严重事件。

高压加热器满水时的处理：

（1）核对就地水位计，判断高压加热器水位是否真实升高。

（2）若疏水调节阀"自动"失灵，应立即切至"手动"调节。

（3）当高压加热器水位上升至高值时，事故疏水阀自动开启。否则应手动开启，手动开启后水位明显下降，说明事故疏水阀自动失灵，告维修处理。手动开启事故疏水阀后水位无明显下降。根据给水泵的给水流量与给水总量是否匹配，若匹配说明疏水管道系统有堵塞，要求机务处理；若不匹配说明高压加热器水侧有可能泄漏，汇报值长，减负荷至 270MW 左右，将高压加热器撤出并进行隔离。在撤出过程中严格控制好汽温，以及加强对凝结水系统监视及调整。告维修查漏处理。

（4）当高压加热器水位上升至极高时，高压加热器应保护动作，否则应立即手动紧急停用。检查逆止门及电动阀自动关闭，否则手动关闭。告维修处理。汇报值长要求修改负荷曲线。

（5）当高压加热器满水严重而影响机组安全运行时，应立即解列停机。

Je2F5073　汽轮机运行中，其隔板受哪些作用力？这些作用力在什么条件下最大？它们对隔板的安全工作有何影响？在运行中如何才能保证隔板安全工作？

答：汽轮机运行中隔板承受其前后蒸汽压力差产生的作用力；隔板喷嘴内蒸汽加速产生的反作用力。这些作用力在最大流量工况下最大。隔板前后蒸汽压力差产生的作用力，使隔板产生弯曲变形，隔板体内孔产生轴向位移；喷嘴叶栅顶部截面产生较大的弯曲应力。蒸汽加速对喷嘴叶栅产生的反作用力，在叶栅顶部和根部截面产生较大的弯曲应力。隔板体内孔轴向位移过大，可能使汽轮机动、静部分发生摩擦；喷嘴叶栅弯曲应力过大，可能产生裂纹。运行中控制汽轮机调节级汽室蒸汽压力不超过允许值，即能保证隔板安全工作。

Je2F5074　汽轮机运行中，其转子承受哪些作用力？哪些因素影响这些作用力的大小？这些作用力过大，对转子安全工

作有何影响？在运行中如何保证转子安全工作，使其具有一定的使用寿命？

答：汽轮机运行中转子承受其高速旋转产生的离心力；蒸汽作用在转子叶轮、轴肩和汽封凸肩上的轴向力；转子振动在其中产生的动应力；转子内部温度不均产生的热应力；传递机械功率的扭矩。

旋转产生的离心力与转速的平方成正比；蒸汽作用在叶轮上的轴向力与叶轮面积和其两侧蒸汽的压力差成正比；蒸汽作用在轴肩上的轴向力与其面积和该处蒸汽的压力成正比；转子振动在其中产生的动应力与振动的振幅和频率成比例，振动频率越高，振幅越大，动应力越大；转子内的热应力与转子内、外壁温差和轴向温差有关，温差越大，热应力越大；传递机械功率的扭矩与机组的负荷成正比，以发电机短路时扭矩最大。

离心力过大，将使其合成应力大于许用应力，严重时造成转子飞车；轴向力的合力过大，使推力轴承承受的轴向推力超过其承载能力，推力轴承因温度过高而烧损，造成汽轮机轴向动、静间隙消失，而发生摩擦或叶片断裂；转子振动的动应力和热应力过大，可能使其合成应力大于许用应力，并将加快其材料的疲劳，使转子应力集中部位出现裂纹，缩短使用寿命，甚至发生断裂；转子振动过大，动、静间隙消失，而发生摩擦，造成转子弯曲，诱发更强烈的振动；转子扭转振动和传递机械功率的扭矩，在转子内部产生剪切应力，此应力过大，特别是转子扭转振动发生共振，会造成联轴节连接螺栓断裂，出现重大事故。

在运行中只要超速保护正常，控制转速不超过额定转速的120%；发电机设置短路保护；控制蒸汽的温升率和升负荷率不超过允许值，可保证转子安全工作，并使其具有一定的使用寿命。

Je2F5075 300MW 汽轮机调节级压力异常的原因及处理

方法。

答：在正常运行中，调节级压力与主汽流量基本成正比，引起调节级压力异常的原因有：

（1）由于仪表测量原因，造成指示失准。

（2）汽轮机通流部分积盐垢，造成通流面积减小。

（3）由于金属零件碎裂，或机械杂物堵塞通流部分，或叶片损伤变形。

（4）在主机负荷不变的情况下，由于各种原因造成主汽流量偏离设计值，如多台加热器撤出，锅炉再热器大量泄漏，主机低压旁路严重内漏，或是真空突变，主汽压力、汽温等大幅度变化，都将引起主汽流量异常，从而反映在调节级压力的异常变化上。

（5）主机超负荷运行。

调节级压力异常的处理方法为：

（1）机组大修后在一定工况下，对应的调节级压力应有原始记录，以便供日常运行中作出对照比较。

（2）当主机调节级压力异常时，首先要具体分析找出原因，并加强相关参数的监视，如主汽压力、温度、真空、主机振动、差胀、轴位移，以及各段抽汽压力是否出现异常。

（3）对于由于热工测点故障而使调节级压力异常时，由于此时主汽流量也可能出现失常，要加强对协调控制系统、汽包水位自动等的监视，必要时手动调整，并通过间接手段对主汽流量加强监视。尽快联系仪控人员处理。

（4）由于通流部分积盐造成的通流部分面积减小，是缓慢进行的，机组运行一段时间后，应将调节级压力与原始值作出比较，一旦发现积盐现象，尽快作出停机处理，同时在日常运行中，要加强对汽水品质管理，防止由于蒸汽品质超标而造成叶片结垢。

（5）在调节级压力异常变化时，同时主机振动加剧，轴位移明显变化或出现凝结水硬度、导电率等指标上升，或出现加热器满水，判断为主机叶片损坏，严格按规程减负荷或停机，防止事故扩大。

（6）在机组高负荷时，主汽参数尽可能在额定值运行，对应负荷下，主汽流量明显增大时，除检查主汽各参数外，还应检查是否为主汽门后的蒸汽系统有泄漏而导致流量加大。加热器撤出时要加强对调节级压力的监视（特别是多台加热器同时撤出）。

（7）当调节级压力升高至规定值时，机组应申请降负荷处理。

Je1F2076 汽压变化时，如何判断是外部因素还是内部因素引起的？

答：汽压是否稳定是锅炉产汽量与负荷是否平衡的一个标志。如果两者相等则压力不变；如果产汽量小于负荷则汽压下降；反之汽压则上升。平衡是相对的、暂时的。变化和不平衡是绝对的，产汽量和负荷时刻都在变化。

负荷变化引起的压力波动可以看成是外部因素，而锅炉产汽量的变化（指不是人为调整引起的）可以看成是内部因素。压力波动时，分清是外部因素还是内部因素引起的，对负荷调整和减少压力波动是必要的。

当汽压和蒸汽流量两个变量同时增加或同时减少时，则说明汽压的变化是由于内部因素引起的；当汽压和蒸汽流量两个变量一个增加，另一个减少，则说明汽压的变化是由外部因素引起的。例如，汽压升高、流量减少，或汽压降低、流量增加，则说明是外部因素即负荷变化引起的；汽压升高、蒸汽流量增加，或汽压降低、蒸汽流量减少，则说明是内部因素引起的。

外部因素引起的压力波动比较好处理，只要适当地增减燃料量和引、送风量，即可使汽压恢复正常；而内部因素引起的压力变化，情况比较复杂。例如，燃料发热量变化，煤粉细度变化，燃油变化不良，配风不良，风机故障，水冷壁或过热器爆管等内部因素，都可以引起压力变化。因此，要做具体的分析，查明原因，采取针对性的措施才能使汽压恢复正常。

Je1F2077　为什么在燃料量不变的情况下，汽压升高，蒸汽流量表指示降低，而汽压降低时，蒸汽流量表指示增加？

答：锅炉的汽压变化反映了产汽量与负荷的不平衡。当汽压升高时，说明锅炉产汽量大于负荷。在燃料量不变的情况下，汽压升高，饱和温度升高，一部分热量储存在炉水和金属受热面中，用于产生蒸汽的热量减少，使蒸发量下降。另一方面，测量蒸汽流量用流量孔板，要使压力保持在孔板设计工况下，才能保证流量测量准确。当压力高于设计工况时，因孔板前后的压差与蒸汽流速的平方和密度的一次方成正比；所以，测出的流量偏低，反之偏高。即同样的流量，压力高时的仪表指示流量较压力低时少。因此，在燃料量不变的情况下，汽压升高，蒸汽流量表指示流量下降。

当汽压下降时，说明负荷大于产汽量。由于饱和温度下降，储存在炉水和金属受热面中的热量释放出来，炉水的自身汽化，产生一部分蒸汽。所以，汽压下降时，即使燃料量不变，蒸汽流量表指示的流量必然增加。

Je1F2078　为什么锅炉在运行中应经常监视排烟温度的变化？锅炉排烟温度升高一般是什么原因造成的？

答：因为排烟热损失是锅炉各项热损失中最大的一项，一般为送入热量的 6%左右；排烟温度每增加 12～15℃，排烟热损失增加 1%，所以排烟温度应是锅炉运行中最重要的指标之一，必须重点监视。使排烟温度升高的因素如下：

（1）受热面积灰、结渣。

（2）过剩空气系数过大。

（3）漏风系数过大。

（4）给水温度。

（5）燃料中的水分。

（6）锅炉负荷

（7）燃料品种。

（8）制粉系统的运行方式。

Je1F3079　在何种情况下出现虚假水位？出现虚假水位时应如何控制汽包水位在正常范围内？

答：（1）水位计泄露。汽侧漏，水位偏高；水侧漏，水位偏低。

（2）水位计堵塞。无论汽侧堵塞还是水侧堵塞，水位计均偏高，水位水侧计堵塞时，水位停止波动。

（3）当负荷骤增、汽压下降时，水位短时间增高。负荷骤增汽压下降，说明锅炉蒸发量小于外界负荷。因为，饱和温度下降，炉水自身汽化，使水冷壁中的水排挤到汽包中，使水位升高。反之，当负荷骤减、汽压升高时，水位短时间降低。安全门动作也造成虚假水位，其现象、原因同负荷骤增。

掌握可能造成汽包虚假水位的工况及其规律，对调整水位、平稳操作有很大的帮助。当运行中出现虚假水位时，不要立即盲目调整，而要等到水位逐渐与给水量、蒸发量之间的平衡关系变化一致时再调整。在大型锅炉运行中，若大幅度的增加负荷或安全阀动作时，若不及时调整，虽然是虚假水位，但因水位上升或下降过快而使汽包水位保护动作，造成机组停止运行。所以，当出现虚假水位时，应立即根据具体情况正确分析，果断调整，以确保机组的安全运行。

Je1F3080　二次风对锅炉燃烧有什么影响？

答：二次风是锅炉燃烧的主要高温风源，对锅炉的煤粉燃烧影响是很大的。

（1）二次风量过大，将造成炉膛温度降低，蒸汽温度升高，并使锅炉的排烟热损失增加。

（2）二次风量过小，使煤粉燃烧大量缺氧，使化学和机械未完全燃烧热损失增加，严重时造成锅炉灭火等事故。

（3）合理二次风的配备需要经过燃烧调整比较来确定，它是保证锅炉炉膛内具有良好的空气动力场和燃烧的稳定性，保证锅炉安全经济运行的基础。因此，二次风速一般要大于一次风速，才能使空气与煤粉混合，使煤粉完全燃烧。但也不能过大，否则会造成二次风速吸引一次风，使风粉混合提前，影响着火。二次风速过大，还会冲击下游一次风粉气流，使之偏转贴墙，造成炉膛结渣或增大机械不完全燃烧损失。

Je1F3081　试述造成汽温偏高的原因有哪些？

答：（1）水冷壁的管内结构，管外结渣、积灰，吸热量减少，高温烟气进入后部烟道，使过热器吸热量增加。

（2）燃料性质改变。水分或灰分增加，或煤粉过粗，造成二次再燃烧。

1）火焰中心高，炉膛负压大，使高温烟气没有充分被水冷壁吸收热量而流走，使过热器吸热量增加。

2）炉膛漏风量大，降低了炉膛温度，减少了辐射传热，使汽温升高。

3）给水温度低，燃料量增加使汽温升高。

4）表面式减温器结垢，传热能力差。

5）中储式制粉系统中，旋风分离器堵塞，煤粉自流，煤粉大量进入炉膛，使过热器吸热量增加。

6）减温水系统发生故障或调整不当。

Je1F3082　锅炉启动过程中，汽包上下壁温差大的原因是什么？如何防止？

答：（1）这是因为启动初期，水循环尚未正常建立，汽包内的水流动较慢，汽包下部是未饱和水，或是饱和温度较低的水，汽包上部是点火后水冷壁产生的蒸汽，汽包下壁与水直接接触传热速度较慢，金属温度升高不多；而汽包的上壁直接与蒸汽接触，由于蒸汽凝结时的放热系数比水的放热系数大好几倍，使汽包上半部温度升高得较快，因而形成了汽包上下壁温差。

（2）锅炉再启动过程中，防止汽包上、下壁温差过大的主要措施有：

1）严格控制升压速度，尤其是低压阶段的升压速度应力求缓慢，这是防止汽包温差过大的重要和根本措施。为此，要严格控制升压速度，按照给定的升压曲线进行。

2）升压初期汽压的上升要稳定，尽量不使汽压波动太大。

3）加强锅炉水冷壁下联箱放水，这对促进水循环，使受热面的受热均匀和减少汽包上下壁温差是很有效的。

4）对装有邻炉加热装置的锅炉，可适当延长加热时间，在不点火的情况下，尽量提高炉水温度。

5）尽量提高给水温度。

Je1F3083　如何防止锅炉受热面的高、低温腐蚀？

答：（1）高温腐蚀的防止：

1）运行中调整好燃烧，控制合理的过剩空气系数，防止一次风冲刷壁面，使未燃尽煤粉在结焦面上停留；合理配风，防止喷燃器附近壁面出现还原性气体。

2）提高金属的抗腐蚀能力。

3）降低燃料中的含硫量。

4）确定合适的煤粉细度。

（2）低温腐蚀的防止：

1）采用热风再循环或暖风器，提高空气预热器的进风温度，使预热器的冷端壁温超过酸露点温度一定数值。

2）降低燃料中的含硫量，运行中采用低氧燃烧。

3）采用耐腐蚀材料制成空气预热器的蓄热元件。

Je1F5084　如何处理单元机组厂用电中断事故？

答：单元机组厂用电是重要负荷，除由工作电源供电外，还应有备用电源。当工作电源故障时，备用电源应自投。若装置或开关未动作，应手动强送（按规程规定执行）。若厂用母线出现永久故障或开关拒动时，将发生厂用电中断事故。如果某一段厂用电中断，机、炉人员应立即启动备用设备，必要时投油助燃；对于失电的回转空气预热器，应立即手动盘车防止烧坏，应注意降低机组负荷，保持汽温、汽压稳定；注意油系统油压，及时启动备用油泵；防止失电水泵倒转，保证锅炉正常供水等。如果厂用电全部中断，机、炉设备不能维持运行，应按故障停机处理。一旦厂用电恢复，应迅速启动辅机，重新点火启动，重新接带负荷。

Je1F5085　汽轮机运行中，其汽缸受哪些作用力？这些作用力在汽缸内产生什么样的应力状态？这些作用力在什么条件下最大？它们对汽缸安全工作有何影响？在运行中如何保证汽缸安全工作？

答：汽轮机运行中，其汽缸承受的作用力有：蒸汽与大气压力差产生的作用力；隔板或隔板套作用在汽缸上的力；汽缸内、外壁温差产生的热应力；连接管道作用在汽缸上的力。

蒸汽与大气压力差产生的作用力，在汽缸壁内部产生切向、轴向和径向应力；在高、中压汽缸的法兰内还产生弯曲应力；在其螺栓内产生拉应力。隔板或隔板套作用在汽缸上的力，在其与汽缸的接触面产生挤压应力；蒸汽喷射对隔板产生的反作用力，通过隔板的挂耳传递给汽缸，在汽缸内产生剪切应力；汽缸内、外壁温差产生切向、轴向和径向热应力。连接管道作用在汽缸上的力，在汽缸壁内产生局部的拉、压应力或剪切应力。

除凝汽式汽轮机的最末几级和低压排汽室外，其内部蒸汽压力大于大气压力，承受蒸汽表压力在其内壁产生的作用力，其中以进汽部分蒸汽压力最高，特别是在其进汽超压的最大流量工况，汽缸、法兰和螺栓承受的蒸汽作用力最大。对于其低压最末几级和低压排汽室，内部压力低于大气压力，主要承受大气的作用力，它随凝汽器真空升高而增大。隔板或隔板套作用在汽缸上的力，以最大流量工况时最大。汽缸内的热应力，与汽缸内、外壁温差成比例，温差越大，热应力越大。连接管道作用在汽缸上的力，与管道连接的状态有关。

对于汽缸的高、中压部分，若运行中其内、外压力差过大而超过最大许用值，其最大应力可能超过材料的许用应力；螺栓因变形而使预紧力消失，法兰结合面出现张口，产生漏汽，冲刷法兰结合面，破坏结合面的严密性。对于汽缸的低压部分，其内部压力低于大气压力，主要解决刚度问题，同时防止排汽压力高于大气压力。因为排汽压力升高，排汽温度随之升高，排汽缸的垂直膨胀量增大，破坏转子或汽缸中心线的自然垂弧，可能引起机组振动，造成动、静部分摩擦；而且可能造成凝汽器铜管泄漏，影响凝结水的质量。在汽轮机启停和变负荷过程中，热应力为交变应力，热应力过大将使材料提前出现疲劳裂纹，还可能使合成应力超过许用应力。连接管道作用在汽缸上的力过大，将阻碍汽轮机自由膨胀，严重时会引起汽缸中心线偏斜，或与台板脱离，造成推力轴承烧毁，或激起机组强烈振动。

只要在安装时注意控制连接管道作用在汽缸上的力，在运行中控制主蒸汽和调节级后蒸汽的参数不超过最大许用值，汽缸内、外壁温差和法兰内、外壁温差不超过最大允许值，就可以保证汽缸的安全。

Je1F5086　机组跳闸后，发现某调速汽门未关下的现象及处理，并分析调速汽门无法关下的原因。

答：调速汽门未关下的现象：

（1）DEH 指示盘某未关调速汽门"关"灯不点亮。

（2）DEH、CRT 内某未关调速汽门反馈不为零。

（3）若未关高压调速汽门侧主汽门或未关中压调速汽门侧中压主汽门，关不死，则汽轮机的转速可能会升高超过危急保安器的动作值，危急保安器应动作，但转速仍有可能飞升。

（4）若出现上述（3）情况，则"OPC 动作报警"及"汽轮机转速高"均可能动作报警。

调速汽门未关下的原因：

（1）主机调速系统工作不正常。

（2）调速汽门伺服执行机构进油滤网脏堵。

（3）由于安装质量或其他原因造成调速汽门卡涩，或油动机执行机构卡涩。

调速汽门未关下的处理：

（1）若高压主汽门、中压主汽门均能关严，则机组跳闸后，转速应渐下降，此时按跳机处理，同时联系检修人员到场协助检查某未关调速汽门的原因，并作出处理，动静态试验正常后，才考虑开机；否则，按规程规定，不允许开机。

（2）若某高压调速汽门未关而对应侧主汽门关不严，出现主机转速不正常地升高超过危急保安器动作值，则立即破坏真空，检查并开启高压缸排汽通风阀，开启电磁泄放阀泄压。检查主机转速有下降趋势，同时将主蒸汽管路上检修用水压试验隔离门送电并关闭，确认主机转速下降，增开一台循泵，其余按破坏真空紧急停机处理方法处理。及时开启顶轴油泵并待主机转速到零后投入盘车，对主机进行全面检查和试验无异常后，且将某高压调速汽门未关及主汽门关不严的原因查明并消除后，才考虑开机。

（3）若某中压调速汽门未关而对应侧中压主汽门关不严，出现主机转速不正常地升高超过危急保安器动作值，则立即破坏真空，关闭主机高压旁路并确认关严，检查并开启高压缸排汽通风阀，检查并确认冷再热蒸汽管路，热再热蒸汽管路疏水阀、低压旁路阀全开，增开一台循泵，确认主机转速渐下降，接下来的处理与处理（2）相同。

（4）在上述处理中，及时汇报并联系检修人员及时到场协助处理。

（5）若在处理过程中，出现人员受伤或设备着火时，应及时联系医务人员和消防人员到场。

Je1F5087　从运行方面讲，汽轮机如何防止进水、进冷汽？

答：主要方法有：

（1）发现水冲击迹象时应立即打闸停机。

（2）加强监视凝结器、除氧器、加热器水位，保持水位在规定值。

（3）汽轮机启动前主蒸汽、再热蒸汽管道充分暖管，保证疏水畅通。

（4）高加保护同高加一起投入，保证动作可靠。

（5）汽轮机滑参数启停过程中严格控制蒸汽的过热度。

（6）汽轮机运行中严格控制主蒸汽温度，超过规定及时处理。

（7）汽轮机停机后要加强监视上、下缸温差变化及盘车运行情况。

Je1F5088　试述如何进行锅炉的燃烧调整？

答：锅炉的燃烧调整主要从以下几个方面进行：

（1）风量的调整。正常运行时，及时调整送风机、吸风机风量，维持正常的炉膛压力；炉膛出口的过量空气系数 α 值，应根据不同燃料的燃烧试验确定，烟气中的最佳含氧量应由调整试验确定；各部漏风率符合设计要求。

值班人员应确知炉前燃料的种类及其主要成分（挥发分、水分、灰分、燃油黏度）、发热量和灰熔点，不同燃料通过调整试验确定合理的一、二、三次风率、风速，控制调整一、二、三次风压，达到配风要求，组织炉内良好的燃烧工况。当锅炉增加负荷时，应先增加风量，随之增加燃料量；反之，锅炉减负荷时应先减少燃料量，后减少风量，并加强风量和燃料量的协调配合。

（2）燃料量的调整。配直吹式制粉系统的锅炉，负荷变化不大时，通过调整运行中制粉系统的出力来满足负荷的要求；负荷变化较大时，通过启、停制粉系统的方式满足负荷要求。配中间储仓式制粉系统的锅炉，负荷变化不大时，通过调整给粉机转速的方法即可满足负荷的需要；负荷变化较大时，通过投、停给粉机的方法满足负荷的需要。

（3）煤粉燃烧器的组合方式。在锅炉正常运行中，对配中间储仓式制粉系统的锅炉，煤粉燃烧器应逐只对称投入或停用，四角布置、切圆燃烧的锅炉严禁煤粉燃烧器缺角运行；对配直吹式制粉系统的锅炉，各煤粉燃烧器的煤粉气流应均匀；高负荷运行时，应将最大数量的煤粉燃烧器投入运行，并合理分配各煤粉燃烧器的供粉量，以均衡炉膛热负荷，减小热偏差；低负荷运行时，尽量少投煤粉燃烧器，保持较高的煤粉浓度，且煤粉燃烧器尽量避免脱层运行；煤粉燃烧器投用后，及时进行风量调整，确保煤粉燃烧完全。

（4）结渣的预防。锅炉受热面结渣的主要原因取决于燃煤的结渣特性及燃烧工况。因此，除按上述调整原则组织良好的炉内燃烧工况、注意监视各段工质温度的变化外，还应加强燃料的管理工作，电厂用煤应长期固定；若煤种多变，应加强混配煤，使其尽量接近设计煤种；运行中加强锅炉吹灰工作，防止受热面积灰、结渣；若发现结渣，应及时采取措施。

Jf2F4089 新安装的锅炉在启动前应进行哪些工作？

答：这些工作包括：

（1）水压试验（超压试验），检验承压部件的严密性。

（2）辅机试转及各电动门、风门的校验。

（3）烘炉。除去炉墙的水分及锅炉管内积水。

（4）煮炉与酸洗。用碱液清除蒸发系统受热面内的油脂、铁锈、氧化层和其他腐蚀产物、水垢等沉积物。

（5）炉膛空气动力场试验。

（6）冲管。用锅炉自生蒸汽冲除一、二次蒸汽管道内的杂渣。

（7）校验安全门等。

Jf2F4090　分析定压运行时中间再热式机组联合调节的过程。

答：机组在调节过程中，其主调信号为 P_0'，它由频差信号（一次调频）$k\Delta f$ 和负荷给定值 P_0 组成。负荷给定值可以由运行人员输入，也可以由中心调度室输入（进行二次调频）。由于机组的输出功率受辅机出力的影响，所以引入辅机出力信号，作为 P_0' 的修正和限制信号。将主调信号 P_0' 以及 P_0' 与测功信号 P 之差值 ΔP，送入锅炉燃烧调节器，实现"提前燃烧"调节。并将主蒸汽压力与整定值之间的差值 ΔP 也引入锅炉燃烧调节器，进一步加快燃烧调节，使锅炉的蒸发量迅速满足机组功率变化对蒸汽流量的需求，恢复主蒸汽压力为额定值。锅炉燃烧调节器综合处理这三个信号，并输出燃烧调节信号 FR，以调整风、煤系统和给水系统。另外将 ΔP 和 ΔP 引入汽轮机阀位调节器，经过调节器的综合处理后，输出阀位调节信号 m 至阀位控制器，控制汽轮机调节阀门的开度。利用锅炉和主蒸汽系统的储热能力，迅速实现与外负荷之间的功率平衡。此时，若锅炉调节仍不能满足要求，使主蒸汽压力 ΔP_0 的变化超过允许范围，此信号将限制调节阀的开度进一步开大（外负荷增加时），或开大旁路系统的控制阀（外负荷减小，主蒸汽压力升高时），以防止锅炉出口压力大幅度波动，保证锅炉调节的稳定性。虽然将

ΔP 引入阀位调节器后减弱了机组的一次调频能力,但同时采用提前燃烧,因此有一定的补偿,所以联合调节可以提高机组的负荷适应能力,并改善机、炉调节的动态特性。

Jf2F4091　单元机组协调控制的调节原理是什么？有何优点？

答：机炉协调控制的基本原理是在机炉单独调节、炉跟机或机跟炉的基本调节方案中,增加机炉间的协调信号回路,两者的调节相互协调,以提高机组对负荷变化的响应速度,并使主蒸汽压力波动在允许范围内。

以炉跟机为基础的协调控制方式,是在炉跟机基本调节方式的基础上,将主蒸汽压力变化的信号同时引入汽轮机的调节系统,仍以外负荷变化的信号控制其调节阀的开度,充分利用主蒸汽系统的蓄热能力,使汽轮机的功率与外负荷的变化相适应。若主蒸汽压力变化在允许范围内,此信号不起作用;当主蒸汽压力的变化超过允许范围时,该信号将限制汽轮机调节阀的开度进一步变化。另外,将汽轮机的功率信号同时引入锅炉燃烧调节器,仍以主蒸汽压力变化为主调信号,而汽轮机的功率信号用于强化燃烧调节,减缓锅炉燃烧调节的迟缓性,使燃烧指令直接与汽轮机的能量需求相平衡。

以机跟炉为基础的协调控制方式,是在炉跟机或机跟炉两种基本调节方式的基础上,将外负荷变化的信号同时引入锅炉燃烧调节器,仍以主蒸汽压力变化为主调信号,而外负荷变化信号用于强化燃烧调节,以缩小机、炉调节对外负荷变化响应速度的差别。此时将外负荷变化和主蒸汽压力变化的信号同时引入汽轮机的调节系统,根据主蒸汽压力改变调节阀的开度(主蒸汽压力升高,调节阀开大),使汽轮机的功率变化,与外负荷的变化相适应,维持主蒸汽压力为设定值。而引入外负荷变化的信号,则使汽轮机充分利用主蒸汽系统的蓄热能力,提高机组对外负荷变化的响应速度。

单元机组的协调控制是解决大系统控制问题基本策略的具体运用。它采用分解与协调的基本方法，把系统分解成机、炉和其他辅机的若干个子系统，进行分块处理，求得各块达到最优控制。再从系统的全局出发进行各子系统之间的协调，求得各子系统之间的和谐，进而实现对整个系统的最优控制。因此，既可加快锅炉的燃烧调节，充分利用主蒸汽系统的蓄热能力，提高机组对外负荷变化的响应速度，又可保证主蒸汽压力波动在允许范围内，提高单元机组调节的动态稳定性。同时，在协调中充分考虑控制对象的性能和相互间的影响，控制精度和可靠性都很高。另外，它把自动调节、状态监视、逻辑控制、连锁保护和报警显示等功能有机地结合在一起，组成一个具有多种控制功能，满足不同运行方式和不同运行工况控制要求的综合控制系统。由于采用分散处理，各控制器的结构相对简单，易于整定和维修。

Jf2F4092 机组运行可靠性的指标如何进行统计和计算？

答：从安全角度，汽轮机运行的可靠性指标主要是可用系数和强迫停运系数，它们反映汽轮机设计、安装和运行维护的水平。

可靠性指标的计算，首先要确定统计时间段 PH（一年或一个大修期）；其次统计在此时间段内机组处于可用状态的时间 AH；机组实际运行时间 SH；计划大修、小修和节假日维修的时间 POH；汽轮机被迫停机持续的时间 FOH；故障或事故停机维修和计划维修工期延迟的时间 UOH。

可用系数 AF＝（AH/PH）×100%；计划停运系数 POF＝（POH/PH）×100%；非计划停运系数 UOF＝（UOH/PH）×100%；强迫停运系数 FOF＝（FOH/PH）×100%；强迫停运率 FOR＝（FOH/（FOH+SH））×100%；运行系数 SF＝（SH/PH）×100%。

技能操作试题

4.2.1 单项操作

行业：电力行业　工种：集控值班员　等级：中级、高级

编　号	C34A001	行为领域	e	鉴定范围	6
考核时限	10min	题　型	A	题　分	20
试题正文	磨煤机 A 跳闸				
需要说明的问题和要求	1. 要求单独进行操作处理 2. 现场就地操作演示，不得触动运行设备 3. 在仿真机上操作，按仿真机运行规程考核 4. 万一遇生产事故，立即停止考核，退出现场 5. 结合本单位现场实际处理				
工具、材料、设备、场地	现场设备或仿真机				
处理要点	1. 及时发现磨煤机跳闸，根据负荷情况，增加其余磨煤机出力，维持机组负荷、参数稳定 2. 避免运行磨煤机过负荷，根据情况启动备用磨煤机 3. 及时调整二次风挡板，保证燃烧稳定				
评 分 标 准	序号	项　目　名　称			
	1	现象			
	1.1	总给煤量突降后恢复至正常煤量			
	1.2	磨煤机跳闸报警			
	2	处理			
	2.1	及时发现磨煤机跳闸			
	2.2	及时检查其余运行磨煤机出力自动增加，否则手动增加，避免机组负荷降低过多			
	2.3	投入 B，F 层点火油枪稳燃			
	2.4	启动备用磨煤机，均匀各磨煤机出力，避免磨煤机出力过高			
	2.5	A 磨煤机二次风挡板关至 50%			
	2.6	刚启动磨煤机二次风挡板开至 100%			
	2.7	机组负荷稳定在 600MW，维持主汽温、再热汽温正常（主汽温 552～574℃、再热汽温 542～574℃）			
	2.8	燃烧稳定后退出点火油枪			

序号	项 目 名 称
质量 要求	1. 严格执行集控运行规程规定 2. 操作顺序不准颠倒或漏项 3. 操作完毕，应及时向上级汇报并记录
评 分 标 准 得分 或 扣分	1. 操作顺序颠倒扣 1～4 分，如因操作颠倒导致无法继续的，该题不得分 2. 操作漏项扣 1～4 分，如因漏项使操作必须重新开始，但不导致不良后果的，扣该题总分的 50%；如导致不良后果的，该题不得分 3. 每项操作后必须检查操作结果，再开始下一步操作，否则扣 1～4 分 4. 因误操作致使过程延误，但不造成不良后果的，扣该题总分的 50%；造成不良后果的，该题不得分 5. 操作结束后，应有汇报、记录，否则该题扣 1～4 分 6. 故障分析判断错误，该题不得分，如故障分析不全面、不准确，但不影响事故处理，扣该题总分的 50%；因故障分析不全面、不准确而导致事故扩大，该题不得分 7. 对操作过程中违反安全规程及运行规程的，不得分

行业：电力行业　　工种：集控值班员　　等级：中级、高级

编　号	C34A002	行为领域		e	鉴定范围	6
考核时限	10min	题　型		A	题　分	20
试题正文	磨煤机内部堵煤					
需要说明的问题和要求	1. 要求单独进行操作处理 2. 现场就地操作演示，不得触动运行设备 3. 在仿真机上操作，按仿真机运行规程考核 4. 万一遇生产事故，立即停止考核，退出现场 5. 结合本单位现场实际处理					
工具、材料、设备、场地	现场设备或仿真机					
处理要点	1. 及时发现 A 磨煤机堵煤，降低 A 磨煤机煤量，同时增加 A 磨煤机风量，尽量保持一次风量，维持磨煤机 A 出口温度稳定 2. 控制运行磨煤机不过负荷，维持机组负荷和参数正常					

评分标准	序号	项　目　名　称				
	1	现象				
	1.1	磨煤机电流增大，出口温度降低				
	1.2	DCS 报警：磨煤机入口一次风量低				
	1.3	磨煤机进出口差压增大，出口压力下降				
	2	处理				
	2.1	解除给煤机自动，手动降低磨煤机煤量，同时增加磨煤机风量，尽量保持一次风量，维持磨煤机出口温度稳定				
	2.2	投入对应层点火油枪助燃				
	2.3	注意其他运行磨煤机不过负荷				
	2.4	磨煤机吹通后，及时调整磨煤机出口温度，防止因磨煤机温度高跳闸				
	2.5	停止油枪运行				
	质量要求	1. 严格执行集控运行规程规定 2. 操作顺序不准颠倒或漏项 3. 操作完毕，应及时向上级汇报并记录				
	得分或扣分	1. 操作顺序颠倒扣 1～4 分，如因操作颠倒导致无法继续的，该题不得分 2. 操作漏项扣 1～4 分，如因漏项使操作必须重新开始，但不导致不良后果的，扣该题总分的 50%；如导致不良后果的，该题不得分 3. 每项操作后必须检查操作结果，再开始下一步操作，否则扣 1～4 分 4. 因误操作致使过程延误，但不造成不良后果的，扣该题总分的 50%；造成不良后果的，该题不得分 5. 操作结束后，应有汇报、记录，否则该题扣 1～4 分 6. 故障分析判断错误，该题不得分，如故障分析不全面、不准确，但不影响事故处理，扣该题总分的 50%；因故障分析不全面、不准确而导致事故扩大，该题不得分 7. 对操作过程中违反安全规程及运行规程的，不得分				

编　　号	C34A003	行为领域	e	鉴定范围	6
考核时限	10min	题　　型	A	题　　分	20

试题正文	给煤机 A 皮带断裂				
需要说明的问题和要求	1. 要求单独进行操作处理 2. 现场就地操作演示，不得触动运行设备 3. 在仿真机上操作，按仿真机运行规程考核 4. 万一遇生产事故，立即停止考核，退出现场 5. 结合本单位现场实际处理				
工具、材料、设备、场地	现场设备或仿真机				
处理要点	1. 及时停运 A 给煤机、磨煤机 2. 启动备用磨煤机				

评 分 标 准	序号	项　目　名　称				
	1	现象				
	1.1	总煤量下降				
	1.2	DCS 来 A 给煤机皮带断裂报警				
	1.3	A 磨煤机出口温度快速升高				
	1.4	A 磨煤机电流降低				
	2	处理				
	2.1	及时发现 A 给煤机皮带断裂				
	2.2	派人至就地检查，确认 A 给煤机皮带断裂				
	2.3	投入 B、F 磨点火油枪并立即停运 A 给煤机				
	2.4	停止 A 磨煤机运行				
	2.5	磨煤机停运后，将 A 磨煤机二次风挡板关小至 50%				
	2.6	控制运行磨煤机煤量低于 56.8t/h，防止磨煤机过负荷				
	2.7	启动备用磨煤机，并将二次风挡板开至 100%				
	2.8	燃烧稳定后，停运点火油枪				
	2.9	通知检修处理				
	质量要求	1. 严格执行集控运行规程规定 2. 操作顺序不准颠倒或漏项 3. 操作完毕，应及时向上级汇报并记录				
	得分或扣分	1. 操作顺序颠倒扣 1～4 分，如因操作颠倒导致无法继续的，该题不得分 2. 操作漏项扣 1～4 分，如因漏项使操作必须重新开始，但不导致不良后果的，扣该题总分的 50%；如导致不良后果的，该题不得分 3. 每项操作后必须检查操作结果，再开始下一步操作，否则扣 1～4 分 4. 因误操作致使过程延误，但不造成不良后果的，扣该题总分的 50%；造成不良后果的，该题不得分 5. 操作结束后，应有汇报、记录，否则该题扣 1～4 分 6. 故障分析判断错误，该题不得分，如故障分析不全面、不准确，但不影响事故处理，扣该题总分的 50%；如因故障分析不全面、不准确而导致事故扩大，该题不得分 7. 对操作过程中违反安全规程及运行规程的，不得分				

行业：电力行业　　工种：集控值班员　　等级：中级、高级

编　　号	C34A004	行为领域	e	鉴定范围	6
考核时限	10min	题　　型	A	题　　分	20
试题正文	磨煤机A着火				
需要说明的问题和要求	1. 要求单独进行操作处理 2. 现场就地操作演示，不得触动运行设备 3. 在仿真机上操作，按仿真机运行规程考核 4. 万一遇生产事故，立即停止考核，退出现场 5. 结合本单位现场实际处理				
工具、材料、设备、场地	现场设备或仿真机				
处理要点	1. 及时判断磨煤机着火，并采取隔离及灭火措施 2. 及时稳定机组负荷、参数，启动备用磨煤机				

评分标准	序号	项　目　名　称
	1	现象
	1.1	A磨煤机出口温度高报警
	1.2	A磨煤机温度高跳闸
	2	处理
	2.1	及时判断磨煤机A着火
	2.2	着火磨煤机出口温度高保护应跳闸，若保护未动作，应紧急停止该磨煤机
	2.3	投入B、F层点火油枪稳燃
	2.4	检查A磨煤机冷、热一次风截止门联关，否则手动关闭
	2.5	检查A磨煤机冷、热一次风调节门联关，否则手动关闭
	2.6	关闭A磨煤机给煤机下煤闸板
	2.7	关闭A磨煤机出口闸板门
	2.8	关闭A磨煤机密封风门
	2.9	确认A磨煤机隔离后投入二氧化碳灭火（口述）
	2.10	启动备用磨煤机运行，均各磨煤机出力，注意检查运行磨煤机出力不超过56.8t/h
	2.11	关小A层二次风挡板到50%
	2.12	开启刚启动磨煤机的二次风挡板到100%
	2.13	工况稳定后停运点火油枪
	2.14	通知检修处理
	质量要求	1. 严格执行集控运行规程规定 2. 操作顺序不准颠倒或漏项 3. 操作完毕，应及时向上级汇报并记录
	得分或扣分	1. 操作顺序颠倒扣1～4分，如因操作颠倒导致无法继续的，该题不得分 2. 操作漏项扣1～4分，如因漏项使操作必须重新开始，但不导致不良后果的，扣该题总分的50%；如导致不良后果的，该题不得分 3. 每项操作后必须检查操作结果，再开始下一步操作，否则扣1～4分 4. 因误操作致使过程延误，但不造成不良后果的，扣该题总分的50%；造成不良后果的，该题不得分 5. 操作结束后，应有汇报、记录，否则该题扣1～4分 6. 故障分析判断错误，该题不得分，如故障分析不全面、不准确，但不影响事故处理，扣该题总分的50%；如因故障分析不全面、不准确而导致事故扩大，该题不得分 7. 对操作过程中违反安全规程及运行规程的，不得分

行业：电力行业　　工种：集控值班员　　等级：高级、技师

编　号	C23A005	行为领域	e	鉴定范围	6
考核时限	10min	题　型	A	题　分	20

试题正文	A 磨煤机冷风门卡死				
需要说明的问题和要求	1. 要求单独进行操作处理 2. 现场就地操作演示，不得触动运行设备 3. 在仿真机上操作，按仿真机运行规程考核 4. 万一遇生产事故，立即停止考核，退出现场 5. 结合本单位现场实际处理				
工具、材料、设备、场地	现场设备或仿真机				
处理要点	1. 及时发现并判断 A 磨煤机冷风门卡死 2. 确认冷风门开度和电源正常 3. 通知检修处理				

评 分 标 准	序号	项　目　名　称			
	1	现象			
	1.1	A 磨煤机冷风门指令与反馈不一致			
	2	处理			
	2.1	及时发现 A 磨煤机冷风门指令与反馈不一致			
	2.2	就地确认 A 磨煤机冷风门开度			
	2.3	检查 A 磨煤机冷风门电源正常			
	2.4	通知检修处理			
	质量要求	1. 严格执行集控运行规程规定 2. 操作顺序不准颠倒或漏项 3. 操作完毕，应及时向上级汇报并记录			
	得分或扣分	1. 操作顺序颠倒扣 1～4 分，如因操作颠倒导致无法继续的，该题不得分 2. 操作漏项扣 1～4 分，如因漏项使操作必须重新开始，但不导致不良后果的，扣该题总分的 50%；如导致不良后果的，该题不得分 3. 每项操作后必须检查操作结果，再开始下一步操作，否则扣 1～4 分 4. 因误操作致使过程延误，但不造成不良后果的，扣该题总分的 50%；造成不良后果的，该题不得分 5. 操作结束后，应有汇报、记录，否则该题扣 1～4 分 6. 故障分析判断错误，该题不得分，如故障分析不全面、不准确，但不影响事故处理，扣该题总分的 50%；如因故障分析不全面、不准确而导致事故扩大，该题不得分 7. 对操作过程中违反安全规程及运行规程的，不得分			

行业：电力行业　　工种：集控值班员　　等级：高级、技师

编　　号	C23A006	行为领域	e	鉴定范围	6
考核时限	10min	题　型	A	题　分	20
试题正文	A磨煤机热风门卡死				
需要说明的问题和要求	1. 要求单独进行操作处理 2. 现场就地操作演示，不得触动运行设备 3. 在仿真机上操作，按仿真机运行规程考核 4. 万一遇生产事故，立即停止考核，退出现场 5. 结合本单位现场实际处理				
工具、材料、设备、场地	现场设备或仿真机				
处理要点	1. 及时发现并判断A磨煤机热风门卡死 2. 确认热风门开度和电源正常 3. 通知检修处理				

评分标准	序号	项　目　名　称
	1	现象
	1.1	A磨煤机热风门指令与反馈不一致
	2	处理
	2.1	及时发现A磨煤机热风门指令与反馈不一致
	2.2	就地确认A磨煤机热风门开度
	2.3	检查A磨煤机热风门电源正常
	2.4	通知检修处理
	质量要求	1. 严格执行集控运行规程规定 2. 操作顺序不准颠倒或漏项 3. 操作完毕，应及时向上级汇报并记录
	得分或扣分	1. 操作顺序颠倒扣1～4分，如因操作颠倒导致无法继续的，该题不得分 2. 操作漏项扣1～4分，如因漏项使操作必须重新开始，但不导致不良后果的，扣该题总分的50%；如导致不良后果的，该题不得分 3. 每项操作后必须检查操作结果，再开始下一步操作，否则扣1～4分 4. 因误操作致使过程延误，但不造成不良后果的，扣该题总分的50%；造成不良后果的，该题不得分 5. 操作结束后，应有汇报、记录，否则该题扣1～4分 6. 故障分析判断错误，该题不得分，如故障分析不全面、不准确，但不影响事故处理，扣该题总分的50%；如因故障分析不全面、不准确而导致事故扩大，该题不得分 7. 对操作过程中违反安全规程及运行规程的，不得分

行业：电力行业　　工种：集控值班员　　等级：中级、高级

编　号	C34A007	行为领域	e	鉴定范围	6
考核时限	10min	题　型	A	题　分	20
试题正文	A磨煤机下煤管堵塞				
需要说明的问题和要求	1. 要求单独进行操作处理 2. 现场就地操作演示，不得触动运行设备 3. 在仿真机上操作，按仿真机运行规程考核 4. 万一遇生产事故，立即停止考核，退出现场 5. 结合本单位现场实际处理				
工具、材料、设备、场地	现场设备或仿真机				
处理要点	1. 派人就地检查A磨煤机下煤管并敲煤 2. 控制A磨煤机出口温度，保持A磨煤机运行 3. 若敲煤无效，停运A磨煤机 4. 启动E磨煤机运行				

评分标准	序号	项　目　名　称
	1	现象
	1.1	总煤量下降，负荷下降
	1.2	磨煤机下煤管堵塞报警
	2	处理
	2.1	发现A磨煤机下煤管堵塞，派人就地检查下煤管并敲煤
	2.2	调整冷、热风门控制出口温度，保持A磨煤机运行
	2.3	投入A、F、B磨点火油枪助燃
	2.4	敲煤无效，停运A磨煤机。注意控制运行磨单磨煤量低于额定值，以防过负荷
	2.5	将A磨煤机二次风挡板关小至50%
	2.6	A磨煤机停运后，停该磨点火油枪
	2.7	启动备用的E磨煤机运行，将其二次风挡板开到100%
	2.8	燃烧稳定后，停F、B磨点火油枪
	2.9	维持主汽温、再热汽温正常范围
	2.10	维持在满负荷左右
	2.11	联系检修疏通A磨煤机下煤管
	质量要求	1. 严格执行集控运行规程规定 2. 操作顺序不准颠倒或漏项 3. 操作完毕，应及时向上级汇报并记录
	得分或扣分	1. 操作顺序颠倒扣1～4分，如因操作颠倒导致无法继续，该题不得分 　2. 操作漏项扣1～4分，如因漏项使操作必须重新开始，但不导致不良后果的，扣该题总分的50%；如导致不良后果，该题不得分 　3. 每项操作后必须检查操作结果，再开始下一步操作，否则扣1～4分 　4. 因误操作致使过程延误，但不造成不良后果的，扣该题总分的50%；造成不良后果，该题不得分 　5. 操作结束后，应有汇报、记录，否则该题扣1～4分 　6. 故障分析判断错误，该题不得分，如故障分析不全面、不准确，但不影响事故处理，扣该题总分的50%；如因故障分析不全面、不准确而导致事故扩大，该题不得分 　7. 对操作过程中违反安全规程及运行规程的，不得分

编　　号	C03A008	行为领域	e	鉴定范围	3
考核时限	20min	题　型	A	题　　分	30
试题正文	手动进行凝汽器水侧反冲洗操作				
需要说明的问题和要求	1. 要求单独进行操作处理 2. 现场就地操作演示，不得触动运行设备 3. 在仿真机上操作，按仿真机运行规程考核 4. 万一遇生产事故，立即停止考核，退出现场 5. 结合本单位现场实际处理				
工具、材料、设备、场地	现场设备或仿真机				

	序号	项　目　名　称
评 分 标 准	1	接令凝汽器水侧反冲洗
	2	准备好通信工具
	3	联系巡检凝汽器进行反冲洗
	4	确认凝汽器循环水进出口阀、凝汽器反冲洗连通阀、凝汽器反冲洗阀A、B均已送电
	5	确认机组负荷为50%且运行正常
	6	开启凝汽器反冲洗连通阀
	7	关闭凝汽器B侧循环水出水阀
	8	开启凝汽器B侧反冲洗阀
	9	关闭凝汽器A侧循环水进水阀
	10	开启凝汽器A侧反冲洗
	11	等待反冲洗1h
	12	关闭凝汽器A侧反冲洗阀
	13	开启凝汽器A侧循环水进水阀
	14	关闭凝汽器B侧反冲洗阀
	15	开启凝汽器B侧循环水出水阀
	16	关闭凝汽器反冲洗连通阀
	17	检查机组运行正常
	18	开启凝汽器反冲洗连通阀
	19	关闭凝汽器A侧循环水出水阀
	20	开启凝汽器A侧反冲洗阀
	21	关闭凝汽器B侧循环水进水阀
	22	开启凝汽器B侧反冲洗阀
	23	等待反冲洗1h
	24	关闭凝汽器B侧反冲洗阀
	25	开启凝汽器B侧循环水进水阀
	26	关闭凝汽器A侧反冲洗阀
	27	开启凝汽器A侧循环水出水阀
	28	关闭凝汽器反冲洗连通阀
	29	反冲洗结束，汇报

序号	项 目 名 称

<table>
<tr><td rowspan="2">评

分

标

准</td><td>质量
要求</td><td>1. 严格执行集控运行规程规定
2. 操作顺序不准颠倒或漏项
3. 操作完毕，应及时向上级汇报并记录</td></tr>
<tr><td>得分
或
扣分</td><td>1. 操作顺序颠倒扣 1～5 分。如因操作颠倒导致无法继续的，该题不得分
2. 操作漏项扣 1～5 分。如因漏项使操作必须重新开始，但不导致不良后果的，扣该题总分的 50%；如导致不良后果的，该题不得分
3. 每项操作后必须检查操作结果，再开始下一步操作，否则扣 1～5 分
4. 因误操作致使过程延误，但不导致不良后果的,扣该题总分的 50%；如导致不良后果的，该题不得分
5. 操作结束后，应有汇报、记录，否则该题不得分
6. 对操作过程中违反安全规程及运行规程的，不得分</td></tr>
</table>

编　　号	C34A009	行为领域	e	鉴定范围	6
考核时限	10min	题　　型	A	题　　分	20
试题正文	送风机 A 反馈故障				
需要说明的问题和要求	1. 要求单独进行操作处理 2. 现场就地操作演示，不得触动运行设备 3. 在仿真机上操作，按仿真机运行规程考核 4. 万一遇生产事故，立即停止考核，退出现场 5. 结合本单位现场实际处理				
工具、材料、设备、场地	现场设备或仿真机				
处理要点	1. 结合故障现象分析，及时判断反馈故障 2. 不得盲目停运风机 3. 汇报，联系检修处理				

评 分 标 准	序号	项　目　名　称
	1	现象
	1.1	送风机 A 反馈变黄色
	1.2	送风机 A 电流无变化
	1.3	送风机 A 出口风压无变化
	2	处理
	2.1	结合故障现象分析，及时判断反馈故障
	2.2	派人就地检查确认
	2.3	联系检修处理
	质量要求	1. 严格执行集控运行规程规定 2. 操作顺序不准颠倒或漏项 3. 操作完毕，应及时向上级汇报并记录
	得分或扣分	1. 操作顺序颠倒扣 1～4 分，如因操作颠倒导致无法继续的，该题不得分 2. 操作漏项扣 1～4 分，如因漏项使操作必须重新开始，但不导致不良后果的，扣该题总分的 50%；如导致不良后果的，该题不得分 3. 每项操作后必须检查操作结果，再开始下一步操作，否则扣 1～4 分 4. 因误操作致使过程延误，但不造成不良后果的，扣该题总分的 50%；造成不良后果的，该题不得分 5. 操作结束后，应有汇报、记录，否则该题扣 1～4 分 6. 故障分析判断错误，该题不得分，如故障分析不全面、不准确，但不影响事故处理，扣该题总分的 50%；如因故障分析不全面、不准确而导致事故扩大，该题不得分 7. 对操作过程中违反安全规程及运行规程的，不得分

行业：电力行业　　工种：集控值班员　　等级：中级、高级、技师

编　　号	C34A010	行为领域		e	鉴定范围	6
考核时限	30min	题　　型		A	题　　分	30
试题正文	送风机A跳闸					
需要说明的问题和要求	1. 要求单独进行操作处理 2. 现场就地操作演示，不得触动运行设备 3. 在仿真机上操作，按仿真机运行规程考核 4. 万一遇生产事故，立即停止考核，退出现场 5. 结合本单位现场实际处理					
工具、材料、设备、场地	现场设备或仿真机					
处理要点	1. 检查RB动作正常 2. 送风机A跳闸后注意送风机B电流 3. 控制机组各参数稳定					

评分标准	序号	项　目　名　称
	1	现象
	1.1	送风机A跳闸报警
	1.2	炉膛负压剧烈波动
	2	处理
	2.1	及时发现风机跳闸
	2.2	跳闸送风机A出口挡板不自动关闭，则立即手动关闭，并将动叶关闭
	2.3	检查RB动作正常：点火油枪自动投入
	2.4	检查C磨煤机自动停，将停运磨煤机的二次风挡板关小至50%
	2.5	检查锅炉主控自动切手动，总煤量自动减至140t/h左右
	2.6	检查汽轮机主控自动切手动，汽轮机调门开度维持在85%～90%
	2.7	处理过程中要注意调节主、再热蒸汽温度维持稳定
	2.8	监视氧量正常，注意送风机B电流不超过127A
	2.9	调节稳定后停止点火油枪运行
	2.10	监视炉膛负压正常，否则手动调节
	2.11	检查风机电机为电气原因跳闸后，在就地站将开关停电
	2.12	通知检修处理
	质量要求	1. 严格执行集控运行规程规定 2. 操作顺序不准颠倒或漏项 3. 操作完毕，应及时向上级汇报并记录
	得分或扣分	1. 操作顺序颠倒扣1～4分，如因操作颠倒导致无法继续的，该题不得分 　2. 操作漏项扣1～4分，如因漏项使操作必须重新开始，但不导致不良后果的，扣该题总分的50%；如导致不良后果的，该题不得分 　3. 每项操作后必须检查结果，再开始下一步操作，否则扣1～4分 　4. 因误操作致使过程延误，但不造成不良后果的，扣该题总分的50%；造成不良后果的，该题不得分 　5. 操作结束后，应有汇报、记录，否则该题扣1～4分 　6. 故障分析判断错误，该题不得分，如故障分析不全面、不准确，但不影响事故处理的，扣该题总分的50%；如因故障分析不全面、不准确而导致事故扩大，该题不得分 　7. 对操作过程中违反安全规程及运行规程的，不得分

行业：电力行业　　工种：集控值班员　　等级：高级、技师、

高级技师

编　　号	C23A011	行为领域	e	鉴定范围	6
考核时限	10min	题　　型	A	题　　分	20
试题正文	送风机 A 动叶卡死				
需要说明的问题和要求	1. 要求单独进行操作处理 2. 现场就地操作演示，不得触动运行设备 3. 在仿真机上操作，按仿真机运行规程考核 4. 万一遇生产事故，立即停止考核，退出现场 5. 结合本单位现场实际处理				
工具、材料、设备、场地	现场设备或仿真机				
处理要点	1. 在变负荷过程中，及时发现送风机 A 动叶卡死 2. 解除送风机 A 动叶自动，尝试手动调节 3. 监视送风机 B 运行情况，维持氧量正常				

评 分 标 准	序号	项　目　名　称
	1	现象
	1.1	变负荷时，故障风机动叶开度不变
	1.2	变负荷时，故障风机电流不变
	1.3	变负荷时，故障风机风量及出口压力不变
	1.4	变负荷时，两台风机各运行参数出现偏差
	2	处理
	2.1	及时发现送风机 A 动叶卡死
	2.2	解除送风机 A 动叶自动，尝试手动调节，但无效
	2.3	派人到现场检查故障风机动叶实际开度及风机运行情况
	2.4	监视送风机 B 运行情况，维持氧量正常，必要时解除送风机 B 动叶自动，手动调节
	2.5	通知检修处理
	质量 要求	1. 严格执行集控运行规程规定 2. 操作顺序不准颠倒或漏项 3. 操作完毕，应及时向上级汇报并记录
	得分 或 扣分	1. 操作顺序颠倒扣 1～4 分，如因操作颠倒导致无法继续的，该题不得分 　2. 操作漏项扣 1～4 分，如因漏项使操作必须重新开始，但不导致不良后果的，扣该题总分的 50%；如导致不良后果的，该题不得分 　3. 每项操作后必须检查操作结果，再开始下一步操作，否则扣 1～4 分 　4. 因误操作致使过程延误，但不造成不良后果的，扣该题总分的 50%；造成不良后果的，该题不得分 　5. 操作结束后，应有汇报、记录，否则该题扣 1～4 分 　6. 故障分析判断错误，该题不得分，如故障分析不全面、不准确，但不影响事故处理，扣该题总分的 50%；如因故障分析不全面、不准确而导致事故扩大，该题不得分 　7. 对操作过程中违反安全规程及运行规程的，不得分

行业：电力行业　　工种：集控值班员　　等级：中级、高级

编　　号	C34A012	行为领域	e	鉴定范围	6
考核时限	10min	题　型	A	题　分	20

试题正文	一次风机 A 调节挡板失灵

需要说明的问题和要求	1. 要求单独进行操作处理 2. 现场就地操作演示，不得触动运行设备 3. 在仿真机上操作，按仿真机运行规程考核 4. 万一遇生产事故，立即停止考核，退出现场 5. 结合本单位现场实际处理

工具、材料、设备、场地	现场设备或仿真机

处理要点	1. 在变负荷过程中，及时发现一次风机 A 调节挡板失灵 2. 注意一次风压情况

评 分 标 准	序号	项　目　名　称
	1	现象
	1.1	变负荷时，故障风机调节挡板开度不变
	1.2	变负荷时，故障风机电流不变
	1.3	变负荷时，故障风机出口压力不变
	1.4	变负荷时，两台风机各运行参数出现偏差
	2	处理
	2.1	发现一次风机 A 调节挡板失灵
	2.2	发现故障后，立即将 A 一次风机入口调节挡板切手动，尝试开关静叶无效
	2.3	派人到现场检查故障风机入口调节挡板实际开度及风机运行情况
	2.4	监视一次风机 B 运行情况，维持一次风母管压力正常，必要时解除一次风机 B
	2.5	入口调节挡板自动，手动调节
	2.6	通知检修处理
	质量要求	1. 严格执行集控运行规程规定 2. 操作顺序不准颠倒或漏项 3. 操作完毕，应及时向上级汇报并记录
	得分或扣分	1. 操作顺序颠倒扣 1～4 分，如因操作颠倒导致无法继续的，该题不得分 2. 操作漏项扣 1～4 分，如因漏项使操作必须重新开始，但不导致不良后果的，扣该题总分的 50%；如导致不良后果，该题不得分 3. 每项操作后必须检查操作结果，再开始下一步操作，否则扣 1～4 分 4. 因误操作致使过程延误，但不造成不良后果的，扣该题总分的 50%；造成不良后果的，该题不得分 5. 操作结束后，应有汇报、记录，否则该题扣 1～4 分 6. 故障分析判断错误，该题不得分，如故障分析不全面、不准确，但不影响事故处理，扣该题总分的 50%；如因故障分析不全面、不准确而导致事故扩大，该题不得分 7. 对操作过程中违反安全规程及运行规程的，不得分

行业：电力行业　　工种：集控值班员　　等级：高级、技师

编　　号	C34A013	行为领域	e	鉴定范围	6
考核时限	10min	题　型	A	题　　分	20
试题正文	引风机A反馈故障				
需要说明的问题和要求	1. 要求单独进行操作处理 2. 现场就地操作演示，不得触动运行设备 3. 在仿真机上操作，按仿真机运行规程考核 4. 万一遇生产事故，立即停止考核，退出现场 5. 结合本单位现场实际处理				
工具、材料、设备、场地	现场设备或仿真机				
处理要点	1. 及时根据故障现象判断故障 2. 不能盲目停引风机				

评分标准	序号	项　目　名　称	
	1	现象	
	1.1	引风机A反馈变黄，但引风机A电流无变化，出口风压无变化	
	2	处理	
	2.1	及时发现引风机A反馈变黄	
	2.2	根据风机电流、出口风压判断为反馈故障	
	2.3	不能盲目停引风机	
	2.4	联系检修处理	
	质量要求	1. 严格执行集控运行规程规定 2. 操作顺序不准颠倒或漏项 3. 操作完毕，应及时向上级汇报并记录	
	得分或扣分	1. 操作顺序颠倒扣1～4分，如因操作颠倒导致无法继续，该题不得分 2. 操作漏项扣1～4分，如因漏项使操作必须重新开始，但不导致不良后果的，扣该题总分的50%；如导致不良后果的，该题不得分 3. 每项操作后必须检查操作结果，再开始下一步操作，否则扣1～4分 4. 因误操作致使过程延误，但不造成不良后果的，扣该题总分的50%；造成不良后果的，该题不得分 5. 操作结束后，应有汇报、记录，否则该题扣1～4分 6. 故障分析判断错误，该题不得分，如故障分析不全面、不准确，但不影响事故处理，扣该题总分的50%；如因故障分析不全面、不准确而导致事故扩大，该题不得分 7. 对操作过程中违反安全规程及运行规程的，不得分	

249

行业：电力行业　　工种：集控值班员　　等级：高级、技师

编　　号	C34A014	行为领域	e	鉴定范围	6
考核时限	10min	题　型	A	题　分	20
试题正文	引风机A入口导叶卡死				
需要说明的问题和要求	1. 要求单独进行操作处理 2. 现场就地操作演示，不得触动运行设备 3. 在仿真机上操作，按仿真机运行规程考核 4. 万一遇生产事故，立即停止考核，退出现场 5. 结合本单位现场实际处理				
工具、材料、设备、场地	现场设备或仿真机				
处理要点	1. 在变负荷过程中，及时发现引风机A入口导叶卡死 2. 保持炉膛负压稳定				

<table>
<tr><td rowspan="22">评
分
标
准</td><td>序号</td><td colspan="4">项　目　名　称</td></tr>
<tr><td>1</td><td colspan="4">现象</td></tr>
<tr><td>1.1</td><td colspan="4">变负荷时，故障风机动叶开度不变</td></tr>
<tr><td>1.2</td><td colspan="4">变负荷时，故障风机电流不变</td></tr>
<tr><td>1.3</td><td colspan="4">变负荷时，故障风机入口压力不变</td></tr>
<tr><td>1.4</td><td colspan="4">变负荷时，两台风机各运行参数出现偏差</td></tr>
<tr><td>2</td><td colspan="4">处理</td></tr>
<tr><td>2.1</td><td colspan="4">发现故障后，立即将A引风机入口导叶切手动，试开关无效</td></tr>
<tr><td>2.2</td><td colspan="4">派人到现场检查故障风机入口导叶实际开度及风机运行情况</td></tr>
<tr><td>2.3</td><td colspan="4">监视引风机 B 运行情况，维持炉膛负压正常，必要时解除引风机 B 入口导叶自动，手动调节</td></tr>
<tr><td>2.4</td><td colspan="4">通知检修处理</td></tr>
<tr><td>质量
要求</td><td colspan="4">1. 严格执行集控运行规程规定
2. 操作顺序不准颠倒或漏项
3. 操作完毕，应及时向上级汇报并记录</td></tr>
<tr><td>得分
或
扣分</td><td colspan="4">　1. 操作顺序颠倒扣1～4分，如因操作颠倒导致无法继续的，该题不得分
　2. 操作漏项扣1～4分，如因漏项使操作必须重新开始，但不导致不良后果的，扣该题总分的50%；如导致不良后果的，该题不得分
　3. 每项操作后必须检查操作结果，再开始下一步操作，否则扣 1～4分
　4. 因误操作致使过程延误，但不造成不良后果的，扣该题总分的50%；造成不良后果的，该题不得分
　5. 操作结束后，应有汇报、记录，否则该题扣1～4分
　6. 故障分析判断错误，该题不得分，如故障分析不全面、不准确，但不影响事故处理，扣该题总分的50%；如因故障分析不全面、不准确而导致事故扩大，该题不得分
　7. 对操作过程中违反安全规程及运行规程的，不得分</td></tr>
</table>

250

行业：电力行业　　工种：集控值班员　　等级：中级、高级

编　号	C34A015	行为领域	e	鉴定范围	6
考核时限	30min	题　型	A	题　分	30
试题正文	煤质变差				
需要说明的问题和要求	1. 要求单独进行操作处理 2. 现场就地操作演示，不得触动运行设备 3. 在仿真机上操作，按仿真机运行规程考核 4. 万一遇生产事故，立即停止考核，退出现场 5. 结合本单位现场实际处理				
工具、材料、设备、场地	现场设备或仿真机				
处理要点	1. 利用 BTU 或手动调整给煤量，维持负荷稳定 2. 调整过程中严密监视磨煤机电流不超限 3. 调整过程中严密监视主汽温				

	序号	项　目　名　称				
评 分 标 准	1	现象：				
	1.1	主汽温、中间点温度急剧下降，主汽温低可能报警				
	2	处理				
	2.1	根据运行参数变化及时判断出煤质变差				
	2.2	解除燃料主控自动手动加煤，解除给水自动尽量维持给水量不变。或调节 BTU，增加给煤量				
	2.3	调整过程中控制运行磨煤机煤量低于额定值，防止磨煤机过负荷。煤量大时可投入备用磨煤机				
	2.4	调整主再热汽温在正常范围				
	2.5	监视炉膛负压、氧量正常				
	2.6	处理后负荷稳定在额定左右				
	质量要求	1. 严格执行集控运行规程规定 2. 操作顺序不准颠倒或漏项 3. 操作完毕，应及时向上级汇报并记录				
	得分或扣分	1. 操作顺序颠倒扣 1～4 分，如因操作颠倒导致无法继续的，该题不得分 　2. 操作漏项扣 1～4 分，如因漏项使操作必须重新开始，但不导致不良后果的，扣该题总分的 50%；如导致不良后果的，该题不得分 　3. 每项操作后必须检查操作结果，再开始下一步操作，否则扣 1～4 分 　4. 因误操作致使过程延误，但不造成不良后果的，扣该题总分的 50%；造成不良后果的，该题不得分 　5. 操作结束后，应有汇报、记录，否则该题扣 1～4 分 　6. 故障分析判断错误，该题不得分，如故障分析不全面、不准确，但不影响事故处理，扣该题总分的 50%；如因故障分析不全面、不准确而导致事故扩大，该题不得分 　7. 对操作过程中违反安全规程及运行规程的，不得分				

行业：电力行业　　工种：集控值班员　　等级：中级、高级

编　　号	C34A016	行为领域		e	鉴定范围	6
考核时限	10min	题　　型		A	题　分	20
试题正文	一级喷水减温水阀门关闭					
需要说明的问题和要求	1. 要求单独进行操作处理 2. 现场就地操作演示，不得触动运行设备 3. 在仿真机上操作，按仿真机运行规程考核 4. 万一遇生产事故，立即停止考核，退出现场 5. 结合本单位现场实际处理					
工具、材料、设备、场地	现场设备或仿真机					
处理要点	1. 试开一级喷水减温水门 2. 通过修改中间点温度设定值，控制屏过出口汽温 3. 通过二级减温水调门控制主汽温					

	序号	项　目　名　称
评 分 标 准	1	现象
	1.1	一级喷水减温水门关闭
	1.2	屏过出口汽温升高
	1.3	一级减温水调门开大
	2	处理
	2.1	检查发现一级喷水减温水阀门关闭
	2.2	关闭一级喷水减温水调门后，试开一级喷水减温水门，无效
	2.3	通过修改中间点温度设定值，控制屏过出口汽温
	2.4	通过二级减温水调门控制主汽温额定
	2.5	修改各给煤机煤量偏置，减少上层磨煤量，增加下层磨煤量来改变炉膛热负荷分布控制汽温
	2.6	就地检查一级喷水减温水门
	2.7	通知检修处理
	质量要求	1. 严格执行集控运行规程规定 2. 操作顺序不准颠倒或漏项 3. 操作完毕，应及时向上级汇报并记录
	得分或扣分	1. 操作顺序颠倒扣 1～4 分，如因操作颠倒导致无法继续，该题不得分 　2. 操作漏项扣 1～4 分，如因漏项使操作必须重新开始，但不导致不良后果的，扣该题总分的 50%；如导致不良后果的，该题不得分 　3. 每项操作后必须检查操作结果，再开始下一步操作，否则扣 1～4 分 　4. 因误操作致使过程延误，但不造成不良后果的，扣该题总分的 50%；造成不良后果的，该题不得分 　5. 操作结束后，应有汇报、记录，否则该题扣 1～4 分 　6. 故障分析判断错误，该题不得分，如故障分析不全面、不准确，但不影响事故处理，扣该题总分的 50%；如因故障分析不全面、不准确而导致事故扩大，该题不得分 　7. 对操作过程中违反安全规程及运行规程的，不得分

行业：电力行业　　工种：集控值班员　　等级：中级、高级、技师

编　　号	C34A017	行为领域	e	鉴定范围	6
考核时限	10min	题　　型	A	题　　分	20
试题正文	二级喷水减温水阀门关闭				
需要说明的问题和要求	1. 要求单独进行操作处理 2. 现场就地操作演示，不得触动运行设备 3. 在仿真机上操作，按仿真机运行规程考核 4. 万一遇生产事故，立即停止考核，退出现场 5. 结合本单位现场实际处理				
工具、材料、设备、场地	现场设备或仿真机				
处理要点	1. 试开二级喷水减温水门 2. 手动控制一级减温水调门，降低屏过出口汽温 3. 通过适当修改中间点温度设定值，降低屏过出口汽温				

评 分 标 准		序号	项　目　名　称
		1	现象
		1.1	二级喷水减温水门关闭
		1.2	高过出口汽温、金属温度升高
		1.3	二级减温水调门开大
		2	处理
		2.1	检查发现二级喷水减温水阀门关闭
		2.2	关闭二级喷水减温水调门后，试开二级喷水减温水门，无效
		2.3	控制一级减温水调门，降低屏过出口汽温，控制高过出口汽温为额定值
		2.4	修改各给煤机煤量偏置，减少上层磨煤量，增加下层磨煤量来改变炉膛热负荷分布控制汽温
		2.5	就地检查二级喷水减温水门
		2.6	通知检修处理
	质量要求		1. 严格执行集控运行规程规定 2. 操作顺序不准颠倒或漏项 3. 操作完毕，应及时向上级汇报并记录
	得分或扣分		1. 操作顺序颠倒扣1~4分，如因操作颠倒导致无法继续的，该题不得分 2. 操作漏项扣1~4分，如因漏项使操作必须重新开始，但不导致不良后果的，扣该题总分的50%；如导致不良后果的，该题不得分 3. 每项操作后必须检查操作结果，再开始下一步操作，否则扣1~4分 4. 因误操作致使过程延误，但不造成不良后果的，扣该题总分的50%；造成不良后果的，该题不得分 5. 操作结束后，应有汇报、记录，否则该题扣1~4分 6. 故障分析判断错误，该题不得分，如故障分析不全面、不准确，但不影响事故处理，扣该题总分的50%；如因故障分析不全面、不准确而导致事故扩大，该题不得分 7. 对操作过程中违反安全规程及运行规程的，不得分

行业：电力行业　　工种：集控值班员　　等级：中级、高级、技师

编　　号	C34A018	行为领域	e	鉴定范围	6
考核时限	10min	题　型	A	题　　分	20
试题正文	过热器二级减温水 A 侧调门误开				
需要说明的问题和要求	1. 要求单独进行操作处理 2. 现场就地操作演示，不得触动运行设备 3. 在仿真机上操作，按仿真机运行规程考核 4. 万一遇生产事故，立即停止考核，退出现场 5. 结合本单位现场实际处理				
工具、材料、设备、场地	现场设备或仿真机				
处理要点	1. 切手动试关二级减温水 A 侧调门（无法关闭） 2. 手动关二级减温水 A 侧调门后电动门 3. 二级减温水 A 侧调门后电动门关闭后，手动控制一级减温水调门，降低屏过出口汽温，防止高过超温 4. 通过适当修改中间点温度设定值，降低屏过出口汽温，防止高过超温				

	序号	项　目　名　称			
评 分 标 准	1	现象
	1.1	过热器二级减温水 A 侧调门全开
	1.2	高过出口 A 侧汽温急降
	2	处理
	2.1	检查发现过热器二级减温水 A 侧调门误开
	2.2	切手动试关二级减温水 A 侧调门，无效
	2.3	手动关二级减温水 A 侧调门后电动门
	2.4	二级减温水 A 侧调门后电动门关闭后，手动控制一级减温水调门，降低屏过出口汽温
	2.5	通过修改中间点过热度设定值，维持主汽温为额定值
	2.6	通过修改给煤机煤量偏置，减少上层磨煤量，增加下层磨煤量来改变炉膛热负荷分布控制汽温
	2.7	就地检查二级喷水减温水 A 侧调门。通知检修处理
	质量要求	1. 严格执行集控运行规程规定 2. 操作顺序不准颠倒或漏项 3. 操作完毕，应及时向上级汇报并记录
	得分或扣分	1. 操作顺序颠倒扣 1～4 分，如因操作颠倒导致无法继续的，该题不得分 　2. 操作漏项扣 1～4 分，如因漏项使操作必须重新开始，但不导致不良后果的，扣该题总分的 50%；如导致不良后果的，该题不得分 　3. 每项操作后必须检查操作结果，再开始下一步操作，否则扣 1～4 分 　4. 因误操作致使过程延误，但不造成不良后果的，扣该题总分的 50%；造成不良后果的，该题不得分 　5. 操作结束后，应有汇报、记录，否则该题扣 1～4 分 　6. 故障分析判断错误，该题不得分，如故障分析不全面、不准确，但不影响事故处理，扣该题总分的 50%；如因故障分析不全面、不准确而导致事故扩大，该题不得分 　7. 对操作过程中违反安全规程及运行规程的，不得分

254

行业：电力行业　　工种：集控值班员　　等级：中级、高级、技师

编　号	C34A019	行为领域	e	鉴定范围	3
考核时限	10min	题　型	A	题　分	20
试题正文	再热喷水减温门A卡死				
需要说明的问题和要求	1. 要求单独进行操作处理 2. 现场就地操作演示，不得触动运行设备 3. 在仿真机上操作，按仿真机运行规程考核 4. 万一遇牛产事故，立即停止考核，退出现场 5. 结合本单位现场实际处理				
工具、材料、设备、场地	现场设备或仿真机				
处理要点	1. 试开关再热喷水减温门A 2. 通过烟气挡板调节再热汽温 3. 通过调整炉膛热负荷分布 4. 调整二次风量控制汽温				

评分标准	序号	项　目　名　称
	1	现象
	1.1	再热喷水减温门A不参与调节
	1.2	再热汽温异常
	2	处理
	2.1	检查发现再热喷水减温门A卡死
	2.2	试开关再热喷水减温门A
	2.3	通过烟气挡板调节再热汽温
	2.4	若A侧减温水量过大，可关闭隔离电动门，避免汽温大幅下降
	2.5	修改各给煤机煤量偏量，改变炉膛热负荷分布控制汽温
	2.6	适当增减二次风量调整再热汽温
	2.7	通知检修处理
	质量要求	1. 严格执行集控运行规程规定 2. 操作顺序不准颠倒或漏项 3. 操作完毕，应及时向上级汇报并记录
	得分或扣分	1. 操作顺序颠倒扣1～4分，如因操作颠倒导致无法继续的，该题不得分 2. 操作漏项扣1～4分，如因漏项使操作必须重新开始，但不导致不良后果，扣该题总分的50%；如导致不良后果的，该题不得分 3. 每项操作后必须检查操作结果，再开始下一步操作，否则扣1～4分 4. 因误操作致使过程延误，但不造成不良后果，扣该题总分的50%；造成不良后果的，该题不得分 5. 操作结束后，应有汇报、记录，否则该题扣1～4分 6. 故障分析判断错误，该题不得分，如故障分析不全面、不准确，但不影响事故处理，扣该题总分的50%；如因故障分析不全面、不准确而导致事故扩大，该题不得分 7. 对操作过程中违反安全规程及运行规程的，不得分

行业：电力行业　　工种：集控值班员　　等级：中级、高级、技师、高级技师

编　　号	C34A020	行为领域	e	鉴定范围	6
考核时限	10min	题　型	A	题　分	20
试题正文	炉膛负压测点故障				
需要说明的问题和要求	1. 要求单独进行操作处理 2. 现场就地操作演示，不得触动运行设备 3. 在仿真机上操作，按仿真机运行规程考核 4. 万一遇生产事故，立即停止考核，退出现场 5. 结合本单位现场实际处理				
工具、材料、设备、场地	现场设备或仿真机				
处理要点	1. 解除引风机自动，参考变送器画面或烟温探针画面显示的负压值手动调节负压 2. 解除送风机动叶自动，调节氧量维持在正常值				

	序号	项　目　名　称
评分标准	1	现象
	1.1	炉膛压力突变
	1.2	引风机入口调节挡板不正常开大
	1.3	变送器画面炉膛负压测点显示有偏差
	1.4	烟温探针画面中负压测点显示有偏差
	2	处理
	2.1	根据变送器画面判断为炉膛负压测点故障
	2.2	解除引风机自动，参考变送器画面或烟温探针画面显示的负压值手动调节负压
	2.3	解除送风机动叶自动，调节氧量维持在3.5%左右
	2.4	联系检修处理故障测点
	质量要求	1. 严格执行集控运行规程规定 2. 操作顺序不准颠倒或漏项 3. 操作完毕，应及时向上级汇报并记录
	得分或扣分	1. 操作顺序颠倒扣1～4分，如因操作颠倒导致无法继续的，该题不得分 2. 操作漏项扣1～4分，如因漏项使操作必须重新开始，但不导致不良后果的，扣该题总分的50%；如导致不良后果的，该题不得分 3. 每项操作后必须检查操作结果，再开始下一步操作，否则扣1～4分 4. 因误操作致使过程延误，但不造成不良后果的，扣该题总分的50%；造成不良后果的，该题不得分 5. 操作结束后，应有汇报、记录，否则该题扣1～4分 6. 故障分析判断错误，该题不得分，如故障分析不全面、不准确，但不影响事故处理，扣该题总分的50%；如因故障分析不全面、不准确而导致事故扩大，该题不得分 7. 对操作过程中违反安全规程及运行规程的，不得分

行业：电力行业　　工种：集控值班员　　等级：中级、高级

编　号	C34A021	行为领域	e	鉴定范围	6
考核时限	10min	题　型	A	题　分	20

试题正文	送风机A出口挡板反馈故障

需要说明的问题和要求	1. 要求单独进行操作处理 2. 现场就地操作演示，不得触动运行设备 3. 在仿真机上操作，按仿真机运行规程考核 4. 万一遇生产事故，立即停止考核，退出现场 5. 结合本单位现场实际处理

工具、材料、设备、场地	现场设备或仿真机

处理要点	1. 根据故障现象及时判断送风机A出口挡板反馈故障 2. 派人就地检查确认，联系检修处

评分标准		序号	项　目　名　称
		1	现象
		1.1	送风机A出口挡板反馈变黄，但送风机A电流无变化，出口风压无变化
		2	处理
		2.1	发现送风机A出口挡板反馈变黄
		2.2	根据故障现象及时判断送风机A出口挡板反馈故障
		2.3	派人就地检查落实
		2.4	联系检修处理
	质量要求		1. 严格执行集控运行规程规定 2. 操作顺序不准颠倒或漏项 3. 操作完毕，应及时向上级汇报并记录
	得分或扣分		1. 操作顺序颠倒扣1～4分，如因操作颠倒导致无法继续的，该题不得分 2. 操作漏项扣1～4分，如因漏项使操作必须重新开始，但不导致不良后果的，扣该题总分的50%；如导致不良后果的，该题不得分 3. 每项操作后必须检查操作结果，再开始下一步操作，否则扣1～4分 4. 因误操作致使过程延误，但不造成不良后果的，扣该题总分的50%；造成不良后果的，该题不得分 5. 操作结束后，应有汇报、记录，否则该题扣1～4分 6. 故障分析判断错误，该题不得分，如故障分析不全面、不准确，但不影响事故处理，扣该题总分的50%；如因故障分析不全面、不准确而导致事故扩大，该题不得分 7. 对操作过程中违反安全规程及运行规程的，不得分

行业：电力行业　　工种：集控值班员　　等级：中级、高级、技师

编　号	C34A022	行为领域	e	鉴定范围	6
考核时限	30min	题　型	A	题　分	30
试题正文	磨煤机1A煤量测点故障				

需要说明的问题和要求	1. 要求单独进行操作处理 2. 现场就地操作演示，不得触动运行设备 3. 在仿真机上操作，按仿真机运行规程考核 4. 万一遇生产事故，立即停止考核，退出现场 5. 结合本单位现场实际处理
工具、材料、设备、场地	现场设备或仿真机
处理要点	1. 根据故障现象，判断为磨煤机1A煤量测点故障 2. 解除燃料主控，给水控制、送风机控制自动 3. 手动调节燃料量、给水量及氧量 4. 控制主汽温及再热汽温在正常范围内 5. 启动备用磨煤机，停用磨煤机1A

	序号	项　目　名　称
	1	现象
	1.1	磨煤机1A煤量显示为0
	1.2	中间点温度、主汽温上升
	2	处理
	2.1	判断为磨煤机1A煤量测点故障
评 分 标 准	2.2	解除燃料主控、给水控制自动。手动调节燃料量和给水量
	2.3	解除送风机自动，手动控制氧量正常
	2.4	处理过程中注意调节主、再热蒸汽温度保持稳定
	2.5	启动备用磨煤机，将其二次风挡板开至100%
	2.6	停用磨煤机1A，关闭其二次风挡板到50%
	2.7	投入机组协调控制。维持机组负荷为额定值
	2.8	通知检修处理磨煤机1A煤量测点故障
	质量要求	1. 严格执行集控运行规程规定 2. 操作顺序不准颠倒或漏项 3. 操作完毕，应及时向上级汇报并记录
	得分或扣分	1. 操作顺序颠倒扣1～4分，如因操作颠倒导致无法继续的，该题不得分 　2. 操作漏项扣1～4分，如因漏项使操作必须重新开始，但不导致不良后果的，扣该题总分的50%；如导致不良后果的，该题不得分 　3. 每项操作后必须检查操作结果，再开始下一步操作，否则扣1～4分 　4. 因误操作使过程延误，但不造成不良后果的，扣该题总分的50%；造成不良后果的，该题不得分 　5. 操作结束后，应有汇报、记录，否则该题扣1～4分 　6. 故障分析判断错误，该题不得分，如故障分析不全面、不准确，但不影响事故处理，扣该题总分的50%；如因故障分析不全面、不准确而导致事故扩大，该题不得分 　7. 对操作过程中违反安全规程及运行规程的，不得分

行业：电力行业　　工种：集控值班员　　等级：技师、高级技师

编　　号	C12A023	行为领域	e	鉴定范围	6
考核时限	30min	题　　型	A	题　　分	30
试题正文	炉底漏风				
需要说明的问题和要求	1. 要求单独进行操作处理 2. 现场就地操作演示，不得触动运行设备 3. 在仿真机上操作，按仿真机运行规程考核 4. 万一遇生产事故，立即停止考核，退出现场 5. 结合本单位现场实际处理				
工具、材料、设备、场地	现场设备或仿真机				
处理要点	1. 判断炉底漏风，投入 A、F 磨点火油枪稳燃 2. 调整炉膛微正压运行，直至空预器排烟温度正常 3. 控制主汽温、再热汽温在额定值				

	序号	项　目　名　称
评 分 标 准	1	现象
	1.1	空预器出口烟气温度不正常上升并来报警
	1.2	氧量逐渐升高
	1.3	炉膛负压先增大后恢复正常。引风机电流增大，引风机调节挡板开大
	1.4	再热器汽温升高，漏风量大时主汽温升高
	2	处理
	2.1	及时从故障现象判断炉底漏风
	2.2	投入 A、F 磨点火油枪稳燃
	2.3	手动调节引风机入口导叶，或改变炉膛负压设定值（改为 500Pa 左右），调整炉膛微正压运行，直至空预器排烟温度正常
	2.4	减少上层燃料量，增加下层燃料量，降低炉膛火焰中心
	2.5	控制主汽温、再热汽温在额定值
	2.6	派人就地查找炉底漏风原因，进一步处理
	质量要求	1. 严格执行集控运行规程规定 2. 操作顺序不准颠倒或漏项 3. 操作完毕，应及时向上级汇报并记录
	得分或扣分	1. 操作顺序颠倒扣 1～4 分，如因操作颠倒导致无法继续的，该题不得分 　2. 操作漏项扣 1～4 分，如因漏项使操作必须重新开始，但不导致不良后果的，扣该题总分的 50%；如导致不良后果的，该题不得分 　3. 每项操作后必须检查操作结果，再开始下一步操作，否则扣 1～4 分 　4. 因误操作致使过程延误，但不造成不良后果的，扣该题总分的 50%；造成不良后果的，该题不得分 　5. 操作结束后，应有汇报、记录，否则该题扣 1～4 分 　6. 故障分析判断错误，该题不得分，如故障分析不全面、不准确，但不影响事故处理，扣该题总分的 50%；如因故障分析不全面、不准确而导致事故扩大，该题不得分 　7. 对操作过程中违反安全规程及运行规程的，不得分

行业：电力行业　　工种：集控值班员　　等级：高级

编　　号	C03A024	行为领域	e	鉴定范围	6
考核时限	30min	题　　型	A	题　分	30
试题正文	汽轮机轴向位移增大处理				
需要说明的问题和要求	1. 要求单独进行操作处理 2. 现场就地操作演示，不得触动运行设备 3. 在仿真机上操作，按仿真机运行规程考核 4. 万一遇生产事故，立即停止考核，退出现场 5. 结合本单位现场实际处理				
工具、材料、设备、场地	现场设备或仿真机				

	序号	项　目　名　称
评分标准	1	现象
	1.1	轴向位移指示增大
	1.2	轴向位移超限报警
	1.3	推力轴承金属温度及回油温度升高
	1.4	机组振动可能增加
	2	处理
	2.1	当轴向位移增大时，应检查机组负荷、蒸汽参数、凝汽器真空、润滑油压力、推力轴承温度、差胀、振动、机内声音、电网频率、发电机运行情况等，并汇报值长，适当降低机组负荷，查明原因，作相应处理
	2.2	如推力轴承金属温度或回油温度异常，应按"轴承温度升高"处理
	2.3	如轴向位移增加，且机内出现金属响声或机组发生强烈振动，应破坏真空紧急停机
	2.4	经处理无效，轴向位移增大至 3.54mm 或减小至 1.54mm，保护动作跳机，否则应破坏真空紧急停机
	质量要求	1. 严格执行集控运行规程规定 2. 操作顺序不准颠倒或漏项 3. 操作完毕，应及时向上级汇报并记录
	得分或扣分	1. 操作顺序颠倒扣 1～4 分。如因操作颠倒导致无法继续的，该题不得分 　2. 操作漏项扣 1～4 分。如因漏项使操作必须重新开始，但不导致不良后果的，扣该题总分的 50%；如导致不良后果的，该题不得分 　3. 每项操作后必须检查操作结果，再开始下一步操作，否则扣 1～4分 　4. 因误操作致使过程延误，但不造成不良后果的，扣该题总分的 50%；造成不良后果的，该题不得分 　5. 操作结束后，应有汇报、记录，否则该题扣 1～4 分 　6. 故障分析判断错误，该题不得分。如故障分析不全面、不准确，但不影响事故处理，扣该题总分的 50%；因故障分析不全面、不准确而导致事故扩大，该题不得分 　7. 对操作过程中违反安全规程及运行规程的，不得分

行业：电力行业   工种：集控值班员   等级：中级

编　　号	C04A025	行为领域	e	鉴定范围	6
考核时限	30min	题　　型	A	题　　分	20
试题正文	汽轮机发生异常振动处理				
需要说明的 问题和要求	1. 要求单独进行操作处理 2. 现场就地操作演示，不得触动运行设备 3. 在仿真机上操作，按仿真机运行规程考核 4. 万一遇生产事故，立即停止考核，退出现场 5. 结合本单位现场实际处理				
工具、材料、 设备、场地	现场设备或仿真机				

评　分　标　准	序号	项　目　名　称
	1	现象
	1.1	机组轴承振动指示升高
	1.2	机组轴承振动大报警
	1.3	就地机组振动明显增大
	1.4	支持轴承金属温度及回油温度可能升高
	2	处理
	2.1	机组轴承振动达 0.127mm 报警，应适当降低负荷，查明原因予以处理，并汇报集控长、值长，必要时应通知检修处理
	2.2	若机组负荷或进汽参数变化大引起振动增加，应稳定负荷及进汽参数，同时检查汽缸总胀、差胀、轴向位、上下缸温差变化情况及滑销系统有无卡涩现象，待上述参数均符合要求，振动恢复正常后再进行变负荷。如发生水冲击，则按"汽轮机水冲击"处理；如轴向位移异常，则按"轴向位移增大"处理
	2.3	检查润滑油压力、温度及发电机密封油温度情况是否正常，并按要求进行调整
	2.4	倾听机内声音，检查各轴承金属温度及回油温度是否有升高现象，判断轴承是否损坏
	2.5	检查发电机各组氢冷器出口氢温是否正常，如出口氢温或偏差超限，应设法调整并维持在正常范围
	2.6	联系电气，检查发电机定、转子电流情况并消除不平衡因素
	2.7	经处理无效，机组轴承振动达 0.254mm，或汽轮发电机组内有明显的金属摩擦声或撞击声，应破坏真空紧急停机
	2.8	如因安装或检修工艺不良，停机后由检修人员重新调整
	质量 要求	1. 严格执行集控运行规程规定 2. 操作顺序不准颠倒或漏项 3. 操作完毕，应及时向上级汇报并记录
	得分 或 扣分	1. 操作顺序颠倒扣 1～4 分。如因操作颠倒导致无法继续的，该题不得分 2. 操作漏项扣 1～4 分。如因漏项使操作必须重新开始，但不导致不良后果的，扣该题总分的 50%；如导致不良后果，该题不得分 3. 每项操作后必须检查操作结果，再开始下一步操作，否则扣 1～4 分 4. 因误操作致使过程延误，但不造成不良后果的，扣该题总分的 50%；造成不良后果的，该题不得分 5. 操作结束后，应有汇报、记录，否则该题扣 1～4 分 6. 故障分析判断错误，该题不得分，如故障分析不全面、不准确，但不影响事故处理，扣该题总分的 50%；如因故障分析不全面、不准确而导致事故扩大，该题不得分 7. 对操作过程中违反安全规程及运行规程的，不得分

行业：电力行业　　工种：集控值班员　　等级：中级

编　号	C04A026	行为领域		e	鉴定范围		3
考核时限	30min	题　型		A	题　分		30
试题正文	汽泵与电泵并列运行操作						
需要说明的问题和要求	1. 要求单独进行操作处理 2. 现场就地操作演示，不得触动运行设备 3. 在仿真机上操作，按仿真机运行规程考核 4. 万一遇生产事故，立即停止考核，退出现场 5. 结合本单位现场实际处理						
工具、材料、设备、场地	现场设备或仿真机						
评分标准	序号	项　目　名　称					
	1	接令给泵并泵运行					
	2	确认机组负荷稳定运行					
	3	确认汽泵 2800r/min 暖泵运行结束					
	4	确认汽泵再循环阀全开且自动投入					
	5	确认汽泵出口阀全开					
	6	确认电泵给水自动正常，汽包水位稳定					
	7	确认汽泵"CCS ENABLE"灯亮					
	8	将汽泵"CCS/LOCAL"切换开关切至"CCS"位置，确认"CCSON"灯高，CRT 上汽泵转速控制变绿					
	9	手操调节阀逐渐缓慢增加汽泵转速，确认汽泵出口压力跟随上升，当汽泵出口压力接近电泵出口压力时，操作要缓慢，确认汽泵出水后，注意汽包水位正常，随着汽泵出力的增加，电泵转速应适当自动下降，当汽泵和电泵转速相差无几且汽包水位稳定正常时，投入汽泵转速自动控制					
	10	并泵结束，汇报					
	质量要求	1. 严格执行集控运行规程规定 2. 操作顺序不准颠倒或漏项 3. 操作完毕，应及时向上级汇报并记录					
	得分或扣分	1. 操作顺序颠倒扣 1～5 分。如因操作颠倒导致无法继续的，该题不得分 2. 操作漏项扣 1～5 分。如因漏项使操作必须重新开始，但不导致不良后果的，扣该题总分的 50%；如导致不良后果的，该题不得分 3. 每项操作后必须检查操作结果，再开始下一步操作，否则扣 1～5 分 4. 因误操作致使过程延误，但不导致不良后果的，扣该题总分的 50%；如导致不良后果的，该题不得分 5. 操作结束后，应有汇报、记录，否则该题不得分 6. 对操作过程中违反安全规程及运行规程的，不得分					

行业：电力行业　　工种：集控值班员　　等级：中级、高级

编　　号	C34A027	行为领域	e	鉴定范围	6
考核时限	30min	题　　型	A	题　　分	20
试题正文	运行真空泵跳闸				
需要说明的问题和要求	1. 要求单独进行操作处理 2. 现场就地操作演示，不得触动运行设备 3. 在仿真机上操作，按仿真机运行规程考核 4. 万一遇生产事故，立即停止考核，退出现场 5. 结合本单位现场实际处理				
工具、材料、设备、场地	现场设备或仿真机				
处理要点	1. 启动备用真空泵 2. 就地检查跳闸真空泵异常情况				

评分标准		序号	项　目　名　称
		1	现象
		1.1	DCS 报警：运行真空泵跳闸
		2	处理
		2.1	检查确认真空泵跳闸
		2.2	检查备用真空泵未联启，手动启动备用真空泵
		2.3	检查凝汽器真空正常
		2.4	派人就地检查真空泵跳闸原因
		2.5	联系检修查找备用泵不联启原因
	质量要求		1. 严格执行集控运行规程规定 2. 操作顺序不准颠倒或漏项 3. 操作完毕，应及时向上级汇报并记录
	得分或扣分		1. 操作顺序颠倒扣 1～4 分，如因操作颠倒导致无法继续的，该题不得分 2. 操作漏项扣 1～4 分，如因漏项使操作必须重新开始，但不导致不良后果的，扣该题总分的 50%；如导致不良后果的，该题不得分 3. 每项操作后必须检查操作结果，再开始下一步操作，否则扣 1～4 分 4. 因误操作致使过程延误，但不造成不良后果的，扣该题总分的 50%；造成不良后果的，该题不得分 5. 操作结束后，应有汇报、记录，否则该题扣 1～4 分 6. 故障分析判断错误，该题不得分，如故障分析不全面、不准确，但不影响事故处理，扣该题总分的 50%；如因故障分析不全面、不准确而导致事故扩大，该题不得分 7. 对操作过程中违反安全规程及运行规程的，不得分

263

行业：电力行业   工种：集控值班员   等级：中级、高级

编　　号	C34A028	行为领域		e	鉴定范围	6
考核时限	10min	题　　型		A	题　分	20
试题正文	1号高加事故疏水阀误开					
需要说明的问题和要求	1. 要求单独进行操作处理 2. 现场就地操作演示，不得触动运行设备 3. 在仿真机上操作，按仿真机运行规程考核 4. 万一遇生产事故，立即停止考核，退出现场 5. 结合本单位现场实际处理					
工具、材料、设备、场地	现场设备或仿真机					
处理要点	1. 发现1号高加事故疏水门全开，手动试关1号高加事故疏水调门 2. 在就地站关闭1号高加事故疏水阀前手动门 3. 手动调整1号高加正常疏水门，维持高加水位正常后，投入疏水门自动					

评分标准		序号	项　目　名　称				
		1	现象				
		1.1	事故疏水门全开				
		1.2	1号高加水位下降				
		1.3	凝汽器水位上升				
		1.4	凝结水流量增大				
		2	处理				
		2.1	发现1号高加事故疏水门全开，应监视好水位的变化				
		2.2	手动试关1号高加事故疏水调门，无效				
		2.3	在就地站关闭1号高加事故疏水阀前手动门				
		2.4	手动调整1号高加正常疏水门，维持高加水位正常后，投入疏水门自动				
		2.5	通知检修				
	质量要求	1. 严格执行集控运行规程规定 2. 操作顺序不准颠倒或漏项 3. 操作完毕，应及时向上级汇报并记录					
	得分或扣分	1. 操作顺序颠倒扣1～4分，如因操作颠倒导致无法继续的，该题不得分 2. 操作漏项扣1～4分，如因漏项使操作必须重新开始，但不导致不良后果的，扣该题总分的50%；如导致不良后果的，该题不得分 3. 每项操作后必须检查操作结果，再开始下一步操作，否则扣1～4分 4. 因误操作致使过程延误，但不造成不良后果的，扣该题总分的50%；造成不良后果的，该题不得分 5. 操作结束后，应有汇报、记录，否则该题扣1～4分 6. 故障分析判断错误，该题不得分，如故障分析不全面、不准确，但不影响事故处理的，扣该题总分的50%；如因故障分析不全面、不准确而导致事故扩大，该题不得分 7. 对操作过程中违反安全规程及运行规程的，不得分					

行业：电力行业　　工种：集控值班员　　等级：技师、高级技师

编　　号	C12A029	行为领域	e	鉴定范围	1
考核时限	30min	题　　型	A	题　　分	20
试题正文	汽轮机叶片损坏或断裂、脱落处理				
需要说明的问题和要求	1. 要求单独进行操作处理 2. 现场就地操作演示，不得触动运行设备 3. 在仿真机上操作，按仿真机运行规程考核 4. 万一遇生产事故，立即停止考核，退出现场 5. 结合本单位现场实际处理				
工具、材料、设备、场地	现场设备或仿真机				

	序号	项　目　名　称
评 分 标 准	1	现象
	1.1	机内发出明显的金属撞击声或通流部分发出不同程度的摩擦声
	1.2	机组振动明显增大
	1.3	在蒸汽参数、真空、调速汽门开度不变的情况下，机组负荷减小，调节级或某级抽汽压力降低
	1.4	热井水位升高，凝结水电导率、硬度均增大，或某加热器水位异常升高
	2	处理
	2.1	在相同工况下，发现机组负荷下降，调节级或某级抽汽压力及级间差压异常变化，振动增加，轴向位移、推力轴承温度有明显变化时，应汇报集控长、值长，要求减负荷或停机处理
	2.2	发现机内发出明显的金属撞击声或摩擦声应立即破坏真空紧急停机
	2.3	发现通流部分发出异音，且机组发生强烈振动应立即破坏真空紧急停机
	2.4	如叶片断落打坏加热器管子使水位升高应按"加热器满水"处理甚至隔离，防止汽轮机进水
	2.5	如叶片断落打坏凝汽器钛管，热井水位异常升高，应按"热井满水"处理，并加强对凝结水质的监视
	质量要求	1. 严格执行集控运行规程规定 2. 操作顺序不准颠倒或漏项 3. 操作完毕，应及时向上级汇报并记录
	得分或扣分	1. 操作顺序颠倒扣 1～4 分。如因操作颠倒导致无法继续的，该题不得分 2. 操作漏项扣 1～4 分。如因漏项使操作必须重新开始，但不导致不良后果的，扣该题总分的 50%；如导致不良后果的，该题不得分 3. 每项操作后必须检查操作结果，再开始下一步操作，否则扣 1～4 分 4. 因误操作致使过程延误，但不造成不良后果的，扣该题总分的 50%；造成不良后果的，该题不得分 5. 操作结束后，应有汇报、记录，否则该题扣 1～4 分 6. 故障分析判断错误，该题不得分。如故障分析不全面、不准确，但不影响事故处理，扣该题总分的 50%；如因故障分析不全面、不准确而导致事故扩大，该题不得分 7. 对操作过程中违反安全规程及运行规程的，不得分

4.2.2 多项操作

行业：电力行业　　工种：集控值班员　　等级：中级、高级

编　　号	C34B030	行为领域	e	鉴定范围	6
考核时限	30min	题　型	B	题　　分	30
试题正文	一次风机 A 跳闸				
需要说明的问题和要求	1. 要求单独进行操作处理 2. 现场就地操作演示，不得触动运行设备 3. 在仿真机上操作，按仿真机运行规程考核 4. 万一遇生产事故，立即停止考核，退出现场 5. 结合本单位现场实际处理				
工具、材料、设备、场地	现场设备或仿真机				
处理要点	1. 检查一次风机 A 跳闸后，RB 动作 2. 处理过程中维持主、再热蒸汽温度正常 3. 在就地站将跳闸风机电机停电				

评分标准	序号	项　目　名　称
	1 1.1 1.2	现象 DCS 声光报警：一次风机 A 跳闸 RB 动作
	2 2.1 2.2 2.3 2.4 2.5 2.6 2.7 2.8 2.9 2.10 2.11 2.12	处理 及时发现一次风机 A 跳闸 检查跳闸一次风机 A 出口挡板自动关闭，否则手动关闭，并将其静叶关闭 检查 RB 动作正常：风机跳闸后油枪自动投入 检查 C、D 磨煤机自动跳闸。将停运磨煤机的二次风挡板关小至 50% 检查锅炉主控自动将煤量减至 150t/h 左右 检查汽机主控自动调整汽机调门开度在 85%～90% 处理过程中注意调节主、再热蒸汽温度保持稳定 注意一次风母管风压正常，一次风机 B 电流不超 283A 监视炉膛负压正常，否则手动调节 燃烧稳定后停止点火油枪运行 检查风机跳闸原因为电气跳闸，在就地站将跳闸风机电机停电 联系检修处理
	质量要求	1. 严格执行集控运行规程规定 2. 操作顺序不准颠倒或漏项 3. 操作完毕，应及时向上级汇报并记录
	得分或扣分	1. 操作顺序颠倒扣 1～4 分，如因操作颠倒导致无法继续的，该题不得分 2. 操作漏项扣 1～4 分，如因漏项使操作必须重新开始，但不导致不良后果的，扣该题总分的 50%；如导致不良后果的，该题不得分 3. 每项操作后必须检查操作结果，再开始下一步操作，否则扣 1～4 分 4. 因误操作致使过程延误，但不造成不良后果的，扣该题总分的 50%；造成不良后果的，该题不得分 5. 操作结束后，应有汇报、记录，否则该题扣 1～4 分 6. 故障分析判断错误，该题不得分，如故障分析不全面、不准确，但不影响事故处理的，扣该题总分的 50%；如因故障分析不全面、不准确而导致事故扩大，该题不得分 7. 对操作过程中违反安全规程及运行规程的，不得分

编　　号	C03B031	行为领域	e	鉴定范围	6
考核时限	30min	题　　型	B	题　　分	30
试题正文	锅炉炉膛严重结渣处理				
需要说明的问题和要求	1. 要求单独进行操作处理 2. 现场就地操作演示，不得触动运行设备 3. 在仿真机上操作，按仿真机运行规程考核 4. 万一遇生产事故，立即停止考核，退出现场 5. 结合本单位现场实际处理				
工具、材料、设备、场地	现场设备或仿真机				

	序号	项　目　名　称
评分标准	1	现象
	1.1	过、再热汽温明显上升，各壁温明显上升或超限
	1.2	减温水量大幅度增加
	1.3	各段烟温及排烟温度有所升高，炉膛出口两侧温差可能增大
	1.4	烟气氧量偏小或引、送风机电流上升
	1.5	火焰颜色呈白并刺眼，炉膛温度升高
	1.6	经减负荷或燃烧调整，上述现象仍不能消失
	1.7	当炉膛掉大焦时，炉膛压力晃动，燃烧不稳，有剧烈晃动
	2	处理
	2.1	锅炉运行中应加强对减温水量变化、喷燃器摆角变化、炉膛出口温度、各段壁温的监视，发现异常应及时分析
	2.2	如发现汽温升高或减温水量增大，应及时检查炉底水封溢水及捞渣箱水位应正常，否则应调整正常
	2.3	发现喷燃器摆角卡牢，应及时联系检修处理
	2.4	就地检查炉膛有否结渣，如结渣导致减温水大幅度增加或过热器、再热器管壁超温时，汇报值长，适当降低锅炉负荷运行，并加强对炉膛吹灰
	2.5	经上述处理无效时，应申请停炉处理
	质量要求	1. 严格执行集控运行规程规定 2. 操作顺序不准颠倒或漏项 3. 操作完毕，应及时向上级汇报并记录
	得分或扣分	1. 操作顺序颠倒扣 1～6 分。如因操作颠倒导致无法继续的，该题不得分 2. 操作漏项扣 1～6 分。如因漏项使操作必须重新开始，但不导致不良后果的，扣该题总分的 50%；如导致不良后果，该题不得分 3. 每项操作后必须检查操作结果，再开始下一步操作，否则扣 1～6 分 4. 因误操作致使过程延误，但不造成不良后果的，扣该题总分的 50%；造成不良后果的，该题不得分 5. 操作结束后，应有汇报、记录，否则该题扣 1～6 分 6. 故障分析判断错误，该题不得分。如故障分析不全面、不准确，但不影响事故处理，扣该题总分的 50%；如因故障分析不全面、不准确而导致事故扩大，该题不得分 7. 对操作过程中违反安全规程及运行规程的，不得分

行业：电力行业　　工种：集控值班员　　等级：中级、高级、技师

编　　号	C34B032	行为领域	e	鉴定范围	6
考核时限	30min	题　型	B	题　分	30

试题正文	水冷壁泄漏

需要说明的问题和要求	1. 要求单独进行操作处理 2. 现场就地操作演示，不得触动运行设备 3. 在仿真机上操作，按仿真机运行规程考核 4. 结合本单位现场实际处理

工具、材料、设备、场地	现场设备或仿真机

处理要点	1. 根据现象分析确认故障为水冷壁泄漏 2. 若漏泄不严重，给水流量能满足机组负荷需要，及时汇报并密切监视发展情况 3. 注意锅炉燃烧情况，投油枪稳燃 4. 申请停炉

	序号	项　目　名　称
评 分 标 准	1	现象
	1.1	给水流量不正常升高
	1.2	中间点过热度升高
	1.3	炉膛负压升高
	1.4	引风机电流增大
	1.5	机组补水量不正常增大
	2	处理
	2.1	根据分析判断水冷壁泄漏
	2.2	派人就地核实泄漏点
	2.3	判断泄漏程度
	2.4	适当降低机组负荷到 500MW 以下，暂时维持机组运行，及时汇报并密切监视发展情况
	2.5	投入点火油枪，稳定燃烧
	2.6	汽机主控切手动将汽机调门开至 100%，降低主蒸汽压力，减少泄漏量，以防损坏面积增大
	2.7	加强除氧器水位调节，凝汽器自动补水的监视和调整，必要时手动调节
	2.8	向调度申请尽快安排停炉处理缺陷（若泄漏量发展，不能维持运行，应汇报调度立即停炉。）
	2.9	通知检修人员到现场
	质量 要求	1. 严格执行集控运行规程规定 2. 操作顺序不准颠倒或漏项 3. 操作完毕，应及时向上级汇报并记录
	得分 或 扣分	1. 操作顺序颠倒扣 1～4 分，如因操作颠倒导致无法继续的，该题不得分 2. 操作漏项扣 1～4 分，如漏项使操作必须重新开始，但不导致不良后果的，扣该题总分的 50%；如导致不良后果的，该题不得分 3. 每项操作后必须检查操作结果，再开始下一步操作，否则扣 1～4 分 4. 因误操作致使过程延误，但不造成不良后果的，扣该题总分的 50%；造成不良后果的，该题不得分 5. 操作结束后，应有汇报、记录，否则该题扣 1～4 分 6. 故障分析判断错误，该题不得分，如故障分析不全面、不准确，但不影响事故处理，扣该题总分的 50%；如因故障分析不全面、不准确而导致事故扩大，该题不得分 7. 对操作过程中违反安全规程及运行规程的，不得分

行业：电力行业　　工种：集控值班员　　等级：中级、高级、技师

编　　号	C34B033	行为领域	e	鉴定范围	6
考核时限	30min	题　　型	B	题　　分	30

试题正文	过热器泄漏
需要说明的问题和要求	1. 要求单独进行操作处理 2. 现场就地操作演示，不得触动运行设备 3. 在仿真机上操作，按仿真机运行规程考核 4. 万一遇生产事故，立即停止考核，退出现场 5. 结合本单位现场实际处理
工具、材料、设备、场地	现场设备或仿真机
处理要点	1. 根据现象分析确认故障为过热器泄漏 2. 若漏泄不严重，给水流量能满足机组负荷需要，及时汇报并密切监视发展情况 3. 申请停炉

评分标准		序号	项　目　名　称
		1	现象
		1.1	给水流量不正常升高
		1.2	炉膛负压升高
		1.3	引风机电流增大
		1.4	机组补水量不正常增大
		2	处理
		2.1	根据分析判断过热器泄漏
		2.2	派人就地核实泄漏点
		2.3	判断泄漏程度
		2.4	适当降低机组负荷到 500MW 以下，暂时维持机组运行，及时汇报并密切监视发展情况
		2.5	减少燃料量，降低机组负荷
		2.6	汽机主控切手动将汽机调门开至 100%，降低主蒸汽压力，减少泄漏量，以防损坏面积增大
		2.7	加强除氧器水位调节，凝汽器自动补水的监视和调整，必要时手动调节
		2.8	向调度申请尽快安排停炉处理缺陷（若泄漏量发展，不能维持运行，应汇报立即停炉。）
		2.9	通知检修人员到现场
	质量要求		1. 严格执行集控运行规程规定 2. 操作顺序不准颠倒或漏项 3. 操作完毕，应及时向上级汇报并记录
	得分或扣分		1. 操作顺序颠倒扣1～4分，如因操作颠倒导致无法继续，则该题不得分 2. 操作漏项扣1～4分，如因漏项使操作必须重新开始，但不导致不良后果，扣该题总分的50%；如导致不良后果，该题不得分 3. 每项操作后必须检查操作结果，再开始下一步操作，否则扣1～4分 4. 因误操作致使过程延误，但不造成不良后果的，扣该题总分的50%；造成不良后果，该题不得分 5. 操作结束后，应有汇报、记录，否则该题扣1～4分 6. 故障分析判断错误，该题不得分，如故障分析不全面、不准确，但不影响事故处理，扣该题总分的50%；如因故障分析不全面、不准确而导致事故扩大，该题不得分 7. 对操作过程中违反安全规程及运行规程的，不得分

行业：电力行业 　工种：集控值班员 　等级：中级

编 号	C04B034	行为领域	e	鉴定范围	1
考核时限	30min	题 型	B	题 分	30
试题正文	锅炉省煤器泄漏处理				
需要说明的问题和要求	1. 要求单独进行操作处理 2. 现场就地操作演示，不得触动运行设备 3. 在仿真机上操作，按仿真机运行规程考核 4. 万一遇生产事故，立即停止考核，退出现场 5. 结合本单位现场实际处理				
工具、材料、设备、场地	现场设备或仿真机				

	序号	项 目 名 称
评 分 标 准	1	现象
	1.1	汽包水位下降，给水流量不正常地大于蒸汽流量
	1.2	省煤器附近有泄漏声
	1.3	省煤器灰斗有漏水或水迹现象
	1.4	省煤器两侧烟温差增大，空气预热器两侧出口风温差增大，省煤器、空气预热器出口烟温下降或摆动
	1.5	炉膛负压偏正，在相同的负荷下引风机入口动叶开度增大，引风机电流增大
	1.6	机组补水量增加
	2	处理
	2.1	汇报值长、集控长，将锅炉主控切至手动
	2.2	若泄漏不严重，能维持汽包水位在正常范围，允许锅炉短时运行，锅炉改为滑压运行，适当降低汽包压力，加强泄漏的监视。并及早申请停炉
	2.3	若泄漏严重，加强进水无法维持汽包水位，达到紧急停炉条件应紧急停炉
	2.4	停炉后，适当增加给水流量，维持汽包水位，同时禁止开启省煤器再循环门
	2.5	停炉后不能维持汽包水位时，停止锅炉上水，监视炉水泵运行参数，如炉水泵无法维持运行，应及时停炉水泵运行
	2.6	增加对空气预热器吹灰
	2.7	停炉后，保留一组送、引风机运行，如需抢修，则锅炉按照强制冷却要求控制冷却速度
	质量要求	1. 严格执行集控运行规程规定 2. 操作顺序不准颠倒或漏项 3. 操作完毕，应及时向上级汇报并记录
	得分或扣分	1. 操作顺序颠倒扣1～6分。如因操作颠倒导致无法继续的，该题不得分 2. 操作漏项扣1～6分。如因漏项使操作必须重新开始，但不导致不良后果的，扣该题总分的50%；如导致不良后果的，该题不得分 3. 每项操作后必须检查操作结果，再开始下一步操作，否则扣1～6分 4. 因误操作致使过程延误，但不造成不良后果的，扣该题总分的50%；造成不良后果的，该题不得分 5. 操作结束后，应有汇报、记录，否则该题扣1～6分 6. 故障分析判断错误，该题不得分。如故障分析不全面、不准确，但不影响事故处理，扣该题总分的50%；如因故障分析不全面、不准确而导致事故扩大，该题不得分 7. 对操作过程中违反安全规程及运行规程的，不得分

行业：电力行业　　工种：集控值班员　　等级：高级

编　　号	C03B035	行为领域	e	鉴定范围	6
考核时限	30min	题　　型	B	题　　分	30
试题正文	主蒸汽压力异常处理				
需要说明的问题和要求	1. 要求单独进行操作处理 2. 现场就地操作演示，不得触动运行设备 3. 在仿真机上操作，按仿真机运行规程考核 4. 万一遇生产事故，立即停止考核，退出现场 5. 结合本单位现场实际处理				
工具、材料、设备、场地	现场设备或仿真机				

	序号	项　目　名　称
评 分 标 准	1	现象
	1.1	操作屏（CRT）、有关表计、记录仪、压力趋势曲线显示突变
	1.2	操作屏（CRT）和光字牌报警
	1.3	机组负荷变化
	1.4	轴向位移有可能变化
	1.5	当主蒸汽压力升速率≥1MPa/min 时，高压旁路应打开
	1.6	当主蒸汽压力达 18.89MPa 时，电磁泄放阀动作
	1.7	当主蒸汽压力达 19.08MPa 时，安全门动作
	1.8	如电磁泄放阀或安全阀动作，则汽包水位先上升后下降
	2	处理
	2.1	发现主蒸汽压力变化时，应立即核对各主蒸汽压力表计是否真实变化
	2.2	若 CCS 故障，应根据故障程度分别处理，必要时，切换至手动方式并将压力调至正常
	2.3	若负荷调节速度过快，应适当调整负荷变化率
	2.4	若高压加热器保护动作，应及时调整机组负荷
	2.5	若主蒸汽压力异常升高，则：
	2.5.1	在机组不超负荷的前提下适当增加机组负荷，并适当降低给煤机转速，必要时停运一台制粉系统，并根据燃烧情况决定是否投油助燃。并注意汽包水位、主、再蒸汽温度、凝汽器真空、排汽温度的变化
	2.5.2	当主蒸汽压力超过 17.5MPa 时，应联系值长适当降低机组负荷，以控制主蒸汽流量不超过压力为 17.5MPa 及调速汽门全开时的流量（1025t/h）

	序号	项 目 名 称
评分标准	2.5.3	当主蒸汽压达 18.89MPa,应检查电磁泄放阀应动作,否则应手动开启电磁泄放阀泄压
	2.5.4	当主蒸汽压力升高至 21.7MPa 及以上,应立即不破坏真空紧急停机
	2.6	若主蒸汽压力异常降低,则:
	2.6.1	当主蒸汽压力下降至 15MPa 以下,检查 TPC 动作以维持主蒸汽压力在 15MPa;如 TPC 未投运,则应人为手动干预降低机组负荷,以维持一定的主汽压力
	2.6.2	检查锅炉各燃烧器煤粉着火点及炉膛火焰,及时调整锅炉风煤比例,适当增加相应磨煤机的煤量,以满足相应负荷下压力要求
	2.6.3	对锅炉受热面进行检查,如因发现受热面泄漏,应按四管泄漏处理
	2.6.4	在机组减负荷期间,应注意主、再热蒸汽系统疏水阀动作情况
	2.6.5	当主蒸汽压力恢复后,按正常方式加负荷
	2.6.6	如 TPC 投用,主蒸汽压力下降,调速汽门开度关小至 20%仍不能维持主蒸汽压力 15MPa,或手动控制不能维持一定的主蒸汽压力时,应联系值长停机
	质量要求	1. 严格执行集控运行规程规定 2. 操作顺序不准颠倒或漏项 3. 操作完毕,应及时向上级汇报并记录
	得分或扣分	1. 操作顺序颠倒扣 1~6 分。如因操作颠倒导致无法继续的,该题不得分 2. 操作漏项扣 1~6 分。如漏项使操作必须重新开始,但不导致不良后果的,扣该题总分的 50%;如导致不良后果的,该题不得分 3. 每项操作后必须检查操作结果,再开始下一步操作,否则扣 1~6 分 4. 因误操作致使过程延误,但不造成不良后果的,扣该题总分的 50%;造成不良后果的,该题不得分 5. 操作结束后,应有汇报、记录,否则该题扣 1~6 分 6. 故障分析判断错误,该题不得分。如故障分析不全面、不准确,但不影响事故处理,扣该题总分的 50%;如因故障分析不全面、不准确而导致事故扩大,该题不得分 7. 对操作过程中违反安全规程及运行规程的,不得分

行业：电力行业　　工种：集控值班员　　等级：中级、高级

编　号	C34B036	行为领域	e	鉴定范围	6
考核时限	30min	题　型	B	题　分	30

试题正文	省煤器积灰				

需要说明的 问题和要求	1. 要求单独进行操作处理 2. 现场就地操作演示，不得触动运行设备 3. 在仿真机上操作，按仿真机运行规程考核 4. 万一遇生产事故，立即停止考核，退出现场 5. 结合本单位现场实际处理
工具、材料、 设备、场地	现场设备或仿真机
处理要点	1. 进行省煤器局部吹灰 2. 进行省煤器灰斗排灰 3. 通过修正中间点过热度，控制主汽温

	序号	项　目　名　称
评 分 标 准	1	现象
	1.1	中间点温度下降
	1.2	省煤器后烟温上升，排烟温度上升
	1.3	给水量下降，机组负荷下降
	2	处理
	2.1	进行省煤器局部吹灰（口述）
	2.2	进行省煤器灰斗排灰（口述）
	2.3	通过修正中间点过热度，控制主汽温
	2.4	通过烟气挡板及事故喷水控制再热汽温在正常范围内
	2.5	维持机组负荷额定
	质量 要求	1. 严格执行集控运行规程规定 2. 操作顺序不准颠倒或漏项 3. 操作完毕，应及时向上级汇报并记录
	得分 或 扣分	1. 操作顺序颠倒扣 1～4 分，如因操作颠倒导致无法继续，该题不得分 2. 操作漏项扣 1～4 分，如因漏项使操作必须重新开始，但不导致不良后果的，扣该题总分的 50%；如导致不良后果的，该题不得分 3. 每项操作后必须检查操作结果，再开始下一步操作，否则扣 1～4 分 4. 因误操作致使过程延误，但不造成不良后果的，扣该题总分的 50%；造成不良后果的，该题不得分 5. 操作结束后，应有汇报、记录，否则该题扣 1～4 分 6. 故障分析判断错误，该题不得分，如故障分析不全面、不准确，但不影响事故处理，扣该题总分的 50%；如因故障分析不全面、不准确而导致事故扩大，该题不得分 7. 对操作过程中违反安全规程及运行规程的，不得分

行业：电力行业　　工种：集控值班员　　等级：高级、技师、高级技师

编　　号	C12B037	行为领域	e	鉴定范围	6
考核时限	30min	题　型	B	题　　分	30
试题正文	空预器 A 积灰				
需要说明的问题和要求	1. 要求单独进行操作处理 2. 现场就地操作演示，不得触动运行设备 3. 在仿真机上操作，按仿真机运行规程考核 4. 万一遇生产事故，立即停止考核，退出现场 5. 结合本单位现场实际处理				
工具、材料、设备、场地	现场设备或仿真机				
处理要点	1. 判断空预器 A 积灰，空预器吹灰（口述） 2. 吹灰无效，适当降负荷 3. 控制 A 侧排烟温度不过高				

	序号	项　目　名　称
评 分 标 准	1	现象
	1.1	空预器 A 出口烟温升高
	1.2	空预器出口一、二次风温降低
	2	处理
	2.1	判断空预器 A 积灰
	2.2	进行空预器吹灰（口述）
	2.3	吹灰无效，减煤降负荷
	2.4	关闭送风机联络门，手动调整两台送风机风量
	2.5	关闭一次风机联络门，关小一次风机 A 静叶开度、一次风机 A 冷风门
	2.6	控制 A 侧排烟温度不过高
	2.7	因一次风温降低，注意各运行磨煤机出口温度自动调节正常
	2.8	因二次风温降低，投入运行磨煤机的点火油枪助燃
	2.9	维持主、再热蒸汽温度在正常范围内
	质量要求	1. 严格执行集控运行规程规定 2. 操作顺序不准颠倒或漏项 3. 操作完毕，应及时向上级汇报并记录
	得分或扣分	1. 操作顺序颠倒扣 1～4 分，如因操作颠倒导致无法继续的，该题不得分 2. 操作漏项扣 1～4 分，如因漏项使操作必须重新开始，但不导致不良后果的，扣该题总分的 50%；如导致不良后果的，该题不得分 3. 每项操作后必须检查操作结果，再开始下一步操作，否则扣 1～4 分 4. 因误操作致使过程延误，但不造成不良后果的，扣该题总分的 50%；造成不良后果的，该题不得分 5. 操作结束后，应有汇报、记录，否则该题扣 1～4 分 6. 故障分析判断错误，该题不得分，如故障分析不全面、不准确，但不影响事故处理，扣该题总分的 50%；如因故障分析不全面、不准确而导致事故扩大，该题不得分 7. 对操作过程中违反安全规程及运行规程的，不得分

274

行业：电力行业　　工种：集控值班员　　等级：技师

编　　号	C02B038	行为领域	e	鉴定范围	1
考核时限	30min	题　型	B	题　分	30
试题正文	锅炉汽水共腾处理				
需要说明的问题和要求	1. 要求单独进行操作处理 2. 现场就地操作演示，不得触动运行设备 3. 在仿真机上操作，按仿真机运行规程考核 4. 万一遇生产事故，立即停止考核，退出现场 5. 结合本单位现场实际处理				
工具、材料、设备、场地	现场设备或仿真机				

评分标准	序号	项　目　名　称
	1	现象
	1.1	汽包水位计水位发生急剧波动，看不清水位
	1.2	过热蒸汽温度急剧下降，严重时蒸汽管内发生水冲击
	1.3	饱和蒸汽含盐量增大
	2	处理
	2.1	减少燃料量，降低锅炉蒸发量
	2.2	开大连排调节门，增加排污量
	2.3	关小或关闭减温水，维持汽温正常
	2.4	通知汽轮机开启主汽门前疏水
	2.5	汇报值长，通知化学值班，加强对炉水分析，并按分析结果进行排污，改善炉水品质
	2.6	在炉水品质未改善前，应联系机电值班稳定负荷。不允许增加锅炉负荷
	质量要求	1. 严格执行集控运行规程规定 2. 操作顺序不准颠倒或漏项 3. 操作完毕，应及时向上级汇报并记录
	得分或扣分	1. 操作顺序颠倒扣 1～6 分。如因操作颠倒导致无法继续的，该题不得分 2. 操作漏项扣 1～6 分。如因漏项使操作必须重新开始，但不导致不良后果的，扣该题总分的 50%；如导致不良后果的，该题不得分 3. 每项操作后必须检查操作结果，再开始下一步操作，否则扣 1～6 分 4. 因误操作致使过程延误，但不造成不良后果的，扣该题总分的 50%；造成不良后果的，该题不得分 5. 操作结束后，应有汇报、记录，否则该题扣 1～6 分 6. 故障分析判断错误，该题不得分。如故障分析不全面、不准确，但不影响事故处理，扣该题总分的 50%；如因故障分析不全面、不准确而导致事故扩大，该题不得分 7. 对操作过程中违反安全规程及运行规程的，不得分

行业：电力行业　　工种：集控值班员　　等级：中级、高级、技师

编　　号	C34B039	行为领域	e	鉴定范围	3
考核时限	30min	题　型	B	题　分	30

试题正文	蒸汽管爆管

需要说明的问题和要求	1. 要求单独进行操作处理 2. 现场就地操作演示，不得触动运行设备 3. 在仿真机上操作，按仿真机运行规程考核 4. 万一遇生产事故，立即停止考核，退出现场 5. 结合本单位现场实际处理

工具、材料、设备、场地	现场设备或仿真机

处理要点	1. 判断主蒸汽管爆管 2. 申请停炉

	序号	项　目　名　称
评分标准	1	现象
	1.1	主汽压力下降
	1.2	机组负荷下降
	1.3	给水量上升、机组补水量增加
	2	处理
	2.1	检查确认发电机解列，厂用电运行正常
	2.2	检查汽轮机跳闸，转速下降，确认高中压主汽门、调门、高排止回门关闭，检查抽汽止回门及电动门关闭，否则手动关闭
	2.3	汽轮机本体及主再热汽管道、抽汽管道疏水门开启，否则手动开启
	2.4	检查润滑油压正常，2850r/min 汽轮机交流润滑油泵及氢密封油泵自启动，1500r/min 顶轴油泵自启动，否则手动处理，转速到 0 投主机盘车。投入给水泵汽轮机盘车
	2.5	保持 30%～40% 风量对锅炉进行吹扫
	2.6	注意监视锅炉排烟温度和热风温度，防止尾部受热面再燃烧
	2.7	通知检修检查处理

评分标准	质量要求	1. 严格执行集控运行规程规定 2. 操作顺序不准颠倒或漏项 3. 操作完毕，应及时向上级汇报并记录
	得分或扣分	1. 操作顺序颠倒扣 1～4 分，如因操作颠倒导致无法继续的，该题不得分 2. 操作漏项扣 1～4 分，如因漏项使操作必须重新开始，但不导致不良后果的，扣该题总分的 50%；如导致不良后果，该题不得分 3. 每项操作后必须检查操作结果，再开始下一步操作，否则扣 1～4 分 4. 因误操作致使过程延误，但不造成不良后果的，扣该题总分的 50%；造成不良后果的，该题不得分 5. 操作结束后，应有汇报、记录，否则该题扣 1～4 分 6. 故障分析判断错误，该题不得分，如故障分析不全面、不准确，但不影响事故处理，扣该题总分的 50%；如因故障分析不全面、不准确而导致事故扩大，该题不得分 7. 对操作过程中违反安全规程及运行规程的，不得分

行业：电力行业　　工种：集控值班员　　等级：技师

编　　号	C02B040	行为领域		e	鉴定范围	1
考核时限	30min	题　　型		B	题　分	30
试题正文	锅炉烟道二次燃烧处理					
需要说明的问题和要求	1. 要求单独进行操作处理 2. 现场就地操作演示，不得触动运行设备 3. 在仿真机上操作，按仿真机运行规程考核 4. 万一遇生产事故，立即停止考核，退出现场 5. 结合本单位现场实际处理					
工具、材料、设备、场地	现场设备或仿真机					

	序号	项　目　名　称
评 分 标 准	1	现象
	1.1	烟气温度急剧上升，氧量表指示偏小
	1.2	烟道及炉膛负压剧烈变化，一、二次热风温度和排烟温度不正常地升高
	1.3	烟道门孔或不严密处有火星或冒烟
	1.4	烟囱冒黑烟
	1.5	如空气预热器发生二次燃烧时，外壳有温度辐射感受或烧红，严重时预热器发生卡涩
	2	处理
	2.1	排烟温度不正常地升高，应立即检查各部烟温，判断再燃烧发生的区域，调整燃烧，投入该区域的蒸汽吹灰
	2.2	汇报值长，降低负荷，关闭热风再循环门，运行方式切至"锅炉基本自动"
	2.3	经上述处理无效，排烟温度仍不能控制，大幅度升高时，汇报值长，紧急停炉
	2.4	停止送、引风机，关闭所有风门和烟气挡板，严禁通风，若空气预热器着火，应立即投用灭火装置用水灭火
	2.5	待火熄灭后，停止灭火水和吹灰器，烟温下降至正常稳定，方可打开人孔门，检查有无火星和积灰
	2.6	如自燃后积灰严重，应设法清扫积灰或冲洗干净后再启动
	2.7	引风机、送风机启动后逐渐开启挡板，排烟温度无升高现象时方可重新点火
	质量要求	1. 严格执行集控运行规程规定 2. 操作顺序不准颠倒或漏项 3. 操作完毕，应及时向上级汇报并记录
	得分或扣分	1. 操作顺序颠倒扣 1～6 分。如因操作颠倒导致无法继续的，该题不得分 　2. 操作漏项扣 1～6 分。如因漏项使操作必须重新开始，但不导致不良后果的，扣该题总分的50%；如导致不良后果的，该题不得分 　3. 每项操作后必须检查操作结果，再开始下一步操作，否则扣1～6分 　4. 因误操作致使过程延误，但不造成不良后果的，扣该题总分的50%；造成不良后果的，该题不得分 　5. 操作结束后，应有汇报、记录，否则该题扣1～6分 　6. 故障分析判断错误，该题不得分。如故障分析不全面、不准确，但不影响事故处理，扣该题总分的50%；如因故障分析不全面、不准确而导致事故扩大，该题不得分 　7. 对操作过程中违反安全规程及运行规程的，不得分

行业：电力行业　　工种：集控值班员　　等级：中级、高级、技师

编　　　号	C34B041	行为领域	e	鉴定范围	3
考核时限	30min	题　　型	B	题　　分	30

试题正文	A空预器着火
需要说明的问题和要求	1. 要求单独进行操作处理 2. 现场就地操作演示，不得触动运行设备 3. 在仿真机上操作，按仿真机运行规程考核 4. 万一遇生产事故，立即停止考核，退出现场 5. 结合本单位现场实际处理
工具、材料、设备、场地	现场设备或仿真机
处理要点	1. 判断A空预器着火。投入空预器蒸汽吹灰（口述） 2. 停磨煤机C、D，保持A、F、B三台磨煤机运行，总煤量维持150t/h左右 3. 手动停A侧送、一次风机并关闭A侧空预器进、出口所有烟风挡板，监视排烟温度降低

评 分 标 准	序号	项　目　名　称
	1	现象
	1.1	A侧空预器出口烟气温度不正常上升并来报警，同时A侧一次热风、二次热风温度上升
	1.2	炉膛负压增大
	1.3	引风机静叶不正常开大
	2	处理
	2.1	判断A空预器着火
	2.2	投入空预器蒸汽吹灰（口述）
	2.3	烟温继续升高，手动停磨煤机C、D，保持A、F、B三台磨煤机运行，解除燃料主控自动，减少总煤量并维持150t/h左右
	2.4	投入A、F、B层点火油枪稳燃
	2.5	关闭磨煤机C、D二次风挡板到50%
	2.6	手动停A侧送、一次风机并关闭A侧空预器进、出口所有烟风挡板，监视排烟温度降低
	2.7	燃烧稳定后，退出A、F、B层点火油枪
	2.8	如果处理不及时排烟温度升高超过200℃，要立即手动MFT，并停止所有送、引风机运行并关闭所有烟风挡板
	2.9	联系检修处理
	质量要求	1. 严格执行集控运行规程规定 2. 操作顺序不准颠倒或漏项 3. 操作完毕，应及时向上级汇报并记录
	得分或扣分	1. 操作顺序颠倒扣1～4分，如因操作颠倒导致无法继续的，该题不得分 2. 操作漏项扣1～4分，如因漏项使操作必须重新开始，但不导致不良后果的，扣该题总分的50%；如导致不良后果的，该题不得分 3. 每项操作后必须检查操作结果，再开始下一步操作，否则扣1～4分 4. 因误操作致使过程延误，但不造成不良后果的，扣该题总分的50%；造成不良后果的，该题不得分 5. 操作结束后，应有汇报、记录，否则该题扣1～4分 6. 故障分析判断错误，该题不得分，如故障分析不全面、不准确，但不影响事故处理，扣该题总分的50%；如因故障分析不全面、不准确而导致事故扩大，该题不得分 7. 对操作过程中违反安全规程及运行规程的，不得分

行业：电力行业　　工种：集控值班员　　等级：中级、高级、技师、高级技师

编　号	C34B042	行为领域	e	鉴定范围	6
考核时限	30min	题　型	B	题　分	30
试题正文	空预器A卡死				
需要说明的问题和要求	1. 要求单独进行操作处理 2. 现场就地操作演示，不得触动运行设备 3. 在仿真机上操作，按仿真机运行规程考核 4. 万一遇生产事故，立即停止考核，退出现场 5. 结合本单位现场实际处理				
工具、材料、设备、场地	现场设备或仿真机				
处理要点	1. 发现A空预器电流异常增大，启动辅助电动机，停主电动机。判断A空预器卡涩 2. 关闭A空预器入口烟气、二次风出口挡板 3. 停磨煤机C、D，保持A、F、B三台磨煤机运行，解除燃料主控自动，将总煤量维持在150t/h左右 4. 停运A送风机、A一次风机，关闭A空预器出口一次风挡板 5. 维持A空预器辅助电动机运行				

评分标准	序号	项　目　名　称
	1	现象
	1.1	A空预器排烟温度快速上升
	1.2	一、二次风温下降
	1.3	A空预器电流增大
	2	处理
	2.1	发现A空预器电流异常增大，启动辅助电动机，停主电动机。辅助电动机电流仍偏大
	2.2	派人就地检查，提升A空预器密封扇形板（口述）
	2.3	根据故障现象，判断A空预器有较严重的卡涩
	2.4	关闭A空预器入口烟气、二次风出口挡板
	2.5	停磨煤机C、D，保持A、F、B三台磨煤机运行，解除燃料主控自动，将总煤量维持在150t/h左右

	序号	项 目 名 称
	2.6	投入 A、F、B 层点火油枪稳燃
	2.7	停运 A 送风机、A 一次风机，关闭 A 空预器出口一次风挡板、A 一次风机冷风挡板
	2.8	检查风机出口挡板关闭，关闭 A 送风机入口动叶、A 一次风机静叶，关闭一次风机联络挡板，关闭送风机联络挡板
	2.9	将停运磨煤机的二次风挡板关小至 50%
	2.10	解除汽机主控自动，将汽机调门开至 85%~90%
评分标准	2.11	退出 A、F、B 层点火油枪
	2.12	维持 A 空预器辅助电动机运行
	2.13	联系检修处理
	质量要求	1. 严格执行集控运行规程规定 2. 操作顺序不准颠倒或漏项 3. 操作完毕，应及时向上级汇报并记录
	得分或扣分	1. 操作顺序颠倒扣 1~4 分，如因操作颠倒导致无法继续的，该题不得分 2. 操作漏项扣 1~4 分，如因漏项使操作必须重新开始，但不导致不良后果的，扣该题总分的 50%；如导致不良后果的，该题不得分 3. 每项操作后必须检查操作结果，再开始下一步操作，否则扣 1~4 分 4. 因误操作致使过程延误，但不造成不良后果的，扣该题总分的 50%；造成不良后果的，该题不得分 5. 操作结束后，应有汇报、记录，否则该题扣 1~4 分 6. 故障分析判断错误，该题不得分，如故障分析不全面、不准确，但不影响事故处理，扣该题总分的 50%；如因故障分析不全面、不准确而导致事故扩大，该题不得分 7. 对操作过程中违反安全规程及运行规程的，不得分

行业：电力行业　　工种：集控值班员　　等级：中级、高级

编　　号	C34B043	行为领域	e	鉴定范围	6
考核时限	10min	题　　型	B	题　　分	20
试题正文	A空气预热器主电机跳闸				
需要说明的问题和要求	1. 要求单独进行操作处理 2. 现场就地操作演示，不得触动运行设备 3. 在仿真机上操作，按仿真机运行规程考核 4. 万一遇生产事故，立即停止考核，退出现场 5. 结合本单位现场实际处理				
工具、材料、设备、场地	现场设备或仿真机				
处理要点	发现主电机跳闸以后，若辅助电机未自启动，立即手启				

评分标准	序号	项　目　名　称
	1	现象
	1.1	A空气预热器主电机跳闸
	2	处理
	2.1	检查空气预热器辅助电机自启动，否则手启
	2.2	通知检修处理
	质量要求	1. 严格执行集控运行规程规定 2. 操作顺序不准颠倒或漏项 3. 操作完毕，应及时向上级汇报并记录
	得分或扣分	1. 操作顺序颠倒扣 1～4 分，如因操作颠倒导致无法继续的，该题不得分 2. 操作漏项扣 1～4 分，如因漏项使操作必须重新开始，但不导致不良后果的，扣该题总分的50%；如导致不良后果的，该题不得分 3. 每项操作后必须检查操作结果，再开始下一步操作，否则扣 1～4 分 4. 因误操作致使过程延误，但不造成不良后果的，扣该题总分的50%；造成不良后果的，该题不得分 5. 操作结束后，应有汇报、记录，否则该题扣 1～4 分 6. 故障分析判断错误，该题不得分，如故障分析不全面、不准确，但不影响事故处理，扣该题总分的50%；如因故障分析不全面、不准确而导致事故扩大，该题不得分 7. 对操作过程中违反安全规程及运行规程的，不得分

行业：电力行业　　工种：集控值班员　　等级：中级、高级

编　　号	C34B044	行为领域	e	鉴定范围	6
考核时限	30min	题　型	B	题　　分	30
试题正文	送风机A出口挡板误关且手动打开无效				
需要说明的问题和要求	1. 要求单独进行操作处理 2. 现场就地操作演示，不得触动运行设备 3. 在仿真机上操作，按仿真机运行规程考核 4. 万一遇生产事故，立即停止考核，退出现场 5. 结合本单位现场实际处理				
工具、材料、设备、场地	现场设备或仿真机				
处理要点	1. 手动打开送风机A出口挡板 2. 将送风机A动叶关闭后停送风机A 3. 检查RB动作正常				

	序号	项　目　名　称
评 分 标 准	1	现象
	1.1	负压增大
	1.2	A送风机出口压力增大
	2	处理
	2.1	判断送风机A出口挡板误关
	2.2	手动打开送风机A出口挡板
	2.3	手动打开无效后将送风机A动叶关闭后停送风机A
	2.4	检查RB动作正常：风机跳闸后点火油枪自动投入
	2.5	检查C磨煤机自动跳闸。将停运磨煤机的二次风挡板关小至50%
	2.6	检查锅炉主控自动将煤量减至140t/h左右
	2.7	检查汽机主控自动调整汽机调门开度在85%～90%
	2.8	注意送风机B电流不超过127A，维持省煤器后氧量不低于1.5% 处理过程中注意调节主、再热蒸汽温度保持稳定
	2.9	监视氧量正常，注意送风机B电流不超过127A
	2.10	燃烧稳定后停止点火油枪运行
	2.11	监视炉膛负压正常，否则手动调节
	2.12	检查送风机A出口挡板误关原因，联系检修处理
	质量要求	1. 严格执行集控运行规程规定 2. 操作顺序不准颠倒或漏项 3. 操作完毕，应及时向上级汇报并记录
	得分或扣分	1. 操作顺序颠倒扣1～4分，如因操作颠倒导致无法继续的，该题不得分 2. 操作漏项扣1～4分，如因漏项使操作必须重新开始，但不导致不良后果的，扣该题总分的50%；如导致不良后果的，该题不得分 3. 每项操作后必须检查操作结果，再开始下一步操作，否则扣1～4分 4. 因误操作致使过程延误，但不造成不良后果的，扣该题总分的50%；造成不良后果的，该题不得分 5. 操作结束后，应有汇报、记录，否则该题扣1～4分 6. 故障分析判断错误，该题不得分，如故障分析不全面、不准确，但不影响事故处理，扣该题总分的50%；如因故障分析不全面、不准确而导致事故扩大，该题不得分 7. 对操作过程中违反安全规程及运行规程的，不得分

行业：电力行业　　工种：集控值班员　　等级：中级、高级

编　　号	C34B045	行为领域	e	鉴定范围	6
考核时限	30min	题　　型	B	题　分	30

试题正文	引风机 A 出口门误关，且手动打开无效
需要说明的问题和要求	1. 要求单独进行操作处理 2. 现场就地操作演示，不得触动运行设备 3. 在仿真机上操作，按仿真机运行规程考核 4. 万一遇生产事故，立即停止考核，退出现场 5. 结合本单位现场实际处理
工具、材料、设备、场地	现场设备或仿真机
处理要点	1. 手动打开引风机 A 出口挡板 2. 将引风机 A 入口导叶关闭后停引风机 A 3. 检查 RB 动作正常

	序号	项　目　名　称
评 分 标 准	1	现象
	1.1	炉膛负压高报警
	1.2	引风机 A 电流下降，出口风压升高
	2	处理
	2.1	判断引风机 A 出口挡板误关
	2.2	手动打开引风机 A 出口挡板
	2.3	手动打开无效后将引风机 A 入口导叶关闭，停引风机 A
	2.4	检查引风机 A 进口挡板关闭
	2.5	检查 A 送风机联跳正常，检查其出口挡板关闭，关闭其动叶
	2.6	检查 RB 动作正常：引风机跳闸后油枪自动投入
	2.7	检查 C 磨煤机自动跳闸。将停运磨煤机的二次风挡板关小至 50%
	2.8	检查锅炉主控自动将煤量减至 140t/h 左右。检查汽机主控自动调整汽机调门开度在 85%～90%
	2.9	处理过程中注意调节主、再热蒸汽温度保持稳定
	2.10	燃烧稳定后停止点火油枪运行
	2.11	监视炉膛负压正常，注意引风机 B 电流不超过 373A
	2.12	监视氧量正常，注意送风机 B 电流不超过 127A
	2.13	检查引风机 A 出口挡板误关原因。联系检修处理
	质量要求	1. 严格执行集控运行规程规定 2. 操作顺序不准颠倒或漏项 3. 操作完毕，应及时向上级汇报并记录
	得分或扣分	1. 操作顺序颠倒扣 1～4 分，如因操作颠倒导致无法继续的，该题不得分 2. 操作漏项扣 1～4 分，如因漏项使操作必须重新开始，但不导致不良后果的，扣该题总分的 50%；如导致不良后果的，该题不得分 3. 每项操作后必须检查操作结果，再开始下一步操作，否则扣 1～4 分 4. 因误操作致使过程延误，但不造成不良后果的，扣该题总分的 50%；造成不良后果的，该题不得分 5. 操作结束后，应有汇报、记录，否则该题扣 1～4 分 6. 故障分析判断错误，该题不得分，如故障分析不全面、不准确，但不影响事故处理，扣该题总分的 50%；如因故障分析不全面、不准确而导致事故扩大，该题不得分 7. 对操作过程中违反安全规程及运行规程的，不得分

行业：电力行业　　工种：集控值班员　　等级：中级

编　　号	C04A046	行为领域	e	鉴定范围	6
考核时限	30min	题　型	B	题　分	30
试题正文	发电机定子冷却水压力低处理				
需要说明的问题和要求	1. 要求单独进行操作处理 2. 现场就地操作演示，不得触动运行设备 3. 在仿真机上操作，按仿真机运行规程考核 4. 万一遇生产事故，立即停止考核，退出现场 5. 结合本单位现场实际处理				
工具、材料、设备、场地	现场设备或仿真机				

	序号	项　目　名　称
评 分 标 准	1	现象
	1.1	定子冷水压力下降
	1.2	定子冷水流量下降
	1.3	定子进、回水集管差压减小并报警
	1.4	定子冷水回水温度及定子绕组温度升高
	2	处理
	2.1	发现定子冷水降低，应立即根据上述现象检查原因并采取相应措施果断进行处理，设法恢复正常运行
	2.2	若定子冷水系统有泄漏，能切换隔离的进行隔离，无法隔离时采取临时封堵措施，若泄漏量较大，无法维持定子冷水流量、压力及水位时按停机处理
	2.3	若水冷泵出、进口差压低至 0.14MPa，备用泵应自启动，如拒动或定子进、回水集管差压比正常值小 0.056MPa 时，应手动启动备用泵
	2.4	若经上述处理无效，定子进、回水集管差压比正常值低 0.084MPa 且时间达 30s，保护动作跳机，否则应故障停机
	质量要求	1. 严格执行集控运行规程规定 2. 操作顺序不准颠倒或漏项 3. 操作完毕，应及时向上级汇报并记录
	得分或扣分	1. 操作顺序颠倒扣 1～4 分。如因操作颠倒导致无法继续的，该题不得分 　2. 操作漏项扣 1～4 分。如因漏项使操作必须重新开始，但不导致不良后果的，扣该题总分的 50%；如导致不良后果的，该题不得分 　3. 每项操作后必须检查操作结果，再开始下一步操作，否则扣 1～4 分 　4. 因误操作致使过程延误，但不造成不良后果的，扣该题总分的 50%；造成不良后果的，该题不得分 　5. 操作结束后，应有汇报、记录，否则该题扣 1～4 分 　6. 故障分析判断错误，该题不得分，如故障分析不全面、不准确，但不影响事故处理，扣该题总分的 50%；如因故障分析不全面、不准确而导致事故扩大，该题不得分 　7. 对操作过程中违反安全规程及运行规程的，不得分

行业：电力行业　　工种：集控值班员　　等级：中级、高级

编　号	C34A047	行为领域	e	鉴定范围	6
考核时限	30min	题　型	B	题　分	30
试题正文	凝汽器泄漏				
需要说明的问题和要求	1. 要求单独进行操作处理 2. 现场就地操作演示，不得触动运行设备 3. 在仿真机上操作，按仿真机运行规程考核 4. 万一遇生产事故，立即停止考核，退出现场 5. 结合本单位现场实际处理				
工具、材料、设备、场地	现场设备或仿真机				
处理要点	1. 发现凝结水导电度高，通知化学化验 2. 减负荷至 420MW 左右，停止一台循环泵 3. 隔绝半侧凝汽器，确认凝结水导电度降低				

	序号	项　目　名　称
评 分 标 准	1	现象
	1.1	凝结水导电度高报警
	1.2	凝汽器水位不正常升高
	2	处理
	2.1	发现凝结水导电度高，通知化学化验
	2.2	根据凝结水电导、凝汽器水位变化情况减负荷至 420MW 左右
	2.3	停止一台循环泵降低循环水压力，缓解泄漏量
	2.4	隔绝半侧凝汽器，注意凝汽器真空、排汽温度的变化
	2.5	确认凝结水导电度降低
	2.6	通知检修处理凝汽器泄漏
	质量要求	1. 严格执行集控运行规程规定 2. 操作顺序不准颠倒或漏项 3. 操作完毕，应及时向上级汇报并记录
	得分或扣分	1. 操作顺序颠倒扣 1~4 分，如因操作颠倒导致无法继续，该题不得分 　2. 操作漏项扣 1~4 分，如因漏项使操作必须重新开始，但不导致不良后果的，扣该题总分的 50%；如导致不良后果，该题不得分 　3. 每项操作后必须检查操作结果，再开始下一步操作，否则扣 1~4 分 　4. 因误操作致使过程延误，但不造成不良后果的，扣该题总分的 50%；造成不良后果的，该题不得分 　5. 操作结束后，应有汇报、记录，否则该题扣 1~4 分 　6. 故障分析判断错误，该题不得分，如故障分析不全面、不准确，但不影响事故处理的，扣该题总分的 50%；如因故障分析不全面、不准确而导致事故扩大，该题不得分 　7. 对操作过程中违反安全规程及运行规程的，不得分

行业：电力行业　　工种：集控值班员　　等级：中级

编　　号	C04B048	行为领域	e	鉴定范围	3
考核时限	30min	题　型	B	题　　分	30
试题正文	滑参数投入高压加热器操作				
需要说明的问题和要求	1. 要求单独进行操作处理 2. 现场就地操作演示，不得触动运行设备 3. 在仿真机上操作，按仿真机运行规程考核 4. 万一遇生产事故，立即停止考核，退出现场 5. 结合本单位现场实际处理				
工具、材料、设备、场地	现场设备或仿真机				

	序号	项　目　名　称
评 分 标 准	1	确认高压加热器检修工作结束，工作票终结或收回
	2	确认高压加热器的各项热工保护工作结束且正常
	3	确认高压加热器相关电动阀已送电，气动阀气源正常，且在自动状态
	4	准备好通信工具
	5	联系巡检准备投入高压加热器
	6	确认高压加热器进出口阀开启，高压加热器水侧已通水
	7	确认汽轮机已经全速稳定运行，1、2号主汽阀全开
	8	确认高压加热器疏水控制阀在自动
	9	得巡检"高压加热器可以投运"加复
	10	开启3号高压加热器抽汽逆止阀及电动阀
	11	开启2号高压加热器抽汽逆止阀及电动阀
	12	开启1号高压加热器抽汽逆止阀及电动阀
	13	检查高压加热器运行正常
	质量要求	1. 严格执行集控运行规程规定 2. 操作顺序不准颠倒或漏项 3. 操作完毕，应及时向上级汇报并记录
	得分或扣分	1. 操作顺序颠倒扣1～6分。如因操作颠倒导致无法继续的，该题不得分 2. 操作漏项扣1～6分。如因漏项使操作必须重新开始，但不导致不良后果的，扣该题总分的50%；如导致不良后果的，该题不得分 3. 每项操作后必须检查操作结果，再开始下一步操作，否则扣1～6分 4. 因误操作致使过程延误，但不导致不良后果的，扣该题总分的50%；造成不良后果的，该题不得分 5. 操作结束后，应有汇报、记录，否则该题不得分 6. 对操作过程中违反安全规程及运行规程的，不得分

286

行业：电力行业　　工种：集控值班员　　等级：中级、高级

编　号		C34B049	行为领域		e	鉴定范围		6
考核时限		30min	题　型		B	题　分		30
试题正文		1号高加泄漏						
需要说明的问题和要求		1. 要求单独进行操作处理 2. 现场就地操作演示，不得触动运行设备 3. 在仿真机上操作，按仿真机运行规程考核 4. 万一遇生产事故，立即停止考核，退出现场 5. 结合本单位现场实际处理						
工具、材料、设备、场地		现场设备或仿真机						
处理要点		1. 核对就地水位计，确认水位显示无故障 2. 确认1号高加漏泄。判断泄漏量 3. 解列高加 4. 控制主汽、再热汽温度 5. 维持主蒸汽流量不超过1470t/h						
评 分 标 准	序号	项　目　名　称						
	1	现象						
	1.1	1. 1号高加正常疏水门异常开大						
	1.2	2. 给水总流量与汽泵流量偏差加大						
	1.3	3. 2、3号高加正常疏水门开度增大						
	2	处理						
	2.1	检查1号高加正常疏水调门开度异常开大						
	2.2	派人核对就地水位计，确认水位显示无故障						
	2.3	通过两台汽泵流量总加与给水流量偏差确认1号高加漏泄						
	2.4	判断泄漏量						
	2.5	降负荷，防止高加解列时机组过负荷						
	2.6	依次关闭1、2、3号级抽汽逆止门及电动门，开启高加水侧旁路门，关闭水侧出入口电动门						
	2.7	关闭1、2、3号高加正常疏水门，打开事故疏水门						
	2.8	维持主蒸汽流量不超过1470t/h						
	2.9	控制主汽温、再热汽温度在额定值						
	2.10	联系检修处理						
	质量要求	1. 严格执行集控运行规程规定 2. 操作顺序不准颠倒或漏项 3. 操作完毕，应及时向上级汇报并记录						
	得分或扣分	1. 操作顺序颠倒扣1~4分，如因操作颠倒导致无法继续的，该题不得分 2. 操作漏项扣1~4分，如因漏项使操作必须重新开始，但不导致不良后果的，扣该题总分的50%；如导致不良后果的，该题不得分 3. 每项操作后必须检查操作结果，再开始下一步操作，否则扣1~4分 4. 因误操作致使过程延误，但不造成不良后果的，扣该题总分的50%；造成不良后果的，该题不得分 5. 操作结束后，应有汇报、记录，否则该题扣1~4分 6. 故障分析判断错误，该题不得分，如故障分析不全面、不准确，但不影响事故处理，扣该题总分的50%；如因故障分析不全面、不准确而导致事故扩大，该题不得分 7. 对操作过程中违反安全规程及运行规程的，不得分						

行业：电力行业　　工种：集控值班员　　等级：中级、高级

编　号	C34B050	行为领域	e	鉴定范围	6
考核时限	30min	题　型	B	题　分	30
试题正文	润滑油压低，备用泵不联动				
需要说明的问题和要求	1. 要求单独进行操作处理 2. 现场就地操作演示，不得触动运行设备 3. 在仿真机上操作，按仿真机运行规程考核 4. 万一遇生产事故，立即停止考核，退出现场 5. 结合本单位现场实际处理				
工具、材料、设备、场地	现场设备或仿真机				
处理要点	1. 手动启动备用交流润滑油泵 2. 若直流油泵已联启，在交流油泵运行正常后将其停运 3. 检查润滑油温、油压正常				

	序号	项 目 名 称
评分标准	1	现象
	1.1	润滑油压降低
	1.2	直流油泵联启
	2	处理
	2.1	发现主机润滑油压低，手动启动备用交流润滑油泵
	2.2	若直流油泵已联起，在交流油泵运行正常后将其停运
	2.3	检查润滑油温、油压正常
	2.4	通知检修检查润滑油压低和备用泵不联动原因
	质量要求	1. 严格执行集控运行规程规定 2. 操作顺序不准颠倒或漏项 3. 操作完毕，应及时向上级汇报并记录
	得分或扣分	1. 操作顺序颠倒扣 1～4 分，如因操作颠倒导致无法继续的，该题不得分 2. 操作漏项扣 1～4 分，如因漏项使操作必须重新开始，但不导致不良后果的，扣该题总分的 50%；如导致不良后果，该题不得分 3. 每项操作后必须检查操作结果，再开始下一步操作，否则扣 1～4 分 4. 因误操作致使过程延误，但不造成不良后果的，扣该题总分的 50%；造成不良后果的，该题不得分 5. 操作结束后，应有汇报、记录，否则该题扣 1～4 分 6. 故障分析判断错误，该题不得分，如故障分析不全面、不准确，但不影响事故处理，扣该题总分的 50%；如因故障分析不全面、不准确而导致事故扩大，该题不得分 7. 对操作过程中违反安全规程及运行规程的，不得分

行业：电力行业　　工种：集控值班员　　等级：中级、高级

编　号	C34B051	行为领域	e	鉴定范围	6
考核时限	30min	题　型	B	题　分	30

试题正文	7 号低加泄漏
需要说明的问题和要求	1. 要求单独进行操作处理 2. 现场就地操作演示，不得触动运行设备 3. 在仿真机上操作，按仿真机运行规程考核 4. 万一遇生产事故，立即停止考核，退出现场 5. 结合本单位现场实际处理
工具、材料、设备、场地	现场设备或仿真机
处理要点	1. 核对就地水位计，确认水位显示无故障 2. 确认 7 号低加漏泄 3. 开启 7、8 号低加水侧旁路门，关闭水侧出入口电动门

评分标准	序号	项　目　名　称
	1	现象
	1.1	DCS 报警：7 号低加水位高报警，疏水门不正常开大，事故疏水门不正常开大
	1.2	8 号低加水位升高
	1.3	凝水流量上升，除氧器上水门开度增大
	2	处理
	2.1	检查 7 号低加正常疏水调门开度异常开大，事故疏水门开大
	2.2	派人核对就地水位计，确认水位显示无故障
	2.3	通过凝水流量异常增大进一步判断低加泄漏
	2.4	开启 7、8 号低加水侧旁路门，关闭水侧出入口电动门
	2.5	关闭 6 号低加正常疏水门，打开事故疏水门
	2.6	注意除氧器压力、温度正常
	2.7	联系检修处理
	质量要求	1. 严格执行集控运行规程规定 2. 操作顺序不准颠倒或漏项 3. 操作完毕，应及时向上级汇报并记录
	得分或扣分	1. 操作顺序颠倒扣 1～4 分，如因操作颠倒导致无法继续的，该题不得分 2. 操作漏项扣 1～4 分，如因漏项使操作必须重新开始，但不导致不良后果的，扣该题总分的 50%；如导致不良后果的，该题不得分 3. 每项操作后必须检查操作结果，再开始下一步操作，否则扣 1～4 分 4. 因误操作致使过程延误，但不造成不良后果的，扣该题总分的 50%；造成不良后果的，该题不得分 5. 操作结束后，应有汇报、记录，否则该题扣 1～4 分 6. 故障分析判断错误，该题不得分，如故障分析不全面、不准确，但不影响事故处理，扣该题总分的 50%；如因故障分析不全面、不准确而导致事故扩大，该题不得分 7. 对操作过程中违反安全规及运行规程的，不得分

行业：电力行业　　工种：集控值班员　　等级：高级

编　号	C03B052	行为领域	e	鉴定范围	6
考核时限	30min	题　型	B	题　分	30
试题正文	汽轮机水冲击处理				
需要说明的问题和要求	1. 要求单独进行操作处理 2. 现场就地操作演示，不得触动运行设备 3. 在仿真机上操作，按仿真机运行规程考核 4. 万一遇生产事故，立即停止考核，退出现场 5. 结合本单位现场实际处理				
工具、材料、设备、场地	现场设备或仿真机				

	序号	项　目　名　称
评分标准	1 1.1 1.2 1.3 1.4 1.5	现象 主、再热汽温急剧下降并报警 汽轮机上下缸温差增大并报警 汽轮机或蒸汽管道内有水击声，机组或蒸汽管道振动加剧 负荷波动且减小，差胀减小，轴向位移增加，推力轴承温度升高 蒸汽管道法兰、阀杆、汽缸结合面、轴封等处冒白汽或溅出水滴
	2 2.1 2.2 2.3 2.4 2.5 2.6 2.7 2.8 2.9	处理 发现主蒸汽或再热蒸汽温度不正常下降时，应立即核对有关表计，确认汽温真实下降 确认机组发生水冲击，应立即破坏真空紧急停机 运行中主蒸汽或再热蒸汽温度突降超过规定值或下降至极限值，应立即不破坏真空紧急停机 主蒸汽或再热蒸汽温度不正常下降时，应加强对汽轮机上、下缸金属温度及温差的监视，当下缸温度比上缸温度低41.7℃时，应开启汽轮机本体所有疏水阀及主蒸汽、再热蒸汽管道疏水阀，当下缸温度比上缸温度低55.6℃时，应打闸停机 检查汽轮机本体及有关蒸汽管道疏水阀打开，充分进行疏水 查明并彻底消除水冲击的原因或隔离故障设备 正确记录分析惰走时间，及时投入连续盘车，测量大轴弯曲，倾听机内声音 如惰走时间、推力轴承温度、轴向位移、差胀、振动、上下缸温差均正常，机内动静之间未发生摩擦及异音，在消除水冲击原因并对本体、主再热蒸汽管道及抽汽管道彻底放水后，可联系值长重新启动 如发生水冲击，轴向位移、推力轴承超限、惰走时间明显缩短或机内有异音、动静部分发生摩擦，应揭缸检查
	质量要求	1. 严格执行集控运行规程规定 2. 操作顺序不准颠倒或漏项 3. 操作完毕，应及时向上级汇报并记录
	得分或扣分	1. 操作顺序颠倒扣1～6分。如因操作颠倒导致无法继续的，该题不得分 2. 操作漏项扣1～6分。如因漏项使操作必须重新开始，但不导致不良后果的，扣该题总分的50%；如导致不良后果的，该题不得分 3. 每项操作后必须检查操作结果，再开始下一步操作，否则扣1～6分 4. 因误操作致使过程延误，但不造成不良后果的，扣该题总分的50%；造成不良后果的，该题不得分 5. 操作结束后，应有汇报、记录，否则该题扣1～6分 6. 故障分析判断错误，该题不得分。如故障分析不全面、不准确，但不影响事故处理的，扣该题总分的50%；如因故障分析不全面、不准确而导致事故扩大，该题不得分 7. 对操作过程中违反安全规程及运行规程的，不得分

行业：电力行业　　工种：集控值班员　　等级：中级

编　号	C04B053	行为领域	e	鉴定范围	6
考核时限	30min	题　型	B	题　分	30
试题正文	机组负荷骤变、晃动处理				
需要说明的问题和要求	1. 要求单独进行操作处理 2. 现场就地操作演示，不得触动运行设备 3. 在仿真机上操作，按仿真机运行规程考核 4. 万一遇生产事故，立即停止考核，退出现场 5. 结合本单位现场实际处理				
工具、材料、设备、场地	现场设备或仿真机				

	序号	项　目　名　称
评 分 标 准	1	现象
	1.1	机组负荷骤变、晃动
	1.2	阀位指示骤变、晃动
	1.3	调节级压力及各抽汽压力骤变、晃动
	1.4	转速晃动
	2	处理
	2.1	检查各有关表计指示情况，判断原因，进行处理
	2.2	若电网频率变化引起机组负荷骤变，应将 DEH 切至"一级手动"方式，并限制机组负荷不超过最大值，待电网频率恢复正常后，再投入 DEH 自动控制
	2.3	通知电气检查发电机运行情况，若振荡或失步，则应立即降低发电机有功，增加发电机无功，提高系统稳定性，尽快将发电机拖入同步
	2.4	若 DEH 控制系统工作失常引起负荷骤变，查 DEH 控制方式在"全自动"，应撤出"功率"与"调节级压力"反馈回路；若仍不能消除负荷晃动，则应将 DEH 切至"一级手动"方式。待查出 DEH 控制系统失常的原因并消除后，再恢复 DEH 自动控制

	序号	项 目 名 称
评 分 标 准	2.5	若因 EH 油压波动引起负荷晃动，应启动备用 EH 油泵，观察油压波动情况，若正常，则停原运行泵，通知检修处理。若不能消除 EH 油压波动且无法维持机组正常运行，应汇报值长，要求减负荷直至停机
	2.6	在负荷骤变、晃动期间，应加强对下述参数的监视及调整
	2.7	加强对机组负荷的监视，限制机组负荷不超过最大值
	2.8	注意主蒸汽流量、压力、温度、再热蒸汽压力及温度的变化，并要求锅炉尽量维持稳定
	2.9	加强对轴向位移、差胀、振动、润滑油压力、轴承温度的监视
	2.10	注意除氧器、凝汽器、加热器水位变化及汽封系统应正常
	2.11	注意汽泵运行情况，必要时启动电泵运行（若系统振荡引起），在汽泵能维持机组运行的情况下，则不能启动电泵，保证锅炉正常供水
	2.12	维持其他设备及系统的正常运行
	质量 要求	1. 严格执行集控运行规程规定 2. 操作顺序不准颠倒或漏项 3. 操作完毕，应及时向上级汇报并记录
	得分 或 扣分	1. 操作顺序颠倒扣 1～6 分。如因操作颠倒导致无法继续的，该题不得分 2. 操作漏项扣 1～6 分。如因漏项使操作必须重新开始，但不导致不良后果的，扣该题总分的 50%；如导致不良后果的，该题不得分 3. 每项操作后必须检查操作结果，再开始下一步操作，否则扣 1～6 分 4. 因误操作致使过程延误，但不造成不良后果的，扣该题总分的 50%；造成不良后果的，该题不得分 5. 操作结束后，应有汇报、记录，否则该题扣 1～6 分 6. 故障分析判断错误，该题不得分。如故障分析不全面、不准确，但不影响事故处理，扣该题总分的 50%；如因故障分析不全面、不准确而导致事故扩大，该题不得分 7. 对操作过程中违反安全规程及运行规程的，不得分

行业：电力行业　　工种：集控值班员　　等级：中级

编　号	C04B054	行为领域	e	鉴定范围	4
考核时限	30min	题　型	B	题　分	30
试题正文	汽轮机主汽阀、调阀严密性试验操作				
需要说明的问题和要求	1. 要求单独进行操作处理 2. 现场就地操作演示，不得触动运行设备 3. 在仿真机上操作，按仿真机运行规程考核 4. 万一遇生产事故，立即停止考核，退出现场 5. 结合本单位现场实际处理				
工具、材料、设备、场地	现场设备或仿真机				

	序号	项　目　名　称
评 分 标 准	1	接令做主机汽门严密性试验
	2	确认 DEH 在"自动"控制方式，且工作正常
	3	确认机组未并网，主机转速已升至 2900r/min 且运行正常
	4	保持汽轮机"阀门控制方式"为"TV（主汽门）控制"
	5	将机组转速升至 3000r/min 运行
	6	确认主机交流润滑油泵及高压备用密封油泵运行正常
	7	确认汽轮机 EH 油系统运行正常
	8	联系热工，强制汽轮机主汽门关闭跳机保护信号
	9	将主汽压力逐渐升至额定或升至 50%额定汽压以上，并维持主汽压力、温度稳定调出 DEH 第七幅画面
	10	确认汽轮机高、中压调速汽门处于全开状态
	11	单击"控制设定点"，弹出控制设定点软操盘
	12	将 DEH 硬操盘"超速保护"钥匙开关切至"试验"位置
	13	确认"超速试验"指示指向"试验允许"位置（变红）
	14	单击"TV（主汽门）严密性"试验键，灯亮
	15	确认汽轮机 1、2 号主汽门关闭
	16	确认汽轮机转速应逐渐下降。注意主机转速不得停留在 2200～2500r/min，否则应打闸停机
	17	当汽轮机转速降至 1200r/min 时，应启动两台顶轴油泵，检查运行正常
	18	当汽轮机转速降至某一稳定值时，记录转速、主蒸汽压力
	19	将 DEH 硬操盘"超速保护"钥匙开关切至"投入"位置
	20	确认"超速试验"指示指向"试验退出"位置（红色消失）
	21	确认汽轮机主汽门应开启，并维持机组当前实际转速运行
	22	设置目标转速 2900r/min 并进行升速
	23	当汽轮机转速升至 1200r/min 时，停两台顶轴油泵
	24	当主机转速升至 2900r/min，进行"阀切换"
	25	由主汽门控制切至调速汽门控制后，将机组转速升至 3000r/min 运行

	序号	项目名称
	26	重新调出 DEH 第七幅画面
	27	确认汽轮机主汽门、中压调速汽门处于全开状态
	28	单击"控制设定点",弹出控制设定点软操盘
	29	将 DEH 硬操盘"超速保护"钥匙开关切至"试验"位置
	30	确认"超速试验"指示指向"试验允许"位置(变红)
	31	单击"高压调门严密性"试验键,灯亮
	32	确认汽轮机 1～6 号高压调门关闭
	33	汽轮机转速应逐渐下降。注意主机转速不得停留在 2200～2500r/min,否则应打闸停机
	34	当汽轮机转速降至 1200r/min 时,应启动两台顶轴油泵,检查运行正常
	35	当汽轮机转速降至某一稳定值时,记录转速(r/min)、主蒸汽压力(MPa)
	36	单击"中压调门严密性"试验键,灯亮
	37	确认汽轮机 1、2 号中压调门关闭
评	38	确认汽轮机转速应继续下降
	39	当汽轮机转速降至某一稳定值时,记录转速(r/min)、主蒸汽压力(MPa)
分	40	将 DEH 硬操盘"超速保护"钥匙开关切至"投入"位置
	41	确认"超速试验"指示指向"试验退出"位置
标	42	确认汽轮机 1、2 号中压调门开启
	43	确认汽轮机 1～6 号高压调门开启,并维持机组当前转速运行
准	44	设置目标转速 3000r/min 并进行升速
	45	当汽轮机转速升至 1200r/min 时,停两台顶轴油泵
	46	当汽轮机转速升至 3000r/min,检查机组运行正常
	47	确认汽轮机主油泵工作正常,停主机高压备用密封油泵
	48	停主机交流润滑油泵,检查润滑油压力应正常
	49	记录汽轮机汽门严密性情况
	50	试验结束,汇报
质量要求		1. 严格执行集控运行规程规定 2. 操作顺序不准颠倒或漏项 3. 操作完毕,应及时向上级汇报并记录
得分或扣分		1. 操作顺序颠倒扣 1～6 分。因操作颠倒导致无法继续的,该题不得分 2. 操作漏项扣 1～6 分。如因漏项使操作必须重新开始,但不导致不良后果的,扣该题总分的 50%;如导致不良后果的,该题不得分 3. 每项操作后必须检查操作结果,再开始下一步操作,否则扣 1～6 分 4. 因误操作致使过程延误,但不导致不良后果的,扣该题总分的 50%;造成不良后果的,该题不得分 5. 操作结束后,应有汇报、记录,否则该题不得分 6. 对操作过程中违反安全规程及运行规程的,不得分

行业：电力行业　　工种：集控值班员　　等级：高级

编　　号	C03B055	行为领域	e	鉴定范围	4
考核时限	60min	题　　型	B	题　分	30
试题正文	汽轮机电超保护试验操作				
需要说明的问题和要求	1. 要求单独进行操作处理 2. 现场就地操作演示，不得触动运行设备 3. 在仿真机上操作，按仿真机运行规程考核 4. 万一遇生产事故，立即停止考核，退出现场 5. 结合本单位现场实际处理				
工具、材料、设备、场地	现场设备或仿真机				

	序号	项　目　名　称
评 分 标 准	1	接令汽轮机电超速保护试验
	2	准备好通信工具
	3	确认相关技术人员已经到场
	4	确认汽轮机手动脱扣及危急保安器注油试验结束且正常
	5	确认汽轮机汽门严密性试验结束并正常
	6	核对 DEH、TIS 转速表指示正常
	7	确认 DEH 在"全自动"方式并运行正常
	8	确认汽轮机背压≤12kPa
	9	确认机组带 10%低负荷暖机结束并解列维持在 3000r/min
	10	确认机组各轴瓦温度、振动正常
	11	联系巡检到机头
	12	启动汽轮机交流润滑油泵及高压备用密封油泵，查润滑压力正常
	13	按 ETS 试验画面"ELEV OS"键，灯亮
	14	将 DEH 手操盘"超速保护"试验钥匙开关切至"试验"位置，检查 DEH 上超速试验指示指向"试验允许"
	15	按超速试验"110%"键，灯亮
	16	设置目标转速 3310r/min
	17	设置升速率 100r/min
	18	按"进行"键，灯亮，机组转速开始上升

	序号	项　目　名　称
评分标准	19	当机组转速上升到 3300r/min 时，电超速保护动作，汽轮机"脱扣"灯亮，各高、中压主汽阀及调阀迅速关闭，各抽气逆止阀及电动阀关闭，各阀位指示到 0，机组转速连续下降
	20	记录电超速保护动作值
	21	将 DEH 手操盘"超速保护"试验钥匙开关切至"投入"位置，超速试验"110%"键灯灭，"试验退出"指示灯亮
	22	取下 DEH 手操盘"超速保护"试验钥匙并放在安全地方
	23	按 ETS 试验画面"ELEV OS"键，灯灭
	24	机组转速下降到 2900r/min 时，机组重新挂闸并恢复到 3000r/min 运行
	25	试验结束，汇报
	质量要求	1. 严格执行集控运行规程规定 2. 操作顺序不准颠倒或漏项 3. 操作完毕，应及时向上级汇报并记录
	得分或扣分	1. 操作顺序颠倒扣 1～6 分。如因操作颠倒导致无法继续的，该题不得分 2. 操作漏项扣 1～6 分。如因漏项使操作必须重新开始，但不导致不良后果的，扣该题总分的 50%；如导致不良后果的，该题不得分 3. 每项操作后必须检查操作结果，再开始下一步操作，否则扣 1～6 分 4. 因误操作致使过程延误，但不导致不良后果的，扣该题总分的 50%；造成不良后果的，该题不得分 5. 操作结束后，应有汇报、记录，否则该题不得分 6. 对操作过程中违反安全规程及运行规程的，不得分

行业：电力行业　　工种：集控值班员　　等级：中级

编　　号	C02B056	行为领域	e	鉴定范围	1
考核时限	30min	题　　型	B	题　分	30
试题正文	机组跳闸后，汽轮机某调速汽门未关下处理				
需要说明的问题和要求	1. 要求单独进行操作处理 2. 现场就地操作演示，不得触动运行设备 3. 在仿真机上操作，按仿真机运行规程考核 4. 万一遇生产事故，立即停止考核，退出现场 5. 结合本单位现场实际处理				
工具、材料、设备、场地	现场设备或仿真机				

评分标准	序号	项　目　名　称
	1	现象
	1.1	DEH 指示盘汽轮机某未关调速汽门"关"灯不点亮
	1.2	DEH CRT 内汽轮机某未关调速汽门反馈不为零
	1.3	汽轮机的转速可能会升高超过危急保安器的动作值，危急保安器应动作，但转速仍不可能飞升
	1.4	"OPC 动作报警"及"汽机转速高"均可能动作报警
	2	处理
	2.1	若高压主汽门、中压主汽门均能关严，则机组跳闸后，转速应逐渐下降，此时按跳机处理，同时联系检修人员到场协助检查某未关调速汽门的原因，并作出处理，动静态试验正常后，才考虑开机，否则，按规程规定，不允许开机
	2.2	若某高压调速汽门未关而对应侧主汽门关不严，出现主机转速不正常地升高超过危急保安器动作值，则立即破坏真空，检查并开启高压缸排汽通风阀，开启锅炉电磁泄放阀泄压。检查主机转速有下降趋势，同时将主蒸汽管路上检修用水压试验隔离门送电并关闭，确认主机转速下降，增开一台循泵，其余按破坏真空紧急停机处理方法处理。及时开启顶轴油泵并待主机转速到零后投入盘车，对主机进行全面检查和试验无异常后，且将某高压调速汽门未关及主汽门关不严的原因查明并消除后，才考虑开机

	序号	项　目　名　称
	2.3	若某中压调速汽门未关而对应侧中压主汽门关不严，出现主机转速不正常地升高超过危急保安器动作值，则立即破坏真空，关闭主机高压旁路并确认关严，检查并开启高压缸排汽通风阀，检查并确认冷再管路，热再热蒸汽管路疏水阀，低压旁路阀全开，增开一台循泵，确认主机转速渐下降，接下来处理与处理 2.2 相同
	2.4	在上述处理中，及时汇报，并联系检修人员及时到场协助处理和汇报各级领导
	2.5	若在处理过程中，出现人员受伤或设备着火时，应及时联系医务人员和消防人员到场
评 分 标 准	质量 要求	1. 严格执行集控运行规程规定 2. 操作顺序不准颠倒或漏项 3. 操作完毕，应及时向上级汇报并记录
	得分 或 扣分	1. 操作顺序颠倒扣 1～6 分。如因操作颠倒导致无法继续的，该题不得分 2. 操作漏项扣 1～6 分。如因漏项使操作必须重新开始，但不导致不良后果的，扣该题总分的 50%；如导致不良后果的，该题不得分 3. 每项操作后必须检查操作结果，再开始下一步操作，否则扣 1～6 分 4. 因误操作致使过程延误，但不造成不良后果的，扣该题总分的 50%；造成不良后果的，该题不得分 5. 操作结束后，应有汇报、记录，否则该题扣 1～6 分 6. 故障分析判断错误，该题不得分。如故障分析不全面、不准确，但不影响事故处理，扣该题总分的 50%；如因故障分析不全面、不准确而导致事故扩大，该题不得分 7. 对操作过程中违反安全规程及运行规程的，不得分

编　　号	C34B057	行为领域	e	鉴定范围	6
考核时限	30min	题　　型	B	题　　分	30

试题正文	1A 汽泵跳闸
需要说明的 问题和要求	1. 要求单独进行操作处理 2. 现场就地操作演示，不得触动运行设备 3. 在仿真机上操作，按仿真机运行规程考核 4. 万一遇生产事故，立即停止考核，退出现场 5. 结合本单位现场实际处理
工具、材料、 设备、场地	现场设备或仿真机
处理要点	1. 电动给水泵应自动启动，否则立即手动启动 2. 如 RB 未动作，则手动停磨煤机，投油枪稳燃 3. 根据主汽压力、机组负荷、给水流量，调整锅炉主控指令减少至 52.4%和调整汽机调门开度 85%～90% 4. 增加另一台汽泵出力和电泵出力，维持机组负荷在 500MW 左右

	序号	项　目　名　称
评 分 标 准	1	现象
	1.1	DCS 声光报警来：1A 汽泵跳闸
	1.2	机组负荷快速下降
	1.3	给水流量迅速降低
	1.4	中间点温度快速上升
	1.5	主汽温、再热汽温超限
	2	处理
	2.1	及时发现 A 汽泵跳闸
	2.2	检查跳闸汽泵出口电动门自动关闭
	2.3	检查 RB 动作：电动给水泵自动启动
	2.4	检查点火油枪自动投入

	序号	项 目 名 称
评分标准	2.5	检查磨煤机 C 跳闸
	2.6	检查煤量自动减至 132t/h,汽机调门开度自动保持 85%
	2.7	开大电泵勺管到 60%作备用
	2.8	维持主汽温、再热汽温正常
	2.9	燃烧稳定后停止点火油枪运行
	2.10	投入 A 汽泵盘车
	2.11	将停运磨煤机的二次风挡板关小至 20%
	2.12	A 汽泵跳闸原因:A 前置泵电气保护动作,在就地站将 A 前置泵开关断开
	2.13	联系检修处理
	质量要求	1. 严格执行集控运行规程规定 2. 操作顺序不准颠倒或漏项 3. 操作完毕,应及时向上级汇报并记录
	得分或扣分	1. 操作顺序颠倒扣 1~4 分,如因操作颠倒导致无法继续的,该题不得分 2. 操作漏项扣 1~4 分,如漏项使操作必须重新开始,但不导致不良后果的,扣该题总分的 50%;如导致不良后果的,该题不得分 3. 每项操作后必须检查操作结果,再开始下一步操作,否则扣 1~4 分 4. 因误操作致使过程延程,但不造成不良后果的,扣该题总分的 50%;造成不良后果的,该题不得分 5. 操作结束后,应有汇报、记录,否则该题扣 1~4 分 6. 故障分析判断错误,该题不得分,如故障分析不全面、不准确,但不影响事故处理,扣该题总分的 50%;如因故障分析不全面、不准确而导致事故扩大,该题不得分 7. 对操作过程中违反安全规程及运行规程的,不得分

编　号	C12B058	行为领域	e	鉴定范围	1
考核时限	30min	题　型	B	题　分	30
试题正文	凝汽器真空下降处理				
需要说明的问题和要求	1. 要求单独进行操作处理 2. 现场就地操作演示，不得触动运行设备 3. 在仿真机上操作，按仿真机运行规程考核 4. 万一遇生产事故，立即停止考核，退出现场 5. 结合本单位现场实际处理				
工具、材料、设备、场地	现场设备或仿真机				

评分标准	序号	项　目　名　称
	1	现象
	1.1	凝汽器真空指示下降，排汽温度升高
	1.2	真空低、排汽温度高报警
	1.3	在主蒸汽流量、压力、温度及调速汽门开度等不变的情况下，机组负荷相应减少
	2	处理
	2.1	发现真空下降，应对照查排汽温度，确认真空下降，应迅速查明原因立即采取相应的对策进行处理，并汇报集控长及值长
	2.2	真空下降应启动备用真空泵，如真空跌至88kPa仍继续下降，则应按每下降1kPa机组减50MW负荷，真空降至82kPa时减负荷到零
	2.3	经处理无效，真空下降至82kPa，机组负荷虽减到零真空仍无法恢复，应打闸停机
	2.4	真空下降时，应注意真空泵的运行情况，必要时切至电泵运行
	2.5	真空下降，应注意排汽温度的变化，达80℃时投入后缸喷水；如排汽温度上升至121℃且运行时间达15min，或排汽温度超过121℃，应打闸停机
	2.6	如真空下降较快，在处理过程已降至81kPa，保护动作机组跳闸，否则应手动打闸停机
	2.7	因真空低停机时，应及时切除并关闭高、低压旁路，关闭主、再热蒸汽管道至凝汽器疏水、禁止开启锅炉至凝汽器的5%启动旁路
	2.8	加强对机组各轴承温度和振动情况的监视
	质量要求	1. 严格执行集控运行规程规定 2. 操作顺序不准颠倒或漏项 3. 操作完毕，应及时向上级汇报并记录
	得分或扣分	1. 操作顺序颠倒扣1～6分。如因操作颠倒导致无法继续，该题不得分 2. 操作漏项扣1～6分。如因漏项使操作必须重新开始，但不导致不良后果的，扣该题总分的50%；如导致不良后果，该题不得分 3. 每项操作后必须检查操作结果，再开始下一步操作，否则扣1～6分 4. 因误操作致使过程延误，但不造成不良后果的，扣该题总分的50%；造成不良后果的，该题不得分 5. 操作结束后，应有汇报、记录，否则该题扣1～6分 6. 故障分析判断错误，该题不得分。如故障分析不全面、不准确，但不影响事故处理，扣该题总分的50%；如因故障分析不全面、不准确而导致事故扩大，该题不得分 7. 对操作过程中违反安全规程及运行规程的，不得分

行业：电力行业　　工种：集控值班员　　等级：技师、高级技师

编　　号	C12B059	行为领域	e	鉴定范围	6
考核时限	30min	题　型	B	题　分	20
试题正文	A凝泵入口滤网堵				
需要说明的 问题和要求	1. 要求单独进行操作处理 2. 现场就地操作演示，不得触动运行设备 3. 在仿真机上操作，按仿真机运行规程考核 4. 万一遇生产事故，立即停止考核，退出现场 5. 结合本单位现场实际处理				
工具、材料、 设备、场地	现场设备或仿真机				
处理要点	1. 判断正确 2. 检查备用凝泵联动 3. 停止A凝泵运行 4. 监视调整凝汽器、除氧器水位正常				

	序号	项　目　名　称
评 分 标 准	1	现象
	1.1	DCS报警：凝泵滤网差压大
	1.2	凝结水母管压力下降
	1.3	凝结水流量降低
	2	处理
	2.1	判断A凝泵入口滤网堵
	2.2	检查备用凝泵联动
	2.3	停止A凝泵运行，检查出口门关闭
	2.4	监视调整凝汽器、除氧器水位正常
	2.5	联系检修处理
	质量 要求	1. 严格执行集控运行规程规定 2. 操作顺序不准颠倒或漏项 3. 操作完毕，应及时向上级汇报并记录
	得分 或 扣分	1. 操作顺序颠倒扣1～4分，如因操作颠倒导致无法继续的，该题不得分 2. 操作漏项扣1～4分，如因漏项使操作必须重新开始，但不导致不良后果的，扣该题总分的50%；如导致不良后果的，该题不得分 3. 每项操作后必须检查操作结果，再开始下一步操作，否则扣1～4分 4. 因误操作使操作过程延误，但不造成不良后果的，扣该题总分的50%；造成不良后果的，该题不得分 5. 操作结束后，应有汇报、记录，否则该题扣1～4分 6. 故障分析判断错误，该题不得分，如故障分析不全面、不准确，但不影响事故处理，扣该题总分的50%；如因故障分析不全面、不准确而导致事故扩大，该题不得分 7. 对操作过程中违反安全规程及运行规程的，不得分

行业：电力行业 　　工种：集控值班员　　等级：技师

编　　号	C01A060	行为领域	e	鉴定范围	6
考核时限	30min	题　型	B	题　　分	30
试题正文	汽轮机主油箱油位下降处理				
需要说明的问题和要求	1. 要求单独进行操作处理 2. 现场就地操作演示，不得触动运行设备 3. 在仿真机上操作，按仿真机运行规程考核 4. 万一遇生产事故，立即停止考核，退出现场 5. 结合本单位现场实际处理				
工具、材料、设备、场地	现场设备或仿真机				

评分标准	序号	项　目　名　称
	1	现象
	1.1	油位计指示降低
	1.2	主油箱油位低报警
	2	处理
	2.1	核对就地油位计指示，确认主油箱油位下降，检查油位下降原因并进行相应处理
	2.2	主油箱油位降至 198mm 时应加油，如油位下降速度较快应及时加油
	2.3	主油箱油位降至 50mm，采取各种措施仍无效时，应破坏真空紧急停机
	2.4	如油管道破裂漏油，除按油位下降处理外，还应做好防止油溅至高温管道或设备上引起火灾的安全措施
	质量要求	1. 严格执行集控运行规程规定 2. 操作顺序不准颠倒或漏项 3. 操作完毕，应及时向上级汇报并记录
	得分或扣分	1. 操作顺序颠倒扣 1～4 分。如因操作颠倒导致无法继续的，该题不得分 　2. 操作漏项扣 1～4 分。如因漏项使操作必须重新开始，但不导致不良后果的，扣该题总分的 50%；如导致不良后果，该题不得分 　3. 每项操作后必须检查操作结果，再开始下一步操作，否则扣 1～4分 　4. 因误操作致使过程延误，但不造成不良后果的，扣该题总分的 50%；造成不良后果，该题不得分 　5. 操作结束后，应有汇报、记录，否则该题扣 1～4 分 　6. 故障分析判断错误，该题不得分，如故障分析不全面、不准确，但不影响事故处理，扣该题总分的 50%；如因故障分析不全面、不准确而导致事故扩大，该题不得分 　7. 对操作过程中违反安全规程及运行规程的，不得分

行业：电力行业　　工种：集控值班员　　等级：技师

编　号	C04A061	行为领域	e	鉴定范围	6
考核时限	30min	题　型	B	题　分	30
试题正文	汽轮机EH油压力降低处理				
需要说明的问题和要求	1. 要求单独进行操作处理 2. 现场就地操作演示，不得触动运行设备 3. 在仿真机上操作，按仿真机运行规程考核 4. 万一遇生产事故，立即停止考核，退出现场 5. 结合本单位现场实际处理				
工具、材料、设备、场地	现场设备或仿真机				

评分标准	序号	项　目　名　称
	1	现象
	1.1	EH油压力指示下降
	1.2	EH油压力低报警
	1.3	EH油泵承载、卸载周期异常
	2	处理
	2.1	发现EH油压力下降，应核对就地表计，确认EH油压力下降，迅速查明原因进行相应的处理，并汇报集控长及值长
	2.2	检查EH油系统有无泄漏，如有泄漏，在保证系统运行的前提下隔离泄漏点，若系统无法隔离，应立即汇报集控长、值长，要求故障停机
	2.3	检查EH油箱油位是否正常，若油位太低，应通知检修加油
	2.4	检查卸载阀及溢阀动作情况，若动作压力偏低，应汇报集控长、值长，并通知检修调整
	2.5	若油动机伺服阀泄漏，应汇报集控长、值长，并根据情况要求机组减负荷，做相应隔离，然后通知检修处理
	2.6	通知检修，检查高压蓄能器氮气压力，若低于7.9MPa，应重新充气
	2.7	若EH油泵故障或出口滤网前后差压达0.69MPa，应启动备用泵，停原运行泵，汇报集控长、值长，并进行隔离，然后通知检修处理
	2.8	当EH油压降至10～10.7MPa，备用泵应自启动，否则手动启动备用泵
	2.9	经处理无效，当EH油压降至9.3MPa，汽轮机跳闸，否则应打闸停机
	质量要求	1. 严格执行集控运行规程规定 2. 操作顺序不准颠倒或漏项 3. 操作完毕，应及时向上级汇报并记录
	得分或扣分	1. 操作顺序颠倒扣1～4分。如因操作颠倒导致无法继续的，该题不得分 2. 操作漏项扣1～4分。如因漏项使操作必须重新开始，但不导致不良后果的，扣该题总分的50%；如导致不良后果的，该题不得分 3. 每项操作后必须检查操作结果，再开始下一步操作，否则扣1～4分 4. 因误操作致使过程延误，但不造成不良后果的，扣该题总分的50%；造成不良后果的，该题不得分 5. 操作结束后，应有汇报、记录，否则该题扣1～4分 6. 故障分析判断错误，该题不得分，如故障分析不全面、不准确，但不影响事故处理，扣该题总分的50%；如因故障分析不全面、不准确而导致事故扩大，该题不得分 7. 对操作过程中违反安全规程及运行规程的，不得分

4.2.3 综合操作

行业：电力行业　　工种：集控值班员　　等级：中级、高级、技师

编　　号	C34B062	行为领域	e	鉴定范围	6
考核时限	30min	题　型	C	题　　分	50
试题正文	锅炉灭火				
需要说明的问题和要求	1. 要求单独进行操作处理 2. 现场就地操作演示，不得触动运行设备 3. 在仿真机上操作，按仿真机运行规程考核 4. 万一遇生产事故，立即停止考核，退出现场 5. 结合本单位现场实际处理				
工具、材料、设备、场地	现场设备或仿真机				
处理要点	1. 检查锅炉 MFT 动作，相关设备、阀门联动正常 2. 检查确认发电机解列，厂用电运行正常 3. 检查汽机跳闸，转速下降 4. 注意监视锅炉排烟温度和热风温度，防止尾部受热面再燃烧				

	序号	项　目　名　称
评分标准	1	现象
	1.1	所有火检消失
	1.2	DCS 画面 MFT 报警
	1.3	机组负荷到 0
	1.4	相关设备、阀门联动
	2	处理
	2.1	检查所有磨煤机、给煤机跳闸，两台一次风机跳闸，两台密封风机跳闸，启动油、点火油速关阀关闭，小汽机跳闸，检查锅炉过再热器减温水总门联关，否则手动处理
	2.2	检查确认发电机解列，厂用电运行正常

	序号	项 目 名 称
评 分 标 准	2.3	检查汽机跳闸，转速下降，确认高中压主汽门、调门、高排逆止门关闭，检查抽汽逆止门及电动门关闭，否则手动关闭。检查汽机本体及主再热汽管道、抽汽管道疏水门开启，否则手动开启
	2.4	检查润滑油压正常，2850r/min 汽机交流润滑油泵及氢密封油泵自启动、1500r/min 顶轴油泵自启动，否则手动处理，转速到 0 投主机盘车。投入小机盘车
	2.5	保持 30%～40%风量对锅炉进行吹扫
	2.6	注意监视锅炉排烟温度和热风温度，防止尾部受热面再燃烧
	2.7	配合有关人员查找灭火原因
	质量 要求	1. 严格执行集控运行规程规定 2. 操作顺序不准颠倒或漏项 3. 操作完毕，应及时向上级汇报并记录
	得分 或 扣分	1. 操作顺序颠倒扣 1～4 分，如因操作颠倒导致无法继续的，该题不得分 2. 操作漏项扣 1～4 分，如因漏项使操作必须重新开始，但不导致不良后果的，扣该题总分的 50%；如导致不良后果的，该题不得分 3. 每项操作后必须检查操作结果，再开始下一步操作，否则扣 1～4 分 4. 因误操作致使过程延误，但不造成不良后果的，扣该题总分的 50%；造成不良后果的，该题不得分 5. 操作结束后，应有汇报、记录，否则该题扣 1～4 分 6. 故障分析判断错误，该题不得分，如故障分析不全面、不准确，但不影响事故处理，扣该题总分的 50%；如因故障分析不全面、不准确而导致事故扩大，该题不得分 7. 对操作过程中违反安全规程及运行规程的，不得分

行业：电力行业　　工种：集控值班员　　等级：中级

编　　号	C04C063	行为领域	e	鉴定范围	4
考核时限	30min	题　　型	C	题　　分	50

试题正文	汽轮机真空严密性试验操作

需要说明的问题和要求	1. 要求单独进行操作处理 2. 现场就地操作演示，不得触动运行设备 3. 在仿真机上操作，按仿真机运行规程考核 4. 万一遇生产事故，立即停止考核，退出现场 5. 结合本单位现场实际处理

工具、材料、设备、场地	阀门扳手、通信工具、记录用笔、纸、现场设备

<table>
<tr><td rowspan="20" colspan="2">评

分

标

准</td><td>序号</td><td>项　目　名　称</td></tr>
<tr><td>1</td><td>接令汽轮机真空严密性试验</td></tr>
<tr><td>2</td><td>准备好通信工具</td></tr>
<tr><td>3</td><td>准备好记录用纸和笔</td></tr>
<tr><td>4</td><td>联系巡检到真空泵和机头</td></tr>
<tr><td>5</td><td>确认机组负荷稳定在 70%额定负荷</td></tr>
<tr><td>6</td><td>确认真空及汽轮机运行正常，真空≥93kPa</td></tr>
<tr><td>7</td><td>试投备用真空泵，检查正常后停运</td></tr>
<tr><td>8</td><td>确认真空泵连锁投入</td></tr>
<tr><td>9</td><td>记录试验开始前真空值</td></tr>
<tr><td>10</td><td>令巡检就地逐渐关闭运行真空泵进口手动隔离阀</td></tr>
<tr><td>11</td><td>注意真空变化情况应正常，若真空迅速下降，则立即停止试验，恢复正常运行</td></tr>
<tr><td>12</td><td>待运行真空泵进口手动隔离阀全关，30s 后开始记录真空值，以后每隔 30s 记录一次，共记录 8min</td></tr>
<tr><td>13</td><td>核对集控与机头就地真空变化应一致</td></tr>
<tr><td>14</td><td>若真空下降至 88kPa，检查备用真空泵自启，否则手动开启</td></tr>
<tr><td>15</td><td>若 8min 内真空下降到 86kPa 应停止试验，开启运行真空泵进口手动隔离阀</td></tr>
<tr><td>16</td><td>记录 8min 后，开启运行真空泵进口手动隔离阀，系统恢复正常运行</td></tr>
<tr><td>17</td><td>取后 5min 的真空值，计算真空每分钟下降的平均值并做好记录</td></tr>
<tr><td>18</td><td>试验结束，汇报</td></tr>
</table>

	质量要求	1. 严格执行集控运行规程规定 2. 操作顺序不准颠倒或漏项 3. 操作完毕，应及时向上级汇报并记录
	得分或扣分	1. 操作顺序颠倒扣 1～10 分。如因操作颠倒导致无法继续的，该题不得分 2. 操作漏项扣 1～10 分。如因漏项使操作必须重新开始，但不导致不良后果的，扣该题总分的 50%；如导致不良后果的，该题不得分 3. 每项操作后必须检查操作结果，再开始下一步操作，否则扣 1～10 分 4. 因误操作而使过程延误，但不导致不良后果的，扣该题总分的 50%；造成不良后果的，该题不得分 5. 操作结束后，应有汇报、记录，否则该题不得分 6. 对操作过程中违反安全规程及运行规程的，不得分

编　号	C23B064	行为领域	e	鉴定范围	6
考核时限	30min	题　型	C	题　分	50
试题正文	再热蒸汽管路破裂				
需要说明的问题和要求	1. 要求单独进行操作处理 2. 现场就地操作演示，不得触动运行设备 3. 在仿真机上操作，按仿真机运行规程考核 4. 万一遇生产事故，立即停止考核，退出现场 5. 结合本单位现场实际处理				
工具、材料、设备、场地	现场设备或仿真机				
处理要点	1. 根据现象，判断正确 2. 迅速降负荷，降低再热蒸汽压力 3. 紧急停炉，手动 MFT 4. 检查横向保护连锁动作正常，汽机脱扣，发电机解列，检查相关设备联动正常				

	序号	项　目　名　称
评 分 标 准	1	现象
	1.1	机组负荷下降
	1.2	再热蒸汽压力下降
	1.3	机组补水量增大
	2	处理
	2.1	根据现象：机组补水量增大，再热蒸汽压力下降，炉膛负压正常。判断炉外再热蒸汽管路出现泄漏
	2.2	快速减煤降低机组负荷
	2.3	投入运行磨点火枪稳燃
	2.4	派人就地检查，增设围栏，悬挂警示牌
	2.5	凝汽器水位下降，加强补水，并监视除氧器水位
	2.6	判断外漏量过大，再热蒸汽管路破裂。手动 MFT
	2.7	开低旁对再热器管道泄压
	2.8	检查炉 MFT 动作：所有磨煤机、给煤机跳闸，两台一次风机跳闸，两台密封风机跳闸，启动油、点火油速关阀关闭，小汽机跳闸，检查锅炉过、再热器减温水总门联关，否则手动处理
	2.9	检查确认发电机解列，厂用电运行正常

	序号	项 目 名 称
评 分 标 准	2.10	检查汽机跳闸，转速下降，确认高中压主汽门、调门、高排逆止门关闭，检查抽汽逆止门及电动门关闭，否则手动关闭。汽机本体及主再热汽管道、抽汽管道疏水门开启，否则手动开启
	2.11	检查润滑油压正常，2850r/min 汽机交流润滑油泵及氢密封油泵自启动、1500r/min 顶轴油泵自启动，否则手动处理，转速到 0 投主机盘车。投入小机盘车
	2.12	保持 30%～40%风量对锅炉进行吹扫
	2.13	注意监视锅炉排烟温度和热风温度，防止尾部受热面再燃烧
	2.14	通知检修检查处理
	质量 要求	1. 严格执行集控运行规程规定 2. 操作顺序不准颠倒或漏项 3. 操作完毕，应及时向上级汇报并记录
	得分 或 扣分	1. 操作顺序颠倒扣 1～4 分，如因操作颠倒导致无法继续的，该题不得分 2. 操作漏项扣 1～4 分，如因漏项使操作必须重新开始，但不导致不良后果的，扣该题总分的50%；如导致不良后果的，该题不得分 3. 每项操作后必须检查操作结果，再开始下一步操作，否则扣 1～4分 4. 因误操作致使过程延误，但不造成不良后果的，扣该题总分的50%；造成不良后果的，该题不得分 5. 操作结束后，应有汇报、记录，否则该题扣 1～4 分 6. 故障分析判断错误，该题不得分，如故障分析不全面、不准确，但不影响事故处理，扣该题总分的50%；如因故障分析不全面、不准确而导致事故扩大，该题不得分 7. 对操作过程中违反安全规程及运行规程的，不得分

行业：电力行业　　工种：集控值班员　　等级：中级、高级

编　号	C34A065	行为领域	e	鉴定范围	6
考核时限	30min	题　型	B	题　分	320
试题正文	闭式水交换器 A 泄漏				
需要说明的问题和要求	1. 要求单独进行操作处理 2. 现场就地操作演示，不得触动运行设备 3. 在仿真机上操作，按仿真机运行规程考核 4. 万一遇生产事故，立即停止考核，退出现场 5. 结合本单位现场实际处理				
工具、材料、设备、场地	现场设备或仿真机				
处理要点	1. 将闭式水交换器 A 切至 B 交换器运行 2. 确认闭式水箱水位恢复正常				

评 分 标 准	序号	项　目　名　称
	1	现象
	1.1	DCS 报警：闭式水箱水位低报警（<1000mm）
	2	处理
	2.1	就地核对水位计
	2.2	确认闭式水箱补水门开启，否则手动开启
	2.3	将闭式水交换器 B 开式水侧投入运行
	2.4	将闭式水交换器 B 闭式水侧投入运行
	2.5	将闭式水交换器 A 开、闭式水侧隔离
	2.6	确认闭式水箱水位恢复正常
	2.7	通知检修处理
	质量要求	1. 严格执行集控运行规程规定 2. 操作顺序不准颠倒或漏项 3. 操作完毕，应及时向上级汇报并记录
	得分或扣分	1. 操作顺序颠倒扣 1～4 分，如因操作颠倒导致无法继续的，该题不得分 2. 操作漏项扣 1～4 分，如因漏项使操作必须重新开始，但不导致不良后果的，扣该题总分的 50%；如导致不良后果的，该题不得分 3. 每项操作后必须检查操作结果，再开始下一步操作，否则扣 1～4 分 4. 因误操作致使过程延误，但不造成不良后果的，扣该题总分的 50%；造成不良后果的，该题不得分 5. 操作结束后，应有汇报、记录，否则该题扣 1～4 分 6. 故障分析判断错误，该题不得分，如故障分析不全面、不准确，但不影响事故处理，扣该题总分的 50%；如因故障分析不全面、不准确而导致事故扩大，该题不得分 7. 对操作过程中违反安全规程及运行规程的，不得分

行业：电力行业　　工种：集控值班员　　等级：中级、高级

编　　号	C34A066	行为领域	e	鉴定范围	6
考核时限	30min	题　　型	B	题　　分	30
试题正文	定子水交换器 A 泄漏				
需要说明的问题和要求	1. 要求单独进行操作处理 2. 现场就地操作演示，不得触动运行设备 3. 在仿真机上操作，按仿真机运行规程考核 4. 万一遇生产事故，立即停止考核，退出现场 5. 结合本单位现场实际处理				
工具、材料、设备、场地	现场设备或仿真机				
处理要点	1. 将定子水交换器 A 切至 B 交换器运行 2. 确认定子水流量恢复正常				

	序号	项　目　名　称
评分标准	1	现象
	1.1	DCS 报警：定子水流量低报警
	1.2	定冷水泵自启动
	1.3	DCS 报警：定子水箱水位低报警
	2	处理
	2.1	发现定子水箱水位低，手动开补水门
	2.2	注意水位恢复正常，但定子水流量仍低。判断定冷水系统有泄漏
	2.3	将定子水交换器 A 切至 B 交换器运行
	2.4	确认定子水流量恢复正常
	2.5	停一台定冷泵，投入备用
	2.6	联系检修处理
	质量要求	1. 严格执行集控运行规程规定 2. 操作顺序不准颠倒或漏项 3. 操作完毕，应及时向上级汇报并记录
	得分或扣分	1. 操作顺序颠倒扣 1～4 分，如因操作颠倒导致无法继续的，该题不得分 2. 操作漏项扣 1～4 分，如因漏项使操作必须重新开始，但不导致不良后果的，扣该题总分的 50%；如导致不良后果，该题不得分 3. 每项操作后必须检查操作结果，再开始下一步操作，否则扣 1～4 分 4. 因误操作致使过程延误，但不造成不良后果的，扣该题总分的 50%；造成不良后果的，该题不得分 5. 操作结束后，应有汇报、记录，否则该题扣 1～4 分 6. 故障分析判断错误，该题不得分，如故障分析不全面、不准确，但不影响事故处理，扣该题总分的 50%；如因故障分析不全面、不准确而导致事故扩大，该题不得分 7. 对操作过程中违反安全规程及运行规程的，不得分

311

行业：电力行业　　　工种：集控值班员　　　等级：高级、技师、高级技师

编　　号	C23A067	行为领域		e	鉴定范围	6
考核时限	30min	题　　型		B	题　　分	30
试题正文	汽轮机主油泵故障					
需要说明的问题和要求	1. 要求单独进行操作处理 2. 现场就地操作演示，不得触动运行设备 3. 在仿真机上操作，按仿真机运行规程考核 4. 万一遇生产事故，立即停止考核，退出现场 5. 结合本单位现场实际处理					
工具、材料、设备、场地	现场设备或仿真机					
处理要点	1. 正确判断主机润滑油压下降的原因 2. 确认主机润滑油辅助油泵和氢密封油泵联启 3. 申请故障停机					

	序号	项　目　名　称				
评 分 标 准	1	现象				
	1.1	DCS报警：汽机润滑油压低报警				
	1.2	主机润滑油辅助油泵和氢密封油泵联启				
	1.3	主机润滑油供油压力为0.15MPa，低于正常值（0.19MPa）				
	2	处理				
	2.1	确认汽机润滑油压低报警				
	2.2	检查主机润滑油辅助油泵和氢密封油泵联启				
	2.3	检查主机轴承金属温度、轴承回油温度、轴身振动等相关参数正常				
	2.4	发现主机润滑油供油压力为0.15MPa，低于正常值（0.19MPa）				
	2.5	就地检查主油泵出口压力（口述）				
	2.6	根据上述现象判断出汽机主油泵故障				
	2.7	申请故障停机				
	质量要求	1. 严格执行集控运行规程规定 2. 操作顺序不准颠倒或漏项 3. 操作完毕，应及时向上级汇报并记录				
	得分或扣分	1. 操作顺序颠倒扣1～4分，如因操作颠倒导致无法继续的，该题不得分 2. 操作漏项扣1～4分，如因漏项使操作必须重新开始，但不导致不良后果的，扣该题总分的50%；如导致不良后果的，该题不得分 3. 每项操作后必须检查操作结果，再开始下一步操作，否则扣1～4分 4. 因误操作致使过程延误，但不造成不良后果的，扣该题总分的50%；造成不良后果的，该题不得分 5. 操作结束后，应有汇报、记录，否则该题扣1～4分 6. 故障分析判断错误，该题不得分，如故障分析不全面、不准确，但不影响事故处理，扣该题总分的50%；如因故障分析不全面、不准确而导致事故扩大，该题不得分 7. 对操作过程中违反安全规程及运行规程的，不得分				

行业：电力行业　　工种：集控值班员　　等级：技师

编　　号	C02C068	行为领域	e	鉴定范围	6
考核时限	60min	题　型	C	题　分	50
试题正文	机组正常运行中，运行闭冷泵跳闸，备用闭冷泵不能自启处理				
需要说明的问题和要求	1. 要求单独进行操作处理 2. 现场就地操作演示，不得触动运行设备 3. 在仿真机上操作，按仿真机运行规程考核 4. 万一遇生产事故，立即停止考核，退出现场 5. 结合本单位现场实际处理				
工具、材料、设备、场地	现场设备或仿真机				

评分标准	序号	项 目 名 称
	1	首先要检查停机保护泵自启，否则手动开启，并保证 500t 水箱水位正常。并注意监视大、小机油温、发电机各测点温度、炉水泵电动机腔温度等
	2	检查运行闭式冷却泵跳闸和备用泵不能启动的原因。可能有以下两种情况：运行泵跳闸后，备用泵由于开关故障等原因合不上；闭式冷却水箱水位降至极低而导致上述情况
		（1）对于第一种情况，如有可能，可重新启动原运行泵（先确认该泵无电气故障），同时联系检修对备用泵抓紧处理，尽快恢复
		（2）由于闭式冷却水箱水位极低导致运行泵跳闸而备用泵无法启动，一方面保证停机保护泵运行，使水箱水位尽快上升，同时检查闭式水箱水位极低的原因（如闭式水箱补水阀失灵无法补水，闭式冷却水母管事故放水阀误开等），并加以消除，闭式冷却水箱水位恢复后，启动闭式冷却泵运行，并注意出口压力
	3	另一方面，机组应快速减负荷，停一台磨运行（使 RB 动作）并加强对氢、水、油以及辅机轴承温度等的监视
	4	处理过程中，要及时通知灰控炉等岗位，如冷却水由该机组供应时，应暂时关闭高温架各取样门，并对渣泵冷却水进行切换
	5	若闭式冷却水泵适时无法启动，应申请停机处理
	6	处理过程中，可通知检修人员到场协助处理
	质量要求	1. 严格执行集控运行规程规定 2. 操作顺序不准颠倒或漏项 3. 操作完毕，应及时向上级汇报并记录
	得分或扣分	1. 操作顺序颠倒扣 1～10 分。如因操作颠倒导致无法继续的，该题不得分 2. 操作漏项扣 1～10 分。如因漏项使操作必须重新开始，但不导致不良后果的，扣该题总分的 50%；如导致不良后果，该题不得分 3. 每项操作后必须检查操作结果，再开始下一步操作，否则扣 1～10 分 4. 因误操作致使过程延误，但不造成不良后果的，扣该题总分的 50%；造成不良后果，该题不得分 5. 操作结束后，应有汇报、记录，否则该题扣 1～10 分 6. 故障分析判断错误，该题不得分。如故障分析不全面、不准确，但不影响事故处理，扣该题总分的 50%；如因故障分析不全面、不准确而导致事故扩大，该题不得分 7. 对操作过程中违反安全规程及运行规程的，不得分

行业：电力行业　　工种：集控值班员　　等级：技师

编　号	C02A069	行为领域	e	鉴定范围	1
考核时限	30min	题　型	B	题　分	30
试题正文	除氧器水位高处理				
需要说明的问题和要求	1. 要求单独进行操作处理 2. 现场就地操作演示，不得触动运行设备 3. 在仿真机上操作，按仿真机运行规程考核 4. 万一遇生产事故，立即停止考核，退出现场 5. 结合本单位现场实际处理				
工具、材料、设备、场地	现场设备或仿真机				

	序号	项　目　名　称
评分标准	1	现象
	1.1	除氧器水位指示上升
	1.2	除氧器水位高报警
	1.3	除氧器溢水阀开启
	2	处理
	2.1	发现除氧器水位升高，应立即核对就地水位计，判断除氧器水位是否真实升高
	2.2	检查除氧器水位调节阀动作情况是否正常，否则应切至手动调节，若旁路阀开应及时关闭；若上水阀误开应立即关闭
	2.3	若除氧器压力突降造成虚假水位，应按"压力下降"处理
	2.4	除氧器水位上升至高Ⅰ值，应汇报集控长、值长，并设法降低除氧器水位至正常值
	2.5	除氧器水位上升至高Ⅱ值，检查溢水阀自动开启，水位调节阀自动关闭，否则应手动干预，并注意凝结水再循环阀动作情况及热井水位应正常，必要时开启除氧器底部放水阀放至正常水位后关闭
	2.6	水位继续上升至高Ⅲ值时，检查四抽至除氧器进汽阀、四级抽汽逆止阀除氧器水位调节阀及旁路阀、3号高压加热器至除氧器疏水应自动关闭，有关疏水阀自动开启，否则应在CD台撤"除氧器事故隔离"按钮
	2.7	经上述处理无效，无法维持机组正常运行，则应联系值长要求停机
	质量要求	1. 严格执行集控运行规程规定 2. 操作顺序不准颠倒或漏项 3. 操作完毕，应及时向上级汇报并记录
	得分或扣分	1. 操作顺序颠倒扣1～4分。如因操作颠倒导致无法继续的，该题不得分 2. 操作漏项扣1～4分。如因漏项使操作必须重新开始，但不导致不良后果的，扣该题总分的50%；如导致不良后果的，该题不得分 3. 每项操作后必须检查操作结果，再开始下一步操作，否则扣1～4分 4. 因误操作致使过程延误，但不造成不良后果的，扣该题总分的50%；造成不良后果的，该题不得分 5. 操作结束后，应有汇报、记录，否则该题扣1～4分 6. 故障分析判断错误，该题不得分。如故障分析不全面、不准确，但不影响事故处理，扣该题总分的50%；如故障分析不全面、不准确而导致事故扩大，该题不得分 7. 对操作过程中违反安全规程及运行规程的，不得分

行业：电力行业　　工种：集控值班员　　等级：高级、技师

编　　号	C23A070	行为领域	e	鉴定范围	6
考核时限	30min	题　　型	B	题　　分	30
试题正文	汽机润滑油 A 冷油器泄漏				
需要说明的问题和要求	1. 要求单独进行操作处理 2. 现场就地操作演示，不得触动运行设备 3. 在仿真机上操作，按仿真机运行规程考核 4. 万一遇生产事故，立即停止考核，退出现场 5. 结合本单位现场实际处理				
工具、材料、设备、场地	现场设备或仿真机				
处理要点	1. 汽机润滑油 A 冷油器切至备用冷油器运行 2. 确认主油箱油位停止下跌				

评分标准	序号	项　目　名　称
	1	现象
	1.1	DCS 报警：主油箱油位低报警
	2	处理
	2.1	就地核对主油箱油位计
	2.2	打开冷油器注油门对 B 冷油器注油
	2.3	将汽机润滑油 A 冷油器切至备用冷油器运行
	2.4	确认主油箱油位停止下跌
	2.5	通知给主油箱加油至正常值
	2.6	联系检修处理
	质量要求	1. 严格执行集控运行规程规定 2. 操作顺序不准颠倒或漏项 3. 操作完毕，应及时向上级汇报并记录
	得分或扣分	1. 操作顺序颠倒扣 1～4 分，如因操作颠倒导致无法继续的，该题不得分 2. 操作漏项扣 1～4 分，如因漏项使操作必须重新开始，但不导致不良后果的，扣该题总分的 50%；如导致不良后果的，该题不得分 3. 每项操作后必须检查操作结果，再开始下一步操作，否则扣 1～4 分 4. 因误操作致使过程延误，但不造成不良后果的，扣该题总分的 50%；造成不良后果的，该题不得分 5. 操作结束后，应有汇报、记录，否则该题扣 1～4 分 6. 故障分析判断错误，该题不得分，如故障分析不全面、不准确，但不影响事故处理，扣该题总分的 50%；如因故障分析不全面、不准确而导致事故扩大，该题不得分 7. 对操作过程中违反安全规程及运行规程的，不得分

行业：电力行业　　工种：集控值班员　　等级：高级、技师

编　　号	C23A071	行为领域	e	鉴定范围	2
考核时限	30min	题　型	B	题　　分	30

| 试题正文 | 6kV 厂用电由高压厂用变压器切至启动备用变压器供电操作 | | | | |

| 需要说明的问题和要求 | 1. 要求单独进行操作处理
2. 现场就地操作演示，不得触动运行设备
3. 在仿真机上操作，按仿真机运行规程考核
4. 万一遇生产事故，立即停止考核，退出现场
5. 结合本单位现场实际处理 | | | | |

| 工具、材料、设备、场地 | 现场设备或仿真机 | | | | |

评 分 标 准	序号	项　目　名　称			
	1	检查发电机有功负荷已降至 50～70MW 之间且机组运行稳定			
	2	检查 6kV A、B 段备用进线断路器在"热备"状态，备用进线 TV 在"运行"状态			
	3	检查发电机 6kV 厂用备电源与工作电源在本厂高压侧实联，6kV 厂用电系统同期闭锁断路器 STK 在"投入"位置			
	4	投入 6kV A 段备用进线同期断路器 QF1，查 6kV A 段备用进线断路器符合同期并列条件，同期表指示为零			
	5	合上 6kV A 段备用进线断路器，红灯亮，备用进线电流表有指示			
	6	将 6kV A 段备用进线同期断路器 QF1 切至"停用"位置			
	7	拉开 6kV A 段工作进线断路器，绿灯亮，工作进线电流表指示为零			
	8	检查 6kV A 段母线电压正常			
	9	投入 6kV B 段备用进线同期断路器 QF2，查 6kV B 段备用进线断路器符合同期并列条件，同期表指示为零			
	10	合上 6kV B 段备用进线断路器，红灯亮，备用进线电流表不指示			
	11	将 6kV B 段备用进线同期断路器 QF2 切至"停用"位置			
	12	拉开 6kV B 段工作进线断路器，绿灯亮，工作进线电流指示为零			
	13	检查 6kV B 段母线电压正常			
	14	汇报			
	质量要求	1. 严格执行集控运行规程规定 2. 操作顺序不准颠倒或漏项 3. 操作完毕，应及时向上级汇报并记录			
	得分或扣分	1. 操作顺序颠倒扣 1～5 分。如因操作颠倒导致无法继续的，该题不得分 2. 操作漏项扣 1～5 分。如因漏项使操作必须重新开始，但不导致不良后果的，扣该题总分的 50%；如导致不良后果的，该题不得分 3. 每项操作后必须检查操作结果，再开始下一步操作，否则扣 1～5 分 4. 因误操作致使操作过程延误，但不导致不良后果的，扣该题总分的 50%；如导致不良后果的，该题不得分 5. 操作结束后，应有汇报、记录，否则该题不得分 6. 对操作过程中违反安全规程及运行规程的，不得分			

行业：电力行业　　　工种：集控值班员　　　等级：中级、高级、技师

编　号		C34C072	行为领域		e	鉴定范围	6
考核时限		30min	题　　型		C	题　分	50
试题正文		发电机定子绕组匝间故障					
需要说明的问题和要求		1. 要求单独进行操作处理 2. 现场就地操作演示，不得触动运行设备 3. 在仿真机上操作，按仿真机运行规程考核 4. 万一遇生产事故，立即停止考核，退出现场 5. 结合本单位现场实际处理					
工具、材料、设备、场地		现场设备或仿真机					
处理要点		1. 发电机跳闸后，检查厂用电系统正常 2. 锅炉 MFT 后系统联动正常 3. 汽轮机跳闸后系统联动正常 4. 电气保护动作情况，就地检查发电机本体有无明显故障象征					
评 分 标 准	序号	项　目　名　称					
	1	现象					
	1.1	发电机匝间保护动作报警					
	1.2	发电机跳闸					
	1.3	汽轮机跳闸					
	1.4	锅炉 MFT					
	2	处理					
	2.1	检查确认发电机解列，汽机跳闸，锅炉 MFT 动作					
	2.2	确认厂用电运行正常					
	2.3	检查汽机转速下降，确认高、中压主汽门、调门、高排逆止门关闭，检查各抽汽逆止门及电动门关闭，否则手动关闭。汽机本体及主再热汽管道、抽汽管道疏水门开启，否则手动开启					
	2.4	检查所有磨煤机、给煤机跳闸，2 台一次风机跳闸，2 台密封风机跳闸，燃油跳闸阀关闭，小汽机跳闸，检查锅炉过、再热器减温水总门联关，否则手动处理					
	2.5	检查润滑油压正常，2850r/min 汽机交流润滑油泵及氢密封油泵自启动，1500r/min 顶轴油泵自启动，否则手动处理，转速到 0 投主机盘车。投入小机盘车					
	2.6	保持 30%～40%风量对锅炉进行吹扫					
	2.7	检查电气保护动作情况，就地检查发电机本体有无明显故障象征					
	2.8	通知检修检查、处理					
	质量要求	1. 严格执行集控运行规程规定 2. 操作顺序不准颠倒或漏项 3. 操作完毕，应及时向上级汇报并记录					
	得分或扣分	1. 操作顺序颠倒扣 1～4 分，如因操作颠倒导致无法继续的，该题不得分 2. 操作漏项扣 1～4 分，如因漏项使操作必须重新开始，但不导致不良后果的，扣该题总分的 50%；如导致不良后果的，该题不得分 3. 每项操作后必须检查操作结果，再开始下一步操作，否则扣 1～4 分 4. 因误操作致使过程延误，但不造成不良后果的，扣该题总分的 50%；造成不良后果的，该题不得分 5. 操作结束后，应有汇报、记录，否则该题扣 1～4 分 6. 故障分析判断错误，该题不得分，如故障分析不全面、不准确，但不影响事故处理，扣该题总分的 50%；如因故障分析不全面、不准确而导致事故扩大，该题不得分 7. 对操作过程中违反安全规程及运行规程的，不得分					

编　号	C34C073	行为领域	e	鉴定范围	6
考核时限	30min	题　型	C	题　分	50
试题正文	主变压器内部短路				
需要说明的问题和要求	1. 要求单独进行操作处理 2. 现场就地操作演示，不得触动运行设备 3. 在仿真机上操作，按仿真机运行规程考核 4. 万一遇生产事故，立即停止考核，退出现场 5. 结合本单位现场实际处理				
工具、材料、设备、场地	现场设备或仿真机				
处理要点	1. 发变组跳闸后，检查 6kV1A 段、汽机 PCA 段、锅炉 PCA 段、电除尘 PCA 段运行正常，柴油发电机启动带保安 PCB 段正常 2. 锅炉 MFT 后系统联动正常 3. 汽轮机跳闸后系统联动正常 4. 进行主变重瓦斯动作后的相关检查				

	序号	项　目　名　称
评 分 标 准	1	现象
	1.1	来主变重瓦斯动作光字牌
	1.2	发电机出口开关、主变 500kV 开关、高厂变及高公变 6kV 开关均跳闸
	1.3	汽轮机跳闸，锅炉 MFT
	1.4	厂用 6kV 1A 段备用电源自投成功，厂用 6kV 1B 段及公用 6kV 1C 段失电
	1.5	柴油发电机自启动，带保安 PCB 段运行
	2	处理
	2.1	检查发电机出口开关、主变 500kV 开关、高厂变及高公变 6kV 开关均跳闸
	2.2	检查厂用 6kV 1A 段备用电源自投成功，6kV 1B 段及公用 6kV 1C 段失电
	2.3	检查柴油发电机自启动带保安 PC B 段运行
	2.4	检查汽轮机跳闸，汽机转速下降；检查确认高中压主汽门、调门、高排逆止门关闭，各抽气逆止门关闭，否则手动关闭。汽机本体及主再热汽管道、抽汽管道疏水门开启

	序号	项 目 名 称
评 分 标 准	2.5	检查锅炉 MFT，所有磨煤机、给煤机跳闸、两台一次风机跳闸、两台密封风机跳闸、主再热器减温水门关闭，小汽机均跳闸，否则手动处理
	2.6	检查润滑油压及润滑油温正常，2850r/min 汽机交流润滑油泵及密封备用油泵自启动、1500r/min 顶轴油泵自启动，否则手动处理
	2.7	查 6kV 1C 段母线进线开关断开，合上联络开关对 6kV 1C 段母线供电，确认循泵 B 出口蝶阀联关
	2.8	用 400V 1A 锅炉 PC 带 400V 1B 锅炉 PC 段
	2.9	用 400V 1A 汽机 PC 带 400V 1B 汽机 PC 段
	2.10	400V 1B 锅炉 PC 带保安 PC 1B 段；正常后停柴发，启动空预器 B，检查小机油系统正常后投入小机盘车
	2.11	查"主变重瓦斯动作"光字牌报警。派人就地检查变压器本体。布置主要检查项目：气体继电器中有无气体、油（气）色、油枕油位等；检查主变冷却器停用
	2.12	检查保护动作情况，通知检修取油（气）化验，对变压器本体及二次回路进行检查、处理
	质量 要求	1. 严格执行集控运行规程规定 2. 操作顺序不准颠倒或漏项 3. 操作完毕，应及时向上级汇报并记录
	得分 或 扣分	1. 操作顺序颠倒扣 1～4 分，如因操作颠倒导致无法继续的，该题不得分 2. 操作漏项扣 1～4 分，如因漏项使操作必须重新开始，但不导致不良后果的，扣该题总分的 50%；如导致不良后果的，该题不得分 3. 每项操作后必须检查操作结果，再开始下一步操作，否则扣 1～4 分 4. 因误操作致使过程延误，但不造成不良后果的，扣该题总分的 50%；造成不良后果的，该题不得分 5. 操作结束后，应有汇报、记录，否则该题扣 1～4 分 6. 故障分析判断错误，该题不得分，如故障分析不全面、不准确，但不影响事故处理，扣该题总分的 50%；如因故障分析不全面、不准确而导致事故扩大，该题不得分 7. 对操作过程中违反安全规程及运行规程的，不得分

行业：电力行业　　工种：集控值班员　　等级：中级、高级、技师

编　　号	C34A074	行为领域	e	鉴定范围	6
考核时限	30min	题　型	C	题　　分	50
试题正文	6kV 1A 母线接地				
需要说明的问题和要求	1. 要求单独进行操作处理 2. 现场就地操作演示，不得触动运行设备 3. 在仿真机上操作，按仿真机运行规程考核 4. 万一遇生产事故，立即停止考核，退出现场 5. 结合本单位现场实际处理				
工具、材料、设备、场地	现场设备或仿真机				
处理要点	1. 立即投入 F、D 磨煤机的点火油枪及 B 层 2 对启动油枪，保持燃烧稳定 2. 检查相关设备联启 3. 监视运行辅机情况 4. 检查保安 PC 1B 段工作正常。确认柴油机启动并向保安 PC 1A 段母线供电 5. 查保护动作情况，判断故障原因				

	序号	项　目　名　称
评分标准	1	现象
	1.1	DCS 声光报警：6kV 1A 段电压到零
	1.2	电气光字牌报警：高厂变 1A 分支零序过流
	1.3	6kV 1A 段母线进线开关跳闸，备用进线开关未联动合闸
	1.4	400V 锅炉 PC 1A 段失电、汽机 PC 1A 段失电、电除尘 PC 1A 段失电
	2	处理
	2.1	立即投入 F、D 磨煤机的点火油枪及 B 层 2 对启动油枪，保持燃烧稳定（视汽温变化情况投入 A 层启动油枪）
	2.2	确认凝泵 B、开冷泵 B、定冷泵 B、EH 油泵 B、闭冷泵 B、真空泵 C、密封风机 B、火检风机 B 联启正常
	2.3	检查跳闸风机的挡板联动关闭。将 A 一次风机、A 引风机入口导叶、送风机 A 动叶调到 0
	2.4	监视氧量正常，注意运行送风机电流不超过 127A
	2.5	监视一次风压力正常，注意运行一次风机电流不能超过 283A

	序号	项 目 名 称
评 分 标 准	2.6	检查跳闸磨煤机冷、热隔门自动关闭,将停运磨煤机的二次风挡板关小至50%(有启动枪运行开至100%)
	2.7	检查引风机入口挡板自动调节正常,保证炉膛负压正常;保证引风机电流不能超过373A
	2.8	解除FM自动,调节F、D磨煤机的出力,保证每台磨煤机煤量不超过56.8t/h;及时发现给水泵强制到手动,调整给水泵出力
	2.9	保持汽机调门开度85%~90%
	2.10	确认6kV 1B段母线工作正常;检查保安PC 1B段工作正常;确认柴油机启动并向保安PC 1A段母线供电
	2.11	检查6kV 1A段母线工作进线开关断开,6kV 1A段闭锁备自投;检查报警为"高厂变1A分支零序过流",判断6kV 1A段母线接地。禁止手动强合6kV 1A段备用进线开关
	2.12	拉开锅炉变1A及汽机变1A高、低压侧开关;合上0.4kV锅炉PC 1A、1B段及汽机PC 1A、1B段联络开关
	2.13	保安PC 1A段用锅炉PC 1A段带出,停止柴油发电机运行
	2.14	保安PC 1A段正常后,启动空预器A、小机A盘车
	2.15	检查小机A直流油泵运行,将其停运,投入小机A主油泵备用
	2.16	启动引风机A、B的一台轴冷风机
	2.17	启动引风机A、B的一台轴冷风机,磨煤机A、B、C润滑油泵
	质量要求	1. 严格执行集控运行规程规定 2. 操作顺序不准颠倒或漏项 3. 操作完毕,应及时向上级汇报并记录
	得分或扣分	1. 操作顺序颠倒扣1~4分,如因操作颠倒导致无法继续的,该题不得分 2. 操作漏项扣1~4分,如因漏项使操作必须重新开始,但不导致不良后果,扣该题总分的50%;如导致不良后果,该题不得分 3. 每项操作后必须检查操作结果,再开始下一步操作,否则扣1~4分 4. 因误操作致使过程延误,但不造成不良后果的,扣该题总分的50%;造成不良后果,该题不得分 5. 操作结束后,应有汇报、记录,否则该题扣1~4分 6. 故障分析判断错误,该题不得分,如故障分析不全面、不准确,但不影响事故处理,扣该题总分的50%;如因故障分析不全面、不准确而导致事故扩大,该题不得分 7. 对操作过程中违反安全规程及运行规程的,不得分

行业：电力行业　　工种：集控值班员　　等级：中级、高级、技师

编　号	C34C075	行为领域	e	鉴定范围	6
考核时限	30min	题　型	C	题　分	50
试题正文	锅炉 400V 1A 母线故障				
需要说明的问题和要求	1. 要求单独进行操作处理 2. 现场就地操作演示，不得触动运行设备 3. 在仿真机上操作，按仿真机运行规程考核 4. 万一遇生产事故，立即停止考核，退出现场 5. 结合本单位现场实际处理				
工具、材料、设备、场地	现场设备或仿真机				
处理要点	1. 确认柴油机启动并向保安 PC 1A 段母线供电 2. 立即投入 F、D 的点火油枪，B 层 2 对启动油枪，保持燃烧稳定 3. 检查相关设备联启 4. 监视运行辅机情况 5. 查保护动作情况，判断故障原因				

	序号	项　目　名　称
评 分 标 准	1	现象
	1.1	DCS 声光报警：锅炉 PC 1A 段失电
	1.2	400V 1A 段母线工作进线开关保护动作信号发出，开关跳闸
	1.3	400V 1A 段母线上运行设备跳闸
	1.4	柴油机启动并向保安 PC 1A 段母线供电
	2	处理
	2.1	确认柴油机启动并向保安 PC 1A 段母线供电
	2.2	检查 A、B、C 磨煤机跳闸，立即投入 F、D 的点火油枪及 B 层 2 对启动油枪，保持燃烧稳定（视汽温变化情况投入 A 层启动油枪）
	2.3	解除 FM 自动，调节 F、D 磨煤机的出力，保证每台磨煤机煤量不超过 56.8t/h；保持汽机调门开度 85%～90%
	2.4	检查密封风机 B、火检风机 B 联启正常
	2.5	检查空预器 A 主、辅电动机失电跳闸，A 一次风机、A 送风机联跳，其出口挡板动关。将 A 一次风机、A 送风机动叶关到 0
	2.6	复置空预器 A 辅电动机后启动 A 辅电动机

	序号	项 目 名 称
评分标准	2.7	检查小机 A 直流油泵运行，将其停运，投入小机 A 主油泵备用
	2.8	启动引风机 A、B 的一台轴冷风机
	2.9	启动磨煤机 A、B、C 润滑油泵
	2.10	监视氧量正常，在调节过程中注意保证送风机电流不超过 127A
	2.11	检查一次风压力正常，注意一次风机电流不能超过 283A
	2.12	检查引风机入口挡板自动调节正常，保证炉膛负压正常，保证引风机电流不能超过 373A
	2.13	检查跳闸磨煤机冷、热隔门自动关闭，将停运磨煤机的二次风挡板关小至 50%（有启动枪运行开至 100%）
	2.14	检查报警，判断为 400V 锅炉 1A 段母线故障，派人就地检查故障母线有无明显故障点。不得强合联络开关
	2.15	通知检修检查、处理
	质量要求	1. 严格执行集控运行规程规定 2. 操作顺序不准颠倒或漏项 3. 操作完毕，应及时向上级汇报并记录
	得分或扣分	1. 操作顺序颠倒扣 1～4 分，如因操作颠倒导致无法继续，该题不得分 2. 操作漏项扣 1～4 分，如因漏项使操作必须重新开始，但不导致不良后果的，扣该题总分的 50%；如导致不良后果的，该题不得分 3. 每项操作后必须检查操作结果，再开始下一步操作，否则扣 1～4 分 4. 因误操作致使过程延误，但不造成不良后果的，扣该题总分的 50%；造成不良后果的，该题不得分 5. 操作结束后，应有汇报、记录，否则该题扣 1～4 分 6. 故障分析判断错误，该题不得分，如故障分析不全面、不准确，但不影响事故处理，扣该题总分的 50%；如因故障分析不全面、不准确而导致事故扩大，该题不得分 7. 对操作过程中违反安全规程及运行规程的，不得分

行业：电力行业　　工种：集控值班员　　等级：中级、高级、技师

编　号	C34C076		行为领域	e	鉴定范围	6
考核时限	30min		题　型	C	题　分	50
试题正文	汽轮机 400V 1A 段母线故障					
需要说明的问题和要求	1. 要求单独进行操作处理 2. 现场就地操作演示，不得触动运行设备 3. 在仿真机上操作，按仿真机运行规程考核 4. 万一遇生产事故，立即停止考核，退出现场 5. 结合本单位现场实际处理					
工具、材料、设备、场地	现场设备或仿真机					
处理要点	1. 检查有关设备失电跳闸 2. 检查保护动作情况 3. 注意主机真空情况，根据真空情况带负荷 4. 派人对汽机 400V 1A 段母线进行外部检查，查找故障原因，通知检修，汇报相关领导					

<table>
<tr><td rowspan="18">评
分
标
准</td><td>序号</td><td colspan="5">项　目　名　称</td></tr>
<tr><td>1</td><td colspan="5">现象</td></tr>
<tr><td>1.1</td><td colspan="5">DCS 声光报警：400V A 汽机 PC 失电</td></tr>
<tr><td>1.2</td><td colspan="5">汽机 400V 1A 段母线工作进线开关保护动作跳闸</td></tr>
<tr><td>1.3</td><td colspan="5">汽机 400V 1A 段母线失电，运行设备跳闸</td></tr>
<tr><td>2</td><td colspan="5">处理</td></tr>
<tr><td>2.1</td><td colspan="5">检查下列设备失电跳闸：主机油箱排烟风机 A、空侧密封油箱排烟风机 A、轴加风机 A、闭冷泵 A、真空泵 A、定冷泵 A、EH 油泵 A、凝补水泵 A 失电</td></tr>
<tr><td>2.2</td><td colspan="5">检查下列设备自启动正常：主机油箱排烟风机 B、轴加风机 B、定冷泵 B、闭冷泵 B、真空泵 C</td></tr>
<tr><td>2.3</td><td colspan="5">检查 400V 汽机 PC 1A 段母线工作进线开关保护动作跳闸，判断为 400V 汽机 PC 1A 段母线故障；禁止强合汽机 400V 1A、1B 段联络开关</td></tr>
<tr><td>2.4</td><td colspan="5">派人对汽机 400V 1A 段母线进行外部检查，查找故障原因</td></tr>
<tr><td>2.5</td><td colspan="5">通知检修检查、处理</td></tr>
<tr><td>质量要求</td><td colspan="5">1. 严格执行集控运行规程规定
2. 操作顺序不准颠倒或漏项
3. 操作完毕，应及时向上级汇报并记录</td></tr>
<tr><td>得分或扣分</td><td colspan="5">1. 操作顺序颠倒扣 1～4 分，如因操作颠倒导致无法继续的，该题不得分
2. 操作漏项扣 1～4 分，如因漏项使操作必须重新开始，但不导致不良后果的，扣该题总分的 50%；如导致不良后果，该题不得分
3. 每项操作后必须检查操作结果，再开始下一步操作，否则扣 1～4 分
4. 因误操作致使过程延误，但不造成不良后果的，扣该题总分的 50%；造成不良后果的，该题不得分
5. 操作结束后，应有汇报、记录，否则该题扣 1～4 分
6. 故障分析判断错误，该题不得分，如故障分析不全面、不准确，但不影响事故处理，扣该题总分的 50%；如因故障分析不全面、不准确而导致事故扩大，该题不得分
7. 对操作过程中违反安全规程及运行规程的，不得分</td></tr>
</table>

324

行业：电力行业　　工种：集控值班员　　等级：中级、高级、技师

编　　号	C34C077	行为领域	e	鉴定范围	6
考核时限	30min	题　　型	C	题　　分	50
试题正文	发电机失磁				

需要说明的问题和要求	1. 要求单独进行操作处理 2. 现场就地操作演示，不得触动运行设备 3. 在仿真机上操作，按仿真机运行规程考核 4. 万一遇生产事故，立即停止考核，退出现场 5. 结合本单位现场实际处理
工具、材料、设备、场地	现场设备或仿真机
处理要点	1. 发电机跳闸后，检查厂用电系统正常 2. 锅炉 MFT 后系统联动正常 3. 汽轮机跳闸后系统联动正常 4. 检查电气保护动作情况，就地检查发电机本体及励磁系统、励磁调节系统有无明显故障象征

	序号	项　目　名　称
评 分 标 准	1	现象
	1.1	发电机失磁保护动作报警
	1.2	发电机跳闸
	1.3	汽轮机跳闸
	1.4	锅炉 MFT
	2	处理
	2.1	检查确认发电机跳闸，汽机跳闸，锅炉 MFT 动作
	2.2	确认厂用电切换、运行正常
	2.3	检查汽机转速下降，确认高中压主汽门、调门、高排逆止门关闭，检查各抽汽逆止门及电动门关闭，否则手动关闭。汽机本体及主再热汽管道、抽汽管道疏水门开启，否则手动开启
	2.4	检查所有磨煤机、给煤机跳闸，两台一次风机跳闸，两台密封风机跳闸，燃油跳闸阀关闭，小汽机跳闸，检查锅炉过再热器减温水总门联关，否则手动处理

	序号	项　目　名　称
	2.5	检查润滑油压正常，2850r/min汽机交流润滑油泵及氢密封油泵自启动、1500r/min顶轴油泵自启动，否则手动处理，转速到0投主机盘车。投入小机盘车
	2.6	保持30%~40%风量对锅炉进行吹扫
	2.7	检查电气保护动作情况，就地检查发电机本体、励磁系统以及励磁调节系统有无明显故障象征
	2.8	通知检修检查、处理
评分标准	质量要求	1. 严格执行集控运行规程规定 2. 操作顺序不准颠倒或漏项 3. 操作完毕，应及时向上级汇报并记录
	得分或扣分	1. 操作顺序颠倒扣1~4分，如因操作颠倒导致无法继续的，该题不得分 2. 操作漏项扣1~4分，如因漏项使操作必须重新开始，但不导致不良后果的，扣该题总分的50%；如导致不良后果的，该题不得分 3. 每项操作后必须检查操作结果，再开始下一步操作，否则扣1~4分 4. 因误操作致使过程延误，但不造成不良后果的，扣该题总分的50%；造成不良后果的，该题不得分 5. 操作结束后，应有汇报、记录，否则该题扣1~4分 6. 故障分析判断错误，该题不得分，如故障分析不全面、不准确，但不影响事故处理，扣该题总分的50%；如因故障分析不全面、不准确而导致事故扩大，该题不得分 7. 对操作过程中违反安全规程及运行规程的，不得分

行业：电力行业　　工种：集控值班员　　等级：中级、高级、技师

编　　号	C34B078	行为领域	e	鉴定范围	6
考核时限	30min	题　型	B	题　分	50
试题正文	发电机振荡				

需要说明的问题和要求	1. 要求单独进行操作处理 2. 现场就地操作演示，不得触动运行设备 3. 在仿真机上操作，按仿真机运行规程考核 4. 万一遇生产事故，立即停止考核，退出现场 5. 结合本单位现场实际处理
工具、材料、设备、场地	现场设备或仿真机
处理要点	1. 手动降低负荷至 450～500MW 2. 适当增加发电机无功 3. 待发电机振荡消失后，增带机组负荷

	序号	项　目　名　称
评分标准	1	现象
	1.1	电气光字牌报警：发电机过励限制；发电机低励限制；发电机强励限制；发电机 PSS（电力系统稳定器）限制；发电机励磁系统报警
	1.2	发电机有功、无功大幅摆动；励磁电流、电压在正常值附近摆动
	1.3	发电机定子电压剧烈摆动；系统电压剧烈波动
	2	处理
	2.1	根据报警，能判断出发电机发生振荡
	2.2	手动降低机组负荷至 450～500MW 之间，适当增加发电机无功
	2.3	待发电机振荡报警消失后，增带机组负荷
	2.4	处理过程中，保证机组各系统运行正常
	质量要求	1. 严格执行集控运行规程规定 2. 操作顺序不准颠倒或漏项 3. 操作完毕，应及时向上级汇报并记录
	得分或扣分	1. 操作顺序颠倒扣 1～4 分，如因操作颠倒导致无法继续的，该题不得分 2. 操作漏项扣 1～4 分，如因漏项使操作必须重新开始，但不导致不良后果的，扣该题总分的 50%；如导致不良后果的，该题不得分 3. 每项操作后必须检查操作结果，再开始下一步操作，否则扣 1～4 分 4. 因误操作致使过程延误，但不造成不良后果的，扣该题总分的 50%；造成不良后果的，该题不得分 5. 操作结束后，应有汇报、记录，否则该题扣 1～4 分 6. 故障分析判断错误，该题不得分，如故障分析不全面、不准确，但不影响事故处理，扣该题总分的 50%；如因故障分析不全面、不准确而导致事故扩大，该题不得分 7. 对操作过程中违反安全规程及运行规程的，不得分

行业：电力行业　　工种：集控值班员　　等级：中级、高级、技师

编　　号	C34A079	行为领域	e	鉴定范围	6
考核时限	30min	题　　型	A	题　　分	50
试题正文	发电机低励				
需要说明的问题和要求	1. 要求单独进行操作处理 2. 现场就地操作演示，不得触动运行设备 3. 在仿真机上操作，按仿真机运行规程考核 4. 万一遇生产事故，立即停止考核，退出现场 5. 结合本单位现场实际处理				
工具、材料、设备、场地	现场设备或仿真机				
处理要点	1. 及时发现判断为发电机低励 2. 通过手动增加励磁，恢复机组正常参数，避免设备损坏				

评分标准	序号	项　目　名　称
	1	现象
	1.1	保护光字牌报警；发电机低励限制；励磁系统报警
	1.2	发电机出口电压及厂用 6kV、0.4kV 母线电压降低
	1.3	发电机励磁电压、电流不正常降低，无功变负
	2	处理
	2.1	根据故障现象及时判断发电机低励
	2.2	注意检查发电机出口电压、厂用电压不低于额定值的95%，否则手动增加励磁电流，维持电压在正常范围，发电机低励限制报警消除
	2.3	检查发电机无功功率是否进相，若为进相运行，则应检查端部铁芯及磁屏蔽温度不超温
	2.4	联系检修查找低励原因
	质量要求	1. 严格执行集控运行规程规定 2. 操作顺序不准颠倒或漏项 3. 操作完毕，应及时向上级汇报并记录
	得分或扣分	1. 操作顺序颠倒扣 1～4 分，如因操作颠倒导致无法继续，该题不得分 2. 操作漏项扣 1～4 分，如因漏项使操作必须重新开始，但不导致不良后果的，扣该题总分的50%；如导致不良后果的，该题不得分 3. 每项操作后必须检查操作结果，再开始下一步操作，否则扣 1～4 分 4. 因误操作致使过程延误，但不造成不良后果的，扣该题总分的50%；造成不良后果的，该题不得分 5. 操作结束后，应有汇报、记录，否则该题扣 1～4 分 6. 故障分析判断错误，该题不得分，如故障分析不全面、不准确，但不影响事故处理，扣该题总分的50%；如因故障分析不全面、不准确而导致事故扩大，该题不得分 7. 对操作过程中违反安全规程及运行规程的，不得分

行业：电力行业　　工种：集控值班员　　等级：中级、高级、技师

编　　号	C34B080	行为领域	e	鉴定范围	6
考核时限	30min	题　型	C	题　　分	50
试题正文	发电机变电动机运行				
需要说明的问题和要求	1. 要求单独进行操作处理 2. 现场就地操作演示，不得触动运行设备 3. 在仿真机上操作，按仿真机运行规程考核 4. 万一遇生产事故，立即停止考核，退出现场 5. 结合本单位现场实际处理				
工具、材料、设备、场地	现场设备或仿真机				
处理要点	1. 确认 MFT 动作，确认汽轮机跳闸 2. 检查发现发电机未解列，确认发电机变电动机运行，手拉开 GEN EXCITATOR SYS 画面发电机出口开关 3. 机、炉跳闸后的相关操作				

评分标准	序号	项　目　名　称
	1	现象
	1.1	锅炉 MFT，汽机跳闸
	1.2	发电机有功负值
	1.3	逆功率保护拒动，发电机未解列，发电机变电动机运行
	2	处理
	2.1	及时发现汽轮机跳闸发电机未解列，确认发电机有功负值，判断发电机变电动机运行
	2.2	将发电机无功功率降至接近零，手动拉开 GEN EXCITATOR SYS 画面发电机出口开关
	2.3	确认厂用电正常
	2.4	检查所有磨煤机、给煤机跳闸，两台一次风机跳闸，两台密封风机跳闸，启动油、点火油速关阀关闭，小汽机跳闸，检查锅炉过再热器减温水总门联关，否则手动处理

	序号	项　目　名　称
	2.5	检查汽机跳闸，转速下降，确认高中压主汽门、调门、高排逆止门关闭，检查各抽汽逆止门及电动门关闭，否则手动关闭。汽机本体及主再热汽管道、抽汽管道疏水门开启，否则手动开启
	2.6	检查润滑油压正常，2850r/min 汽机交流润滑油泵及氢密封油泵自启动、1500r/min 顶轴油泵自启动，否则手动处理，转速到 0 投主机盘车。投入小机盘车
	2.7	保持 30%～40%风量对锅炉进行吹扫
	2.8	通知有关人员查找机组跳闸原因及逆功率保护拒动原因
评分标准	质量要求	1. 严格执行集控运行规程规定 2. 操作顺序不准颠倒或漏项 3. 操作完毕，应及时向上级汇报并记录
	得分或扣分	1. 操作顺序颠倒扣 1～4 分，如因操作颠倒导致无法继续的，该题不得分 2. 操作漏项扣 1～4 分，如因漏项使操作必须重新开始，但不导致不良后果的，扣该题总分的 50%；如导致不良后果的，该题不得分 3. 每项操作后必须检查操作结果，再开始下一步操作，否则扣 1～4 分 4. 因误操作致使过程延误，但不造成不良后果的，扣该题总分的 50%；造成不良后果的，该题不得分 5. 操作结束后，应有汇报、记录，否则该题扣 1～4 分 6. 故障分析判断错误，该题不得分，如故障分析不全面、不准确，但不影响事故处理，扣该题总分的 50%；如因故障分析不全面、不准确而导致事故扩大，该题不得分 7. 对操作过程中违反安全规程及运行规程的，不得分

行业：电力行业　　　工种：集控值班员　　　等级：高级、技师

编　号	C23C081	行为领域	e	鉴定范围	6
考核时限	60min	题　型	C	题　分	50
试题正文	交流不停电电源装置（UPS）失电处理				
需要说明的问题和要求	1. 要求单独进行操作处理 2. 现场就地操作演示，不得触动运行设备 3. 在仿真机上操作，按仿真机运行规程考核 4. 万一遇生产事故，立即停止考核，退出现场 5. 结合本单位现场实际处理				
工具、材料、设备、场地	现场设备或仿真机				
评分标准	序号	项　目　名　称			
	1	现象 UPS 由于某种原因故障造成输出电源中断，UPS 母线失电后，造成热工电源失去，炉 MFT，汽轮机跳闸，发电机变压器组跳闸，BTG 盘电气侧光字牌电源将失去，所有电气变压器辅助电源失去，CD 台及 BTG 屏上相应表计均指示到机械零位，OS、IS 均失电，CD 台所有开关的红绿灯指示灭			
	2	处理			
	2.1	汽轮机方面：			
	2.1.1	确认大、小机跳闸，转速连续下降			
	2.1.2	立即在 BTG 屏上紧急启动主机交流润滑油泵、主机直流润滑油泵及主机高压备用密封油泵，并派人到就地检查运行是否正常，如远方启动失败，则迅速将主机直流润滑油泵就地控制箱内的"REMOTE/OFF/LOCAL"切换开关切至"LOCAL"位置，就地启动主机直流润滑油泵正常，防止主机断油烧瓦。同时迅速至开关室将保安段上主机交流润滑油泵、主机高压备用密封油泵的"REMOTE/OFF/LOCAL"切换小开关切至"LOCAL"位置，在开关室启动主机交流润滑油泵和主机高压备用密封油泵。如此时大、小机顶轴油泵尚未开启，亦可于开关室紧急启动，同时集控人员在 BTG 盘上尽快开启主机顶轴油泵，检查空、氢侧交流密封油泵运行正常，如 380V 汽轮机公用 MCC 失电，则应在 BTG 盘上开启主机空侧直流密封油泵，或将主机空侧直流密封油泵就地控制箱内的"REMOTE/OFF/LOCAL"切换小开关切至"LOCAL"位置启动，防止发电机氢气泄漏（必要时可考虑紧急排氢）			
	2.1.3	检查两台小机 BTG 盘上工作主油泵红灯亮，在 BTG 盘上开启两台小机的备用主油泵，去保安段开关室将两台小机的顶轴油泵 A、B 开启，就地检查各油泵运行正常，如保安段电源失去，则在小机直流油泵就地控制箱内的"REMOTE/OFF/LOCAL"切换小开关切至"LOCAL"位置，就地启动小机直流油泵			
	2.1.4	检查闭冷泵运行应正常，否则应在 BTG 盘启动事故停机水泵			
	2.1.5	检查汽轮机其他辅助设备的运行情况应正常			
	2.2	电气方面：			
	2.2.1	首先确认发电机逆功率保护动作正确，主变压器 220kV 断路器跳闸、灭磁开关跳闸。集控室内确认断路器跳闸的方法为检查 DEH 盘上汽轮机转速指示下降，并立即询问网控值班人员，其控制屏上主变压器 220kV 断路器绿灯亮、红灯灭，相应电流表、有功表及无功表指示为零，同时派人到继电保护室内检查 41MK 已跳闸，逆功率保护已动作出口。如发现发电机逆功率保护拒动，可以使用 BTG 屏上的电气紧急停机开关进行应急处理			

	序号	项 目 名 称
评 分 标 准	2.2.2	此时如查明 6kV 备用电源自投成功（BTG 盘上 6kV 工作进线断路器绿灯亮，6kV 备用进线断路器红灯亮），还必须检查 380V 保安段仍由 A（或 B）工作变压器供电正常，立即派人去 UPS 室检查 UPS 控制面板上的报警信号，检查 UPS 母线失电原因，同时检查主路、旁路和直流电源的供电情况，确认故障设备并隔离排除后，可重新启动 UPS，尽量考虑抓紧恢复 UPS 母线供电。最后复位 BTG 盘上有关开关至对应位置，但必须得到集控长同意，且两人同时进行，正确核对设备，切勿搞错方向，以防厂用电重新失去
	2.2.3	此时如查明 6kV 备用电源只有一段自投时，要抢送备用电源断路器必须先确认该段母线低电压保护已动作，有关辅机均已跳闸后进行，并先确认母线确无故障迹象，工作进线断路器已断开，再抢送备用进线断路器（抢送时必须将 6kV 厂用系统同期闭锁 STK 切至停用，备用进线同期断路器 TK 切至投入位置，厂用同期表显示单侧有电）。如为 6kVA 未自投，则应查明 380V 保安段已切至工作变压器 B 供电，6kV 公用段母联断路器自投正确，以防影响另一台机组。如 6kV 两段均未自投，则首先要确认保安段柴油机自投是否成功（保安段柴油机进线断路器红灯亮），再设法用 6kV 备用进线断路器恢复对 6kV 母线供电。如不成功，则在 BTG 盘上紧急启动柴油机供电，如远方失败，一方面去柴油机就地控制箱上紧急启动柴油机，另一方面马上设法至少先恢复 6kV、380V 工作段一段母线供电，恢复保安段正常供电
	2.2.4	当大、小机直流油泵及空侧直流密封油泵工作时，须对 DC230V 母线电压加强监视，适当调整充电器充电电流，维持 DC230V 母线电压正常，必要时检查 1、2 号机 230V 直流母线符合联络条件后，可将 1、2 号机 230V 直流母线联络断路器改运行，保证直流用户供电正常
	2.3	锅炉方面：
	2.3.1	立即检查进入锅炉的所有燃料已全部切断，锅炉确已熄火（可从锅炉火焰 TV、锅炉侧有关光字牌、锅炉炉膛本体等综合判断）。检查磨煤机、一次风机已全部停运，否则手动用事故按钮停运。检查炉水泵是否停运，如未停运可去 380V 开关室手动停动（如闭冷水系统运行正常，锅炉汽包水位正常，炉水泵电动机腔温度正常时可暂不停炉水泵）。并密切注意炉水泵电动机腔温度。检查空气预热器、引、送风机是否正常，必要时可以停止运行。并将空气预热器扇形板撤出
	2.3.2	检查汽包水位是否正常，待 UPS 电源恢复后可用电泵对炉子进行上水，防止锅炉长时间缺水
	质量 要求	1. 严格执行集控运行规程规定 2. 操作顺序不准颠倒或漏项 3. 操作完毕，应及时向上级汇报并记录
	得分 或 扣分	1. 操作顺序颠倒扣 1～10 分。如因操作颠倒导致无法继续，该题不得分 2. 操作漏项扣 1～10 分。如因漏项使操作必须重新开始，但不导致不良后果，扣该题总分的 50%；如导致不良后果，该题不得分 3. 每项操作后必须检查操作结果，再开始下一步操作，否则扣 1～10 分 4. 因误操作致使过程延误，但不造成不良后果，扣该题总分的 50%；造成不良后果，该题不得分 5. 操作结束后，应有汇报、记录，否则该题扣 1～10 分 6. 故障分析判断错误，该题不得分。如故障分析不全面、不准确，但不影响事故处理，扣该题总分的 50%；如因故障分析不全面、不准确而导致事故扩大，该题不得分 7. 对操作过程中违反安全规程及运行规程的，不得分

编　号	C03C082	行为领域	e	鉴定范围	6
考核时限	60min	题　型	C	题　分	50
试题正文	发电机变压器组出口断路器跳闸处理				
需要说明的问题和要求	1. 要求单独进行操作处理 2. 现场就地操作演示，不得触动运行设备 3. 在仿真机上操作，按仿真机运行规程考核 4. 万一遇生产事故，立即停止考核，退出现场 5. 结合本单位现场实际处理				
工具、材料、设备、场地	现场设备或仿真机				

	序号	项　目　名　称
评 分 标 准	1	现象
	1.1	电气 BTG 屏上"××保护动作"光字牌报警
	1.2	CD 台上主变压器 220kV 断路器、磁场断路器 41MK 跳闸，相应绿灯亮
	1.3	发电机三相电流表、定子电压表指示为零
	1.4	6kV 母线工作进线断路器跳闸，相应的备用进线断路器自动合闸
	1.5	汽轮机脱扣，转速下降
	1.6	启动发电机变压器组失灵保护
	1.7	启动 SOE 记录
	2	处理
	2.1	确认 6kV 母线备用进线断路器自投成功，若自投不成功，则按有关厂用电事故处理原则进行处理
	2.2	确认主变压器 220kV 断路器三相确已跳闸，磁场灭磁开关已跳闸，否则手动处理；确认汽轮机确已脱扣，转速下降，交流润滑油泵已自启，油压正常，否则手动启动

	序号	项 目 名 称
评 分 标 准	2.3	监视汽轮机惰走过程中各参数应无异常,顶轴油泵启动及盘车投入应正常
	2.4	若查为主变压器220kV断路器偷跳引起,应用发电机紧急解列断路器及时启动发电机变压器组保护出口继电器,进行厂用电切换及灭磁、关主汽门,并应注意6kV厂用电应自投成功,若自投不成功,则按有关厂用电事故处理原则进行处理
	2.5	立即查明保护动作情况,做好记录,复归保护掉牌,并对发电机变压器组及其有关设备作详细的外部检查,查明有无外部故障症状
	2.6	查明事故原因,故障排除后,汇报值长重新并网,若为发电机内部故障,则应将机组改检修状态后进行检查
	2.7	如发现属人为误动作引起,则应立即将发电机并入电网
	质量 要求	1. 严格执行集控运行规程规定 2. 操作顺序不准颠倒或漏项 3. 操作完毕,应及时向上级汇报并记录
	得分 或 扣分	1. 操作顺序颠倒扣1~10分。如因操作颠倒导致无法继续的,该题不得分 2. 操作漏项扣1~10分。如因漏项使操作必须重新开始,但不导致不良后果的,扣该题总分的50%;如导致不良后果的,该题不得分 3. 每项操作后必须检查操作结果,再开始下一步操作,否则扣1~10分 4. 因误操作致使过程延误,但不造成不良后果的,扣该题总分的50%;造成不良后果的,该题不得分 5. 操作结束后,应有汇报、记录,否则该题扣1~10分 6. 故障分析判断错误,该题不得分。如故障分析不全面、不准确,但不影响事故处理,扣该题总分的50%;因故障分析不全面、不准确而导致事故扩大,该题不得分 7. 对操作过程中违反安全规程及运行规程的,不得分

行业：电力行业　　工种：集控值班员　　等级：中级

编　　号	C02C083	行为领域	e	鉴定范围	6
考核时限	30min	题　　型	C	题　分	50
试题正文	机组甩全负荷处理				
需要说明的问题和要求	1. 要求单独进行操作处理 2. 现场就地操作演示，不得触动运行设备 3. 在仿真机上操作，按仿真机运行规程考核 4. 万一遇生产事故，立即停止考核，退出现场 5. 结合本单位现场实际处理				
工具、材料、设备、场地	现场设备或仿真机				

评分标准	序号	项　目　名　称
	1	现象
	1.1	机声突变，负荷到零
	1.2	汽轮机脱扣、发电机断路器跳闸报警
	1.3	主汽阀、调速汽阀关闭、开度指示到零，转速上升后又下降
	1.4	抽汽逆止阀及电动阀关闭
	1.5	调节级压力到零
	1.6	高、低压旁路开启
	1.7	如机组当时负荷大于30%，则MFT动作
	1.8	如机组跳闸后，炉MFT未动，则汽压、汽温猛升，汽包水位先下降后上升，电磁泄放阀动作
	2	处理
	2.1	机组全甩负荷时，汽轮机按"不破坏真空紧急停机操作步骤"进行处理
	2.2	机组全甩负荷后转速连续上升，则按"破坏真空紧急停机操作步骤"处理
	2.3	电气按"发电机变压器组跳闸步骤"进行处理
	2.4	若甩负荷前机组负荷＞30%，锅炉MFT，按MFT动作处理，如MFT未动作，则手动MFT，紧急停炉

	序号	项 目 名 称
评分标准	2.5	若甩负荷前机组负荷<30%，由于发电机变压器组断路器跳闸引起汽轮机主汽门关闭，锅炉可继续维持运行，但应作如下处理
	2.6	汽轮机高、低压旁路自动开启，以维持主汽压力
	2.7	如旁路投入后，主汽压力仍升高，应投油助燃，并停用制粉系统，保持燃烧稳定，维持主汽压力正常
	2.8	降低给泵转速，控制汽包水位正常
	2.9	检查炉水泵振动、差压、电流及电动机腔温度应正常
	2.10	如汽轮机旁路拒动，锅炉 MFT，按 MFT 动作处理
	2.11	恢复时升负荷速度不大于 5MW/min
	2.12	机组跳闸原因不明，短期不能恢复，应停炉
	2.13	在处理过程中，如调整不当造成 MFT，应按 MFT 动作处理
	2.14	若保护动作引起，应查明故障原因，并通知检修有关专业处理，待故障排除或经总工程师批准后方可重新启动恢复机组运行
	2.15	若由于运行人员误操作引起，则联系值长尽快恢复机组运行
	质量要求	1. 严格执行集控运行规程规定 2. 操作顺序不准颠倒或漏项 3. 操作完毕，应及时向上级汇报并记录
	得分或扣分	1. 操作顺序颠倒扣 1～10 分。如因操作颠倒导致无法继续的，该题不得分 2. 操作漏项扣 1～10 分。如因漏项使操作必须重新开始，但不导致不良后果的，扣该题总分的 50%；如导致不良后果，该题不得分 3. 每项操作后必须检查操作结果，再开始下一步操作，否则扣 1～10 分 4. 因误操作致使过程延误，但不造成不良后果的，扣该题总分的 50%；造成不良后果的，该题不得分 5. 操作结束后，应有汇报、记录，否则该题扣 1～10 分 6. 故障分析判断错误，该题不得分。如故障分析不全面、不准确，但不影响事故处理，扣该题总分的 50%；如因故障分析不全面、不准确而导致事故扩大，该题不得分 7. 对操作过程中违反安全规程及运行规程的，不得分

行业：电力行业　　工种：集控值班员　　等级：技师、高级技师

编　号	C12C084	行为领域	e	鉴定范围	6
考核时限	60min	题　型	C	题　分	50
试题正文	厂用电全部中断处理				
需要说明的问题和要求	1. 要求单独进行操作处理 2. 现场就地操作演示，不得触动运行设备 3. 在仿真机上操作，按仿真机运行规程考核 4. 万一遇生产事故，立即停止考核，退出现场 5. 结合本单位现场实际处理				
工具、材料、设备、场地	现场设备或仿真机				

	序号	项　目　名　称
评分标准	1	现象
	1.1	交流照明熄灭，控制室骤暗
	1.2	锅炉MFT动作，汽轮机跳闸，发电机跳闸
	1.3	所有运行的交流电动机停转，备用交流电动机不联动，各电流表指示到零。主机及小机直流润滑油泵、空侧直流密封油泵自启动
	1.4	柴油机发电机组自启动
	2	处理
	2.1	厂用电全部中断后，应检查大、小机跳闸，转速下降，否则应手动停机
	2.2	锅炉按MFT动作处理
	2.3	检查发电机变压器组逆功率保护是否正确动作，如未动作，则应用发电机紧急停机断路器（或手拉灭磁开关）启动发电机变压器组保护停机
	2.4	立即检查并启动主机及小机直流润滑油泵、空侧直流密封油泵运行正常
	2.5	迅速检查6kV母线备用电源是否自投，若未自投，在查明6kV母线备用电源无故障信号发出，并且6kV母线无故障信号发出，6kV母线低电压保护已动作跳闸，可用6kV备用电源抢送一次，抢送正常后，汇报值长，听候处理；若6kV母线备用电源有故障信号发出或6kV母线有故障迹象时，必须汇报有关领导，故障消除后经上级有关人员通知方可试送
	2.6	检查柴油机应自启成功，否则应立即查明原因并手动启动，确保保安段母线供电正常
	2.7	6kV A段母线失电后，应立即查明6kV公用段对应的工作电源应跳闸，6kV公用段母联断路器应自投成功，否则应立即设法恢复6kV公用段失电母线的供电，以保证外围系统的正常供电

	序号	项 目 名 称
评 分 标 准	2.8	检查事故停机泵启动正常，炉水泵、大、小机冷却器冷却水供水正常，温度无异常升高现象
	2.9	检查高、低压旁路不应打开，否则应立即手动关闭
	2.10	严禁向凝汽器内排汽疏水，关闭主、再热蒸汽管道疏水阀。当仪用空气同时失去时为防止低压缸防爆膜冲破，应立即关闭高压主汽门上游各疏水手动隔离阀
	2.11	厂用电失去后，仪用空气将失去，因此在不影响邻机运行的前提下，应尽快恢复仪用空气
	2.12	厂用电失去后，公用闭冷水用户将失去，应将这些用户倒至邻机供应
	2.13	检查各抽汽逆止阀应关闭
	2.14	解除各辅机连锁，撤出各自动调节
	2.15	对机组进行全面检查，注意监视大、小机润滑油压力、温度及各轴承金属温度，否则应破坏真空紧急停机
	2.16	注意监视凝汽器排汽温度，在排汽温度未降至 50℃ 以下时，禁止启动循泵向凝汽器通循环水
	2.17	当厂用电中断，保安段母线失电短时无法恢复正常供电时，应立即进行发电机排氢工作，防止氢气外泄而发生爆炸
	2.18	及时投入大、小机连续盘车。如保安段母线失电，应对大、小机进行定期手动盘车，直至保安段母线恢复正常供电后，按规定投入连续盘车
	2.19	在厂用电恢复前，应坚持对空气预热器进行手动盘车
	2.20	待厂用电恢复后，及时投用各辅机，根据热态启动要求机组重新启动
	质量 要求	1. 严格执行集控运行规程规定 2. 操作顺序不准颠倒或漏项 3. 操作完毕，应及时向上级汇报并记录
	得分 或 扣分	1. 操作顺序颠倒扣 1～10 分。如因操作颠倒导致无法继续的，该题不得分 2. 操作漏项扣 1～10 分。如因漏项使操作必须重新开始，但不导致不良后果的，扣该题总分的 50%；如导致不良后果的，该题不得分 3. 每项操作后必须检查操作结果，再开始下一步操作，否则扣 1～10 分 4. 因误操作致使过程延误，但不造成不良后果的，扣该题总分的 50%；造成不良后果的，该题不得分 5. 操作结束后，应有汇报、记录，否则该题扣 1～10 分 6. 故障分析判断错误，该题不得分。如故障分析不全面、不准确，但不影响事故处理，扣该题总分的 50%；如故障分析不全面、不准确而导致事故扩大，该题不得分 7. 对操作过程中违反安全规程及运行规程的，不得分

行业：电力行业　　工种：集控值班员　　等级：技师、高级技师

编　号	C12C085	行为领域	e	鉴定范围	1
考核时限	60min	题　型	C	题　分	50
试题正文	380V 保安段母线失电处理				
需要说明的问题和要求	1. 要求单独进行操作处理 2. 现场就地操作演示，不得触动运行设备 3. 在仿真机上操作，按仿真机运行规程考核 4. 万一遇生产事故，立即停止考核，退出现场 5. 结合本单位现场实际处理				
工具、材料、设备、场地	现场设备或仿真机				

评分标准	序号	项　目　名　称
	1	现象
	1.1	380V 保安段母线电压表指示为零
	1.2	380V 保安段上运行辅机跳闸
	1.3	锅炉 MFT、汽轮机跳闸、发电机变压器组跳闸
	1.4	厂用电自投
	2	处理
	2.1	确认大、小机跳闸，转速下降、应立即启动大、小机直流油泵
	2.2	检查炉 MFT 动作且联动正常
	2.3	检查电气发电机变压器组跳闸，备用电源自投正常，如除保安段母线外，其他母线供电正常，检查 UPS 由直流（或旁路）供电正常
	2.4	立即检查 380V 保安段母线有无短路故障，若发现母线故障，则不得强行送电，应将故障母线隔离，包括将双电源回路的供电设备开关（如交流事故照明、电动阀门柜等）拉至检修位置，以防倒充电，联系检修处理
	2.5	确认 380V 保安段母线无故障，应尽快恢复供电
	2.6	若 380V 工作段有电，确认 380V 保安段母线无电压且保安段进线断路器 A、B 及保安段柴油机进线断路器确已断开，用 380V 保安段 A（B）进线断路器对 380V 保安段母线进行试送电

	序号	项 目 名 称
评分标准	2.7	若为 380V 厂用工作母线全部失电引起 380V 保安段母线失电时,则应在 BTG 屏上紧急启动柴油发电机组,确认 380V 保安段母线无电压,检查保安段进线断路器 A、B 确已断开,合上 380V 保安段柴油机进线断路器对母线进行充电。若启动失败应立即到就地紧急启动柴油发电机组(先将启动方式选择开关由"自动"切至"手动"位置并复归有关报警信号),待柴油发电机组启动成功后,检查其出口断路器应自动合上,否则应检查保安段柴油机进线断路器确已断开及 380V 保安段母线无电压,手动合上柴油机出口断路器,最后合上 380V 保安段柴油机进线断路器对母线进行充电。注意在手动恢复保安段母线供电时,应将保安段各连锁断路器事先停用
	2.8	在将 380V 保安段母线由柴油发电机组供电切至 380V 工作段供电前,应作好保安段短时停电的准备
	2.9	若柴油发电机组无法启动,应按有关厂用电事故处理原则考虑至少尽快恢复一段 6kV、380V 工作段供电,然后恢复 380V 保安段供电;应对 UPS、直流充电器进行检查,必要时进行手动切换
	2.10	当主机转速降至 600r/min 而 380V 保安段母线电源还未恢复时,应破坏真空;同时应严密监视主机轴承金属温度、振动等,防止主机烧瓦,必要时手动盘车,直至保安段电源恢复正常后,按规定投入连续盘车
	2.11	保安段母线恢复送电后,应立即设法进行主机盘车,并对机组情况进行全面检查
	2.12	机组跳闸后的其他处理原则参考本规程中的其他有关章节进行
	2.13	待 380V 保安段恢复正常供电后,及时投用保安段上各辅机,根据规定要求机组重新启动
质量要求		1. 严格执行集控运行规程规定 2. 操作顺序不准颠倒或漏项 3. 操作完毕,应及时向上级汇报并记录
得分或扣分		1. 操作顺序颠倒扣 1~10 分。如因操作颠倒导致无法继续的,该题不得分 2. 操作漏项扣 1~10 分。如因漏项使操作必须重新开始,但不导致不良后果的,扣该题总分的 50%;如导致不良后果的,该题不得分 3. 每项操作后必须检查操作结果,再开始下一步操作,否则扣 1~10 分 4. 因误操作致使过程延误,但不造成不良后果的,扣该题总分的 50%;造成不良后果的,该题不得分 5. 操作结束后,应有汇报、记录,否则该题扣 1~10 分 6. 故障分析判断错误,该题不得分。如故障分析不全面、不准确,但不影响事故处理,扣该题总分的 50%;如因故障分析不全面、不准确而导致事故扩大,该题不得分 7. 对操作过程中违反安全规程及运行规程的,不得分

行业：电力行业　　工种：集控值班员　　等级：技师、高级技师

编　号	C12C086	行为领域	e	鉴定范围	1
考核时限	60min	题　型	C	题　分	50
试题正文	发电机变压器组非全相运行处理				
需要说明的问题和要求	1. 要求单独进行操作处理 2. 现场就地操作演示，不得触动运行设备 3. 在仿真机上操作，按仿真机运行规程考核 4. 万一遇生产事故，立即停止考核，退出现场 5. 结合本单位现场实际处理				
工具、材料、设备、场地	现场设备或仿真机				

评分标准	序号	项　目　名　称
	1	现象
	1.1	发电机三相定子电流严重不平衡，可按下表所列特征判断主变压器220kV断路器的非全相运行情况： （1）发电机定子电流 （2）主变压器220kV断路器中有两相相等或似相等，且为另一相的1/2 （3）两相拒分，一相断开 （4）I_a、I_b、I_c中有两相相等或近似相等，且另一相为零 （5）一相拒分，两相断开
	1.2	"开关相间不一致"光字牌亮，CD台上主变压器220kV断路器红、绿指示灯均熄灭，发电机非全相保护、负序过负荷保护有可能发信、动作，有关光字牌亮
	2	处理
	2.1	当判明发电机变压器组非全相运行时，应特别注意，此时不得拉开发电机磁场断路器，汽轮机不得关闭主汽门，不得盲目使用发电机紧急跳闸断路器
	2.2	若此时发电机磁场开关未跳闸，汽轮机主汽门也未关闭，可按下列原则进行处理：
	2.2.1	应立即尽可能降低发电机有功负荷至零，并保持汽轮发电机组的转速（频率）与系统接近
	2.2.2	与此同时，立即手动将发电机励磁方式由"自动"切至"手动"位置，并迅速调节主励磁机励磁电流接近空载值

	序号	项 目 名 称
评分标准	2.2.3	严密监视发电机定子电流，并根据电流表指示相应调节励磁，使三相定子电流均接近于零
	2.2.4	采取措施尽快排除或隔离故障（如采用就地手动电动分闸的方法等），若故障一时无法排除，可通过倒闸操作切断发电机变压器组所接母线上的其他有源回路，使发电机变压器组解列
	2.2.5	处理过程中应严密监视发电机各部温度不超过允许值
	2.3	若发电机非全相运行时，磁场开关已跳闸，则可按下列原则进行处理：
	2.3.1	若此时汽轮机主汽门未关闭，发电机进入异步发电不对称运行状态，应立即合上磁场开关增加励磁，使发电机拉入同步；然后再调节主励磁机励磁电流至空载额定值，使定子三相电流接近于零。若磁场开关合不上或发电机不能拉入同步，则应立即使用发电机紧急跳闸断路器进行应急处理，直至拉开发电机变压器组所接母线上的所有断路器，使发电机变压器组解列
	2.3.2	若此时汽轮机主汽门已关闭，发电机进入异步电动机不对称运行状态，则应立即使用发电机紧急跳闸断路器进行应急处理，直至拉开发电机变压器组所接母线上的所有断路器，使发电机变压器组解列
	2.3.3	若发电机非全相保护、负序过负荷等保护应动作但拒动，或动作后不能解除发电机变压器组的非全相运行状态，应立即按上述原则进行手动处理
	质量要求	1. 严格执行集控运行规程规定 2. 操作顺序不准颠倒或漏项 3. 操作完毕，应及时向上级汇报并记录
	得分或扣分	1. 操作顺序颠倒扣 1～10 分。如因操作颠倒导致无法继续，该题不得分 2. 操作漏项扣 1～10 分。如因漏项使操作必须重新开始，但不导致不良后果的，扣该题总分的 50%；如导致不良后果，该题不得分 3. 每项操作后必须检查操作结果，再开始下一步操作，否则扣 1～10 分 4. 因误操作致使过程延误，但不造成不良后果的，扣该题总分的 50%；造成不良后果，该题不得分 5. 操作结束后，应有汇报、记录，否则该题扣 1～10 分 6. 故障分析判断错误，该题不得分。如故障分析不全面、不准确，但不影响事故处理，扣该题总分的 50%；如因故障分析不全面、不准确而导致事故扩大，该题不得分 7. 对操作过程中违反安全规程及运行规程的，不得分

试卷样例

中级集控值班员知识要求试卷

一、选择题（每题 1 分，共 25 分）

下列每题都有 4 个答案，其中只有一个正确答案，将正确答案的代号填入括号内。

1. 回热加热系统理论上最佳给水温度相对应的是（　　）。

（A）回热循环热效率最高；（B）回热循环绝对内效率最高；（C）电厂煤耗率最低；（D）电厂热效率最高。

2. 中间再热使热经济性得到提高的必要条件是（　　）。

（A）再热附加循环热效率大于基本循环热效率；（B）再热附加循环热效率小于基本循环热效率；（C）基本循环热效率必须大于 40%；（D）再热附加循环热效率不能太低。

3. 蓄电池的电动势大小与（　　）无关。

（A）内阻；（B）温度；（C）比重；（D）极板。

4. 锅炉管道选用钢材，主要根据金属在使用中的（　　）。

（A）硬度；（B）温度；（C）强度；（D）压力。

5. 锅炉单独使用积分调节器时，能使被调量（　　）。

（A）无静态偏差；（B）无动态偏差；（C）振荡不稳；（D）稳定。

6. 采用回热循环后与具有相同初参数及功率的纯凝汽式循环相比，它的（　　）。

（A）汽耗量减少；（B）热耗量减少；（C）做功的总焓降增加；（D）做功不足系数增加。

7. 煤失去水分以后，置于与空气隔绝的容器中加热到

（ ），保持 7min，煤中分解出来的气态物质称为挥发分。

（A）850℃；（B）850±20℃；（C）800±10℃；（D）800℃。

8. 汽轮机变工况运行时，容易产生较大热应力的部位有（ ）。

（A）汽轮机转子中间级处；（B）高压转子第一级出口和中压转子进汽区；（C）转子端部汽封处；（D）中压缸出口处。

9. 汽轮机热态启动时，若出现负胀差，主要原因是（ ）。

（A）暖机不充分；（B）冲转时蒸汽温度偏高；（C）冲转时蒸汽温度偏低；（D）冲转时升速太慢。

10. 300MW 汽轮机采用顺序阀控制时，调节级最危险工况发生在（ ）。

（A）调节阀全部开启的工况；（B）第 1、2 调节阀全开，第 3 调节阀尚未开启时；（C）当第 3 调节阀全开，第 4 调节阀尚未开启时；（D）当第 4 调节阀全开，第 5 调节阀尚未开启时。

11. 当汽轮机膨胀受阻时，（ ）。

（A）振幅随转速的增大而增大；（B）振幅与负荷无关；（C）振幅随着负荷的增加而减小；（D）振幅随着负荷的增加而增大。

12. 发电机逆功率保护的主要作用是（ ）。

（A）防止发电机进相运行；（B）防止发电机低负荷运行；（C）防止汽轮机末级叶片过热损坏；（D）防止汽轮机带厂用电运行。

13. 机组甩负荷时，转子表面产生的热应力为（ ）。

（A）拉应力；（B）压应力；（C）交变应力；（D）不产生应力。

14. 在监盘时发现风机电流过大或摆动幅度大的情况下跳闸，（ ）。

（A）可以强行启动一次；（B）可以在就地监视下启动；（C）不应再强行启动；（D）检查处理后启动。

15. 高压加热器在工况变化时,热应力主要发生在( )。

（A）管束上;（B）壳体上;（C）管板上;（D）进汽口。

16. 汽轮机的负荷摆动值与调速系统的迟缓率( )。

（A）成正比;（B）成反比;（C）成非线性关系;（D）无关。

17. 锅炉在正常运行中,在吹灰器投入前,将吹灰系统中( )排净,保证是过热蒸汽,方可投入。

（A）饱和蒸汽;（B）汽水混合物;（C）空气;（D）过热蒸汽。

18. 除氧器滑压运行,当机组负荷突然降低时,将引起给水的含氧量( )。

（A）增大;（B）减小;（C）波动;（D）不变。

19. 汽轮发电机承受负序电流的能力,主要取决于( )。

（A）定子过载倍数;（B）机组振动;（C）转子发热条件;（D）定子发热条件。

20. 变压器的吸收比,用以考核设备的( )。

（A）空载损耗;（B）绝缘干燥度;（C）阻抗电压;（D）零部件的清洁程度。

21. 汽轮发电机的强行励磁电压与额定励磁电压之比叫强行励磁的倍数,对于汽轮发电机应不小于( )倍。

（A）1.5;（B）2;（C）2.5;（D）3。

22. 距离保护第Ⅰ段一般保护线路全长的( )左右。

（A）40%;（B）80%;（C）20%;（D）95%。

23. 协调控制系统运行方式中,最为完善、功能最强的方式是( )。

（A）机炉独立控制方式;（B）协调控制方式;（C）汽轮机跟随锅炉方式;（D）锅炉跟随汽轮机方式。

24. 下列哪项参数超限时,需人为干预停机( )。

（A）汽轮机超速;（B）润滑油压极低;（C）真空极低;（D）蒸汽参数异常,达到极限值。

25. 发电厂的一项重要技术经济指标是：发电设备"年利用小时"。它是由（　　　）计算得来的。

（A）发电设备全年发电量除以发电设备额定容量；（B）发电设备额定容量除以发电设备全年发电量；（C）发电设备全年发电量除以年供电量；（D）发电设备全年供电量除以发电设备额定容量。

二、判断题（每题 1 分，共 25 分）

判断下列描述是否正确，对的在括号内打"√"，错的在括号内打"×"。

1. 回热系统普遍采用表面式加热器的主要原因是其传热效果好。　　　　　　　　　　　　　　　　　　　　　（　　）

2. 在稳定状态下汽轮机转速与功率之间的对应关系称为调节系统的静态特性。　　　　　　　　　　　　　　　（　　）

3. 汽轮机运行中当凝汽器管板脏污时，真空下降，排汽温度升高，循环水出入口温差则减小。　　　　　　　　（　　）

4. 汽轮机快速冷却的方法之一，是将压缩空气经电加热到所需温度，再送入汽轮机各个冷却部位进行冷却的过程。

（　　）

5. 汽轮机正常运行，当出现甩负荷时，易造成相对膨胀出现负值增大。　　　　　　　　　　　　　　　　　　（　　）

6. 汽轮机轴向推力的主要平衡手段是推力轴承。（　　）

7. 在电容器的特性中，最重要的参数是电容量和介质损耗。　　　　　　　　　　　　　　　　　　　　　　　（　　）

8. 在锅炉燃烧过程自动调节系统中，燃料量、送风量和引风量是被调节量。　　　　　　　　　　　　　　　　（　　）

9. 泵与风机采用变速调节可以提高运行效率。（　　）

10. 从循环倍率上考虑，强制循环锅炉比自然循环锅炉水循环更安全。　　　　　　　　　　　　　　　　　　（　　）

11. 提高蒸汽品质应从提高凝结水、补给水的品质着手。

（　　）

12. 燃料中对锅炉工况影响较大的成分有：发热量、水分、灰分、挥发分。（　　）

13. 燃油或煤粉和空气混合物在爆炸浓度极限范围内时，一遇火源就能发生爆炸。（　　）

14. 给水温度升高，在同样的炉内负荷下，锅炉的蒸发量就会提高，在其他工况不变时，过热汽温会上升。（　　）

15. 电除尘器在锅炉排烟温度低于烟气露点时不应投入。（　　）

16. 目前，火力发电厂防止大气污染的主要措施是安装脱硫装置。（　　）

17. 自动励磁调节装置在系统发生短路时能自动使短路电流减小，从而提高保护的灵敏度。（　　）

18. 电解槽的极板组由主极板、阳极板和阴极板组成。（　　）

19. 大容量汽轮机联跳发电机，一般通过发电机逆功率保护动作来实现。（　　）

20. 电气设备可以在保留主保护条件下运行，允许停用后备保护。（　　）

21. 电气设备可以在保留主保护条件下运行，允许停用后备保护。（　　）

22. 自动励磁调节装置在系统发生短路时能自动使短路电流减小，从而提高保护的灵敏度。（　　）

23. 汽轮机甩负荷后转速上升，但未引起危急保安器动作即为甩负荷试验合格。（　　）

24. 变压器投入运行后，励磁电流几乎不变。（　　）

25. 同步发电机失磁时，功率因数表示进相。（　　）

三、简答题（每题 5 分，共 15 分）

1. 什么是耗差分析法？

2. 机组滑参数启动有何特点？

3. 机组正常运行中提高经济性要注意哪些方面?

四、计算题（每题 5 分，共 10 分）

1. 某汽轮机凝结水温度为 42℃，过冷度为 2℃，凝汽器循环水出水温度为 33℃，求凝汽器的端差是多少?

2. 某凝汽式发电厂发电机的有功负荷为 600MW，锅炉的燃煤量为 247.7t/h，燃煤的低位发热量为 Q_{YD}=20 900kJ/kg，试求该发电厂的效率。

五、绘图题（每题 5 分，共 10 分）

1. 画出一个简单直流电桥原理接线图。

2. 画出本厂高压厂用电系统图。

六、论述题（15 分）

1. 25 项反措规定，汽轮机停机转速到零后，若盘车投不上，应如何处理?

高级集控值班员操作技能要求试卷

一、磨煤机 A 着火（20 分）

二、A 空预器着火（30 分）

三、6kV 1A 母线接地（50 分）

中级集控值班员知识要求试卷答案

一、选择题

1.（B）；2.（A）；3.（B）4.（B）；5.（A）；6.（B）；7.（B）；
8.（B）；9.（C）；10.（B）；11.（D）；12.（C）；13.（A）；14.（C）；
15.（C）；16.（A）；17.（B）；18.（B）；19.（C）；20.（B）；
21.（B）；22.（B）；23.（B）；24.（D）；25.（A）

二、判断题

1.（×）；2.（√）；3.（√）；4.（√）；5.（√）；6.（×）；
7.（×）；8.（×）；9.（√）；10.（×）；11.（√）；12.（√）；
13.（√）；14.（×）；15.（√）；16.（×）；17.（×）；18.（√）；
19.（√）；20.（√）；21.（√）；22.（×）；23.（√）；24.（√）；
25.（√）

三、简答题

1. **答**：耗差分析也称为偏差分析，即根据运行参数的优化目标值，确定参数的偏差大小，通过计算，将偏差量化成影响煤耗与热耗的数值，以反映运行工况变化对经济性的影响。

2. **答**：特点主要有：

（1）安全性好。对于汽轮机来说，由于开始进入汽轮机的是低温、低压蒸汽，容积流量较大，而且汽温是从低逐渐升高，所以汽轮机的各部件加热均匀，温升迅速，可避免产生过大的热应力和膨胀差。对锅炉来说，低温低压的蒸汽通流量增加，过热器可得到均匀充分加热，并能促进水循环，减少汽包壁的温差，使各部件均匀地膨胀。

（2）经济性好。锅炉产生的蒸汽能得到充分利用，减少了热量和工质损失，缩短启动时间，减少燃烧消耗。

（3）对汽温、汽压要求比较严格，对机、炉的运行操作要求密切配合，操作比较复杂，而且低负荷运行时间较长，对锅炉的燃烧和水循环有不利的一面。

3. **答**：（1）维持额定蒸汽初参数；

（2）保持最佳真空；

（3）保持最小的凝结水过冷度；

（4）充分利用加热设备，提高给水温度；

（5）降低厂用电率；

（6）降低新蒸汽的压力损失；

（7）保持汽轮机最佳效率；

（8）确定合理的运行方式；

（9）注意汽轮机负荷的经济分配等。

四、计算题

1. **解**：过冷度=排汽温度-凝结水温度

　　　排汽温度=42+2=44（℃）

　　　端差=44-33=11（℃）

答：凝汽器的端差为11℃。

2. **解**：发电厂锅炉热量

$Q_{g1}=BQ_D^Y=2.09\times10^4\times247.7\times10^3=5.176\,93\times10^9$（kJ/h）

发电厂输出的热量

$Q_0=N\times3.6\times10^3=600\times10^3\times3.6\times10^3=2.16\times10^9$（kJ/h）

$$\eta=\frac{Q_0}{Q_{g1}}=\frac{2.16\times10^9}{5.176\,93\times10^9}\times100\%=0.417\times100\%=41.7\%$$

答：该发电厂的效率41.7%。

五、绘图题

1. **答**：如图一所示。

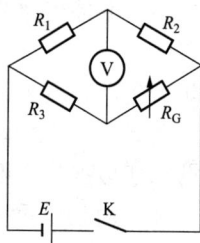

图一

2. **答**：如图二所示。

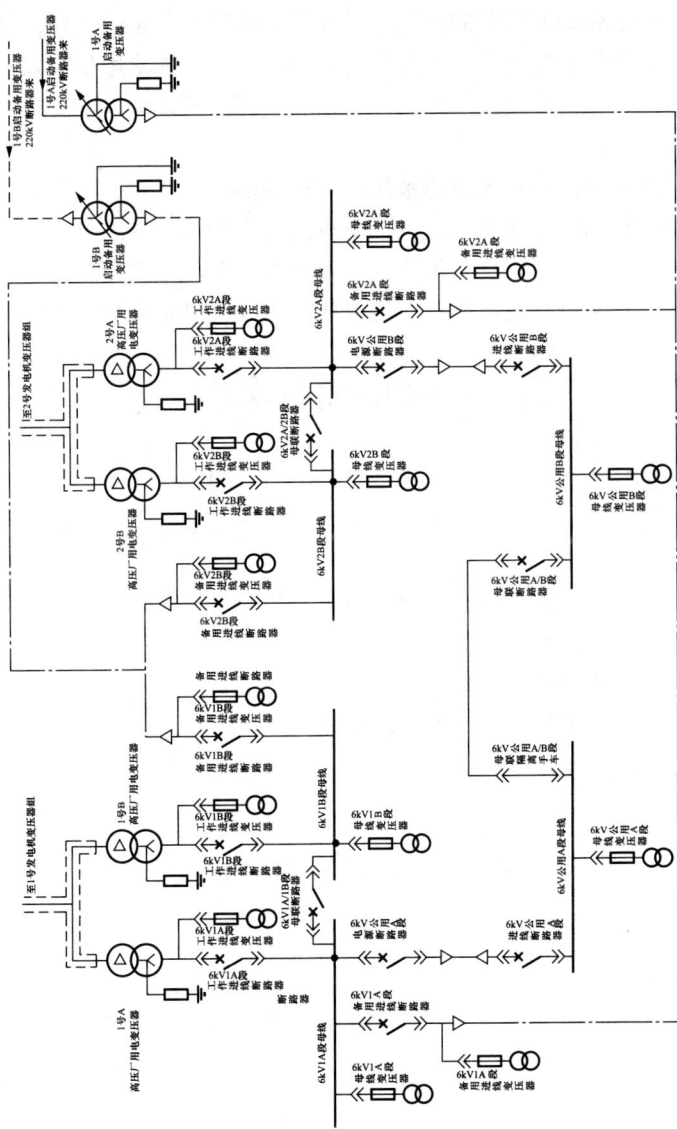

図 11

六、论述题

1. 答：近年来，转子弯曲事故仍不断出现，由于未能正确投入盘车和采取必要的措施，导致了多起转子发生永久弯曲事故。重点强调并重申，当盘车盘不动时，决不能采用吊车强行盘车，以免造成通流部分进一步损坏。同时可采取以下闷缸措施，以清除转子热弯曲。

（1）尽快恢复润滑油系统向轴瓦供油。

（2）迅速破坏真空，停止快冷。

（3）隔离汽轮机本体的内、外冷源，消除缸内冷源。

（4）关闭汽轮机所有汽门以及所有汽轮机本体、抽汽管道疏水门，进行闷缸。

（5）严密监视和记录汽缸各部分的温度、温差和转子晃动随时间的变化情况。

（6）当汽缸上、下温差小于 50℃时，可手动试盘车，若转子能盘动，可盘转 180°进行自重法校直转子，温度越高越好。

（7）转子多次 180°盘转，当转子晃动值及方向回到原始状态时，可投连续盘车。

（8）开启顶轴油泵。

（9）在不盘车时，不允许向轴封送汽。

目前，通过采取闷缸措施，已成功避免了多起转子发生永久弯曲。

操 作 试 题 答 案

一、答案如下：

行业：电力行业　　工种：集控值班员　　等级：高级

编　号	C34A004	行为领域	e	鉴定范围	6
考核时限	10min	题　型	A	题　分	20
试题正文	磨煤机 A 着火				

需要说明的问题和要求		1. 要求单独进行操作处理 2. 现场就地操作演示，不得触动运行设备 3. 在仿真机上操作，按仿真机运行规程考核 4. 万一遇生产事故，立即停止考核，退出现场 5. 结合本单位现场实际处理
工具、材料、设备、场地		现场设备或仿真机
处理要点		1. 及时判断磨煤机着火，并采取隔离灭火措施 2. 及时稳定机组负荷、参数，启动备用磨煤机
评 分 标 准	序号	项　目　名　称
	1	现象
	1.1	A 磨煤机出口温度高报警
	1.2	A 磨煤机温度高跳闸
	2	处理
	2.1	及时判断磨煤机 A 着火
	2.2	着火磨煤机出口温度高保护应跳闸，若保护未动作，应紧急停止该磨煤机
	2.3	投入 B、F 层点火油枪稳燃
	2.4	检查 A 磨冷、热一次风截止门联关，否则手动关闭
	2.5	检查 A 磨冷、热一次风调节门联关，否则手动关闭
	2.6	关闭 A 磨给煤机下煤闸板
	2.7	关闭 A 磨出口闸板门
	2.8	关闭 A 磨密封风门
	2.9	确认 A 磨煤机隔离后投入二氧化碳灭火（口述）
	2.10	启动备用磨煤机运行，均匀各磨煤机出力，注意检查运行磨煤机出力不超 56.8t/h
	2.11	关小 A 层二次风挡板到 50%
	2.12	开启刚启动磨煤机的二次风挡板到 100%
	2.13	工况稳定后停运点火油枪
	2.14	通知检修处理
	质量要求	1. 严格执行集控运行规程规定 2. 操作顺序不准颠倒或漏项 3. 操作完毕，应及时向上级汇报并记录
	得分或扣分	1. 操作顺序颠倒扣 1～4 分，如因操作颠倒导致无法继续的，该题不得分 2. 操作漏项扣 1～4 分，如因漏项使操作必须重新开始，但不导致不良后果的，扣该题总分的 50%；如导致不良后果的，该题不得分 3. 每项操作后必须检查操作结果，再开始下一步操作，否则扣 1～4 分 4. 因误操作致使过程延误，但不造成不良后果的，扣该题总分的 50%；造成不良后果的，该题不得分 5. 操作结束后，应有汇报、记录，否则该题扣 1～4 分 6. 故障分析判断错误，该题不得分，如故障分析不全面、不准确，但不影响事故处理，扣该题总分的 50%；如因故障分析不全面、不准确而导致事故扩大，该题不得分 7. 对操作过程中违反安全规程及运行规程的，不得分

二、答案如下：

行业：电力行业　　工种：集控值班员　　等级：中级、高级、技师

编　　号	C34B041	行为领域	e	鉴定范围	3
考核时限	30min	题　　型	B	题　　分	30
试题正文	A空预器着火				
需要说明的问题和要求	1. 要求单独进行操作处理 2. 现场就地操作演示，不得触动运行设备 3. 在仿真机上操作，按仿真机运行规程考核 4. 万一遇生产事故，立即停止考核，退出现场 5. 结合本单位现场实际处理				
工具、材料、设备、场地	现场设备或仿真机				
处理要点	1. 判断A空预器着火。投入空预器蒸汽吹灰（口述） 2. 停磨煤机C、D，保持A、F、B三台磨煤机运行，总煤量维持150t/h左右 3. 手动停A侧送风机、一次风机，并关闭A侧空预器进、出口所有烟风挡板，监视排烟温度降低				

	序号	项　目　名　称
评 分 标 准	1	现象
	1.1	A侧空预器出口烟气温度不正常上升并来报警，同时A侧一次热风、二次热风温度上升
	1.2	炉膛负压增大
	1.3	引风机静叶不正常开大
	2	处理
	2.1	判断A空预器着火
	2.2	投入空预器蒸汽吹灰（口述）
	2.3	烟温继续升高，手动停磨煤机C、D，保持A、F、B三台磨煤机运行，解除燃料主控自动，减少总煤量维持150t/h左右
	2.4	投入A、F、B层点火油枪稳燃
	2.5	关闭磨煤机C、D二次风挡板到50%
	2.6	手动停A侧送风机、一次风机，并关闭A侧空预器进、出口所有烟风挡板，监视排烟温度降低
	2.7	燃烧稳定后，退出A、F、B层点火油枪
	2.8	如果处理不及时排烟温度升高超过200℃，要立即手动MFT，并停止所有送、引风机运行，并关闭所有烟风挡板
	2.9	联系检修处理

评分标准	质量要求	1. 严格执行集控运行规程规定 2. 操作顺序不准颠倒或漏项 3. 操作完毕，应及时向上级汇报并记录
	得分或扣分	1. 操作顺序颠倒扣 1～4 分，如因操作颠倒导致无法继续的，该题不得分 2. 操作漏项扣 1～4 分，如因漏项使操作必须重新开始，但不导致不良后果的，扣该题总分的 50%；如导致不良后果的，该题不得分 3. 每项操作后必须检查操作结果，再开始下一步操作，否则扣 1～4 分 4. 因误操作致使过程延误，但不造成不良后果的，扣该题总分的 50%；造成不良后果的，该题不得分 5. 操作结束后，应有汇报、记录，否则该题扣 1～4 分 6. 故障分析判断错误，该题不得分，如故障分析不全面、不准确，但不影响事故处理，扣该题总分的 50%；如因故障分析不全面、不准确而导致事故扩大，该题不得分 7. 对操作过程中违反安全规程及运行规程的，不得分

三、答案如下：

电力行业　　　　工种：集控值班员　　　等级：中级、高级、技师

编　号	C34A074	行为领域	e	鉴定范围	6
考核时限	30min	题　型	C	题　分	50
试题正文	6kV 1A 母线接地				
需要说明的问题和要求	1. 要求单独进行操作处理 2. 现场就地操作演示，不得触动运行设备 3. 在仿真机操作，按仿真机运行规程考核 4. 万一遇生产事故，立即停止考核，退出现场 5. 结合本单位现场实际处理				
工具、材料、设备、场地	现场设备或仿真机				
处理要点	1. 立即投入 F、D 磨的点火油枪、B 层 2 对启动油枪，保持燃烧稳定 2. 检查相关设备联起 3. 监视运行辅机情况 4. 检查保安 PCIB 段工作正常。确认柴油机启动并向保安 PC IA 段母线供电 5. 查保护动作情况，判断故障原因 恢复 400V 厂用电，停柴油发电机				

评分标准	序号	项　目　名　称
	1	现象
	1.1	DCS 声光报警：6kV1A 段电压到零
	1.2	电气光字牌报警：高厂变 1A 分支零序过流

	序号	项　目　名　称
评分标准	1.3	6kV1A 段母线进线开关跳闸，备用进线开关未联动合闸
	1.4	400V 锅炉 PC 1A 段失电、汽机 PC 1A 段失电、电除尘 PC 1A 段失电
	2	处理
	2.1	立即投入 F、D 的点火油枪、B 层 2 对启动油枪，保持燃烧稳定（视汽温变化情况投入 A 层启动油枪）
	2.2	确认凝泵 B、开冷泵 B、定冷泵 B、EH 油泵 B、闭冷泵 B、真空泵 C、密封风机 B、火检风机 B 联启正常
	2.3	检查跳闸风机的挡板联动关闭。将 A 一次风机、A 引风机入口导叶、送风机 A 动叶关到 0
	2.4	监视氧量正常，注意运行送风机电流不超过 127A
	2.5	监视一次风压力正常，注意运行一次风机电流不能超过 283A
	2.6	检查跳闸磨煤机冷、热隔门自动关闭，将停运磨煤机的二次风挡板关小至 50%（有启动枪运行开至 100%）
	2.7	检查引风机入口挡板自动调节正常，保证炉膛负压正常；保证引风机电流不能超过 373A
	2.8	解除 FM 自动，调节 F、D 磨煤机的出力，保证每台磨煤机煤量不超过 56.8t/h。及时发现给水泵强制到手动，调整给水泵出力
	2.9	保持汽机调门开度 85%～90%
	2.10	确认 6kV1B 段母线工作正常；确保安 PC 1B 段工作正常；确认柴油机启动并向保安 PC 1A 段母线供电
	2.11	检查 6kV1A 段母线工作进线开关断开，6kV1A 段闭锁备自投；检查报警为"高厂变 1A 分支零序过流"，判断 6kV1A 段母线接地。禁止手动强合 6kV1A 段备用进线开关
	2.12	拉开锅炉变 1A 及汽机变 1A 高、低压侧开关；合上 0.4kV 锅炉 PC1A、1B 段及汽机 PC1A、1B 段联络开关
	2.13	保安 PC1A 段用锅炉 PC1A 段带出，停止柴油发电机运行
	2.14	保安 PC1A 段正常后，启动空预器 A、小机 A 盘车
	2.15	检查小机 A 直流油泵运行，将其停运，投入小机 A 主油泵备用
	2.16	启动引风机 A、B 一台轴冷风机
	2.17	启动引风机 A、B 一台轴冷风机，磨煤机 A、B、C 润滑油泵
	质量要求	1. 严格执行集控运行规程规定 2. 操作顺序不准颠倒或漏项 3. 操作完毕，应及时向上级汇报并记录
	得分或扣分	1. 操作顺序颠倒 1～4 分，如因操作颠倒导致无法继续的，该题不得分 2. 操作漏项 1～4 分，如因漏项使操作必须重新开始，但不导致不良后果的，扣该题总分的 50%；如导致不良后果的，该题不得分 3. 每项操作后必须检查操作结果，再开始下一步操作，否则扣 1～4 分 4. 因误操作而使过程延误，但不造成不良后果的，扣该题总分的 50%；造成不良后果的，该题不得分 5.操作结束后，应有汇报、记录，否则该题扣 1～4 分 6.故障分析判断错误，该题不得分，如故障分析不全面、不准确，但不影响事故处理，扣该题总分的 50%；如因故障分析不全面、不准确而导致事故扩大，该题不得分 7.对操作过程中违反安全规程及运行规程的，不得分

6 ▼ 组卷方案

6.1 理论知识考试组卷方案

技能鉴定理论知识试卷每卷不应少于五种题型，其题量为45～60题（试卷的题型与题量的分配，参照附表）。

附表　　　试卷的题型与题量分配（组卷方案）表

题　型	鉴定工种等级		配　　分	
	中级	高级工、技师	中级	高级工、技师
选　择	20题（1～2分/题）	20题（1～2分/题）	20～40	20～40
判　断	20题（1～2分/题）	20题（1～2分/题）	20～40	20～40
简答/计算	5题（6分/题）	5题（5分/题）	30	25
绘图/论述	1题（10分/题）	1题（5分/题） 2题（10分/题）	10	15
总　计	45～55	47～60	100	100

高级技师的试卷，可根据实际情况参照技师试卷命题，综合性、论述性的内容比重加大。

6.2 技能操作考核方案

对于技能操作试卷，库内每一个工种的各技术等级下，应最少保证有5套试卷（考核方案），每套试卷应由2～3项典型操作或标准化作业组成，其选项内容互为补充，不得重复。

技能操作考核由实际操作与口试或技术答辩两项内容组成，中级工实际操作加口试进行，技术答辩一般只在高级工、技师、高级技师中进行，并根据实际情况确定其组织方式和答辩内容。

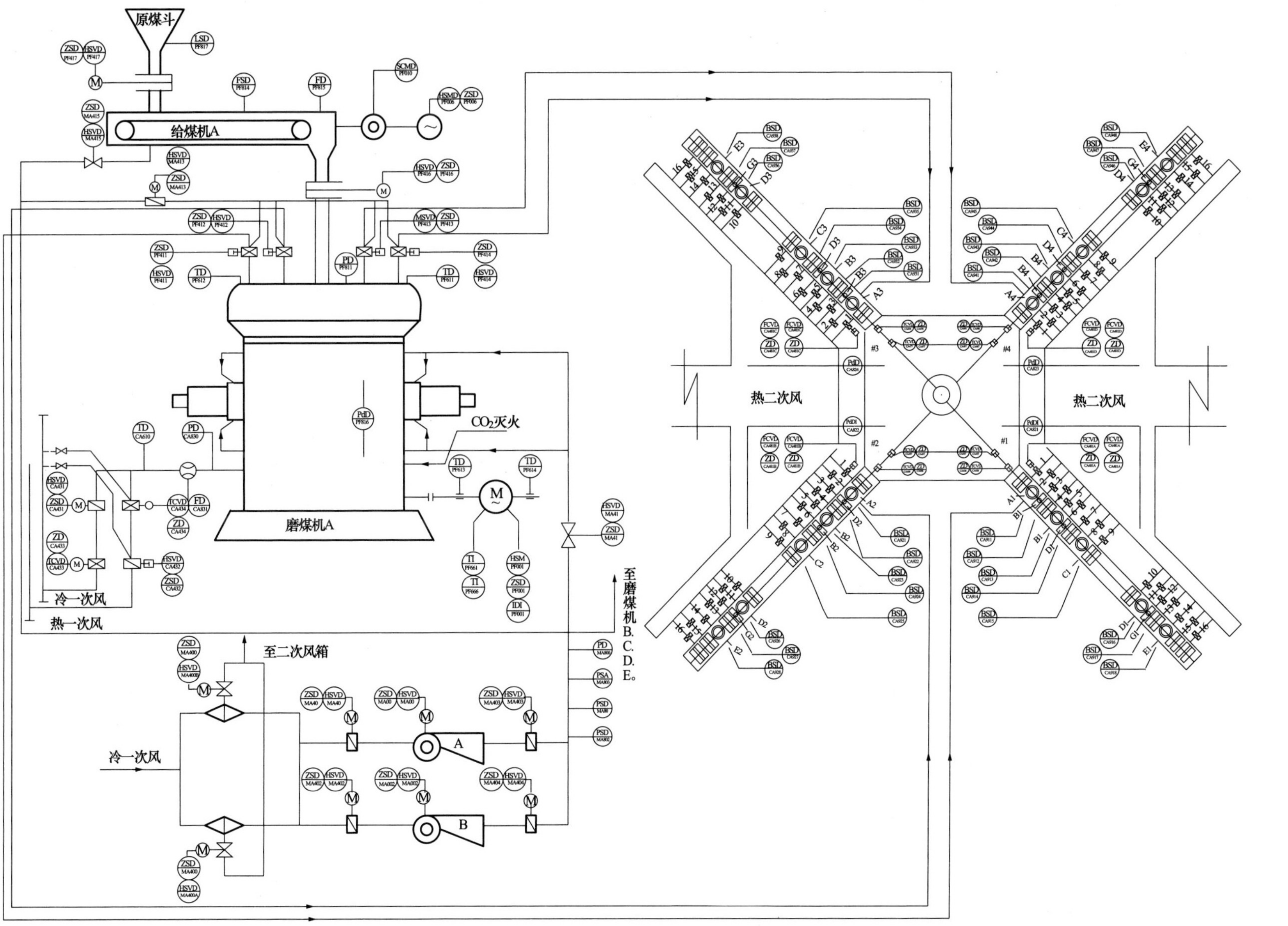

图 E-33